全国革命老区县发展史丛书·广东卷

广州市从化区革命老区发展史

广州市从化区革命老区发展史编委会　编

SPM 南方出版传媒·广东人民出版社
·广州·

图书在版编目（CIP）数据

广州市从化区革命老区发展史／广州市从化区革命老区发展史编委会编. —广州：广东人民出版社，2021. 6

（全国革命老区县发展史丛书·广东卷）

ISBN 978-7-218-15060-4

Ⅰ．①广⋯　Ⅱ．①广⋯　Ⅲ．①区（城市）—地方史—广州　Ⅳ．①K296. 54

中国版本图书馆 CIP 数据核字（2021）第 108991 号

GUANGZHOU SHI CONGHUA QU GEMING LAOQU FAZHANSHI

广州市从化区革命老区发展史

广州市从化区革命老区发展史编委会　编　　　✍ 版权所有　翻印必究

出 版 人：肖风华

责任编辑：谢　尚
责任校对：沈展云
装帧设计：张力平等
责任技编：吴彦斌　周星奎

出版发行：广东人民出版社
地　　址：广州市海珠区新港西路 204 号 2 号楼（邮政编码：510300）
电　　话：(020) 85716809（总编室）
传　　真：(020) 85716872
网　　址：http://www.gdpph.com
印　　刷：广州市浩诚印刷有限公司
开　　本：715mm×995mm　1/16
印　　张：22　插　页：10　字　数：281 千
版　　次：2021 年 6 月第 1 版
印　　次：2021 年 6 月第 1 次印刷
定　　价：88.00 元

如发现印装质量问题，影响阅读，请与出版社（020 – 85716808）联系调换。
售书热线：(020) 85716826

微信扫描二维码 ◀◀◀
您立即获得**本书主要内容/丛书介绍**。

广东省编纂《革命老区县发展史》丛书
指导小组

组　长：陈开枝（广东省老区建设促进会会长）

副组长：林华景（广东省老区建设促进会常务副会长）

宋宗约（广东省农业农村厅二级巡视员、广东省老区建设促进会副会长）

刘文炎（广东省老区建设促进会副会长）

郑木胜（广东省老区建设促进会副会长）

姚泽源（广东省老区建设促进会副会长兼秘书长）

谭世勋（广东省老区建设促进会副会长）

廖纪坤（广东省农业农村厅总经济师）

办公室

主　任：姚泽源（兼）

副主任：韦　浩（广东省农业农村厅扶贫协作与老区建设处处长）

柯绍华（广东省老区建设促进会副秘书长）

伍依丽（广东省老区建设促进会副秘书长）

广州市编纂《革命老区县发展史》丛书
指导小组

组　　长：黄小晶（中共广州市委党史文献研究室主任）

副组长：胡巧利（中共广州市委党史文献研究室副主任）

成　　员：张书英　王　刚

广东省编纂《革命老区县发展史》丛书
指导小组

组　　长：陈开枝（广东省老区建设促进会会长）

副组长：林华景（广东省老区建设促进会常务副会长）

　　　　宋宗约（广东省农业农村厅二级巡视员、广东省老
　　　　　　　　区建设促进会副会长）

　　　　刘文炎（广东省老区建设促进会副会长）

　　　　郑木胜（广东省老区建设促进会副会长）

　　　　姚泽源（广东省老区建设促进会副会长兼秘书长）

　　　　谭世勋（广东省老区建设促进会副会长）

　　　　廖纪坤（广东省农业农村厅总经济师）

办公室

主　　任：姚泽源（兼）

副主任：韦　浩（广东省农业农村厅扶贫协作与老区建设处
　　　　　　　　处长）

　　　　柯绍华（广东省老区建设促进会副秘书长）

　　　　伍依丽（广东省老区建设促进会副秘书长）

广州市编纂《革命老区县发展史》丛书
指导小组

组　　长：黄小晶（中共广州市委党史文献研究室主任）
副组长：胡巧利（中共广州市委党史文献研究室副主任）
成　　员：张书英　王　　刚

《广州市从化区革命老区发展史》编纂工作
领导小组
（排名不分先后）

组　长：王建红（区委副书记）

副组长：钟向阳（区委常委、区委组织部部长、区委党校校长）

　　　　迟　军（区委常委、区委办主任）

　　　　李朔熹（区委常委、区委宣传部部长）

　　　　涂　勇（区委常委、区人武部部长）

成　员：神英龙　陈建财　赵　惠　郑俊荣　朱仁和　王志针

　　　　徐惠贞　翟旭光　郑永松　黄细英　禤志光　刘　禹

　　　　申国海　李远前　梁伟东　刘海东　黎国勇　刘辉鹏

　　　　谭广元　熊　蕾　何永辉　黎杰祥　欧阳榕添

编委会（排名不分先后）

主　编：钟向阳（区委常委、区委组织部部长、区委党校校长）

副主编：陈建财（区委组织部常务副部长、区公务员局局长）

　　　　郑俊荣（区民政局党组书记、局长）

　　　　郑树歆（区委党校常务副校长、吕田镇党委兼职委员）

　　　　李远前（区国家档案馆副馆长）

　　　　翟旭光（区人武部党委委员）

　　　　陈　军（华南农业大学珠江学院人文学院院长）

成　员：时双凤　肖永坚　赖卓艺　潘　彦　陈伟坚　李琳琳
　　　　杨小玲　朱靖妍　林臣浩　张金荣　冯军尧　陈健强
　　　　黄旭珍　陈港兴　冯艳婷　张欣怡　陆文钿　温　旭
　　　　刘　岚　江　君　李桂凤　梁晓云　梁晓霞　甘碧君
　　　　陈文君

在举国欢庆新中国成立 70 周年前夕，中国老区建设促进会王健会长请我为《全国革命老区县发展史》丛书作序，作为一名在老区战斗过并得到老区人民生死相助的老兵，回首往事，心潮澎湃，感慨万千，深感义不容辞，欣然应允。

中国革命老区，是以毛泽东为代表的中国共产党人在领导人民推翻帝国主义、封建主义和官僚资本主义三座大山，争取民族独立和人民解放伟大斗争中建立的革命根据地，在这片红色的土地上，诞生了无数可歌可泣的革命英雄儿女，为后人树起了一座不朽的丰碑，她是新中国的摇篮，是党和军队的根。

在艰苦卓绝的战争年代，老区人民把自己的命运与中华民族的命运紧紧地联系在一起，与中国共产党和人民军队的命运紧紧地联系在一起，他们生死相依，患难与共。我曾亲历过战争年代，并得到过老区红哥红嫂的救助，切身感受到发生在身边的一幕幕撼天动地的革命故事，在那极其艰难的条件下，老区人民倾其所有、破家支前，不怕艰难困苦，不怕流血牺牲。"最后一碗米送去做军粮，最后一尺布送去做军装，最后一件老棉袄盖在担架上，最后一个亲骨肉送去上战场"，这是当时伟大的老区人民为建立新中国做出巨大牺牲的真实写照，它将永远镌刻在中国共产党、中国人民解放军、中华人民共和国的历史丰碑上。他们的光辉业绩永载史册，他们的革命精神必将影响一代又一代的革命新人，造就一代又一代的民族脊梁。

在社会主义革命和建设时期，革命老区和老区人民响应党的号召，面对落后的面貌、脆弱的经济、恶劣的生态环境，他们本色不变，精神不丢，自力更生，艰苦奋斗，干一行爱一行。始终坚持"革命理想高于天"，自觉做共产主义远大理想的坚定信仰者和忠实实践者，勇于向恶劣的自然环境和贫穷落后宣战，他们在各条战线上为国建功立业，用平凡的双手创造了一个又一个不平凡的奇迹，彰显了老区人的崇高精神和人格力量。

在改革开放的伟大进程中，老区人民解放思想，勇于创新，发奋图强，攻坚克难，老区的经济社会建设取得了辉煌成就。特别是在改变中国的面貌、中华民族的面貌、中国人民的面貌、中国共产党的面貌的伟大实践中发挥了至关重要的作用。老区人民既是改革开放的参与者，也是改革开放的推动者。

艰苦练意志，危难见精神。老区人民在近百年的革命战争、社会主义建设和改革开放的伟大实践中，孕育形成了伟大的老区精神：爱党信党、坚定不移的理想信念；舍生忘死、无私奉献的博大胸怀；不屈不挠、敢于胜利的英雄气概；自强不息、艰苦奋斗的顽强斗志；求真务实、开拓创新的科学态度；鱼水情深、生死相依的光荣传统。这是党和人民宝贵的精神财富、丰厚的政治资源，是凝心聚力、振奋民族精神的重要法宝，也是社会主义核心价值观的重要内容。

中国老区建设促进会怀着强烈的政治责任感和历史使命感，组织全国各地老促会人员克服困难，尽心竭力编纂《全国革命老区县发展史》丛书，记录老区的光辉历史和辉煌成就，传承红色基因，弘扬老区精神，是功在当代、利及千秋的一件大事。手捧这部丛书的部分书稿，读着书中的故事，倍感亲切，深感这部丛书具有资政、育人、存史的社会功能，有着重要的时代和历史价值。它是不忘初心、牢记使命的源头活水，是赞颂共产党、讴歌老区人民的一部精品力作，是弘扬老区精神、传承红色记忆的丰厚载体，是一项继承优秀传统文化、弘扬革命文化、发展社会主义先进文化，坚定"四个自信"的宏大文化工程。它必将成为一种文化品牌，为各界人士了解老区宣传老区支持老区提供一部有价值的研究史料。希望读者朋友们能从中了解并牢记这些为党和民族的利益不断奉献的老区人民，从中得到教益，汲取人生奋斗的精神动力。

新时代赋予新使命，新起点开启新征程。让我们更加紧密地团结在以习近平同志为核心的党中央周围，坚持以习近平新时代中国特色社会主义思想为指导，增强"四个意识"，坚定"四个自信"，做到"两个维护"，弘扬老区精神，铭记苦难辉煌。为实现"两个一百年"奋斗目标，实现中华民族伟大复兴的中国梦作出新的更大的贡献！

邵洪田

2019 年 4 月 11 日

2017 年 6 月，中国老区建设促进会组织全国各地老促会启动编纂《全国革命老区县发展史》丛书，按照"建立中国共产党、成立中华人民共和国、推进改革开放和中国特色社会主义事业"三大里程碑的历史脉络，系统书写革命老区百年历史，深入挖掘革命老区红色文化资源，这对于充实丰富中国革命史籍宝库、在新时代传承红色基因、弘扬革命精神、强固根本，对于激励人们在新的历史条件下夺取中国特色社会主义伟大胜利，实现中华民族伟大复兴的中国梦具有重要意义。

丛书编纂以习近平新时代中国特色社会主义思想为指导，以《中国共产党历史》《中国共产党的九十年》等重要文献为基本依据，以党的领导为核心，以老区人民为主体，以老区发展为主线，体现历史进程特征，突出时代发展特色，坚持辩证唯物主义和历史唯物主义相统一、历史真实性与内容可读性相统一的原则，书写革命老区从站起来、富起来到强起来的光辉革命史、不懈奋斗史、辉煌成就史，把老区人民的伟大贡献、伟大创造、伟大成就、伟大精神充分展示出来，形成一部具有厚重历史特征和鲜明时代特色的精品力作。这是一部培根铸魂、守正创新，既为历史立言，又为时代服务，字里行间流淌着红色血脉、催生着革命激情的传世之作。丛书的编纂出版将成为讴歌党讴歌人民讴歌时代、传播红色文化、为革命老区和老区人民树碑立传的重要载体。

　　丛书按照编年体与纪事本末体相结合、以编年体为主的编写体例确定框架结构；运用时经事纬、点面结合的方式记述史实；坚持人事结合、以事带人的原则处理人与事的关系；采取夹叙夹议、叙论结合以叙为主的方法展开内容。做到了史料与史论、历史与现实、政治与学术统一，文献性、学术性、知识性相兼容。

　　为编纂好《全国革命老区县发展史》丛书，打造红色文化品牌，中国老区建设促进会认真组织积极协调，提出政治立场鲜明、史料真实准确、思想论述深刻、历史维度厚重、时代特色突出、编写体例规范、篇目布局合理、审读把关严格、出版制作精良的编纂出版总要求，力求达到革命史籍精品的精神高度、思想深度、知识广度、语言力度，增强丛书的权威性和社会影响力。各省（区、市）、市（州、盟）、县（市、区、旗）老促会的同志，以强烈的使命感、责任感和紧迫感，勇于担当，积极作为，认真实施，组织由老促会成员、专家学者等参加的十余万人编纂队伍。编纂工作主体责任在县，省、市组织协调、有力指导、审读把关。各方面人员以高度负责的精神和科学严谨的态度，满腔热情地投入工作，为丛书编纂出版做出了重要贡献。丛书编纂工作还得到了党和国家有关部委、地方各级党委政府及有关部门的大力支持和积极参与，社会各界也给予了热情帮助。中共中央政治局原委员、中央军委原副主席、原国务委员兼国防部长迟浩田上将，对老区人民怀有深厚感情，对革命老区建设发展十分关注，欣然为《全国革命老区县发展史》丛书作总序。

　　丛书由总册和 1599 部分册（每个革命老区县编纂 1 部分册）组成，共 1600 册。鉴于丛书所记述的史实内容多、时间跨度长和编纂时间紧，不妥之处，敬请批评指正。

中国老区建设促进会

● 革命史迹 ●

竹庄别墅——中共从化县第一个党支部成立会议旧址

白石嘴胡氏公屋——中共从化从北区第一个党支部办公旧址

巢德麟小楼——中共塘基背党支部旧址

尚义社学旧址——中共从北吕田党组织活动地旧址

黄沙坑革命旧址纪念馆——东江纵队从化大队活动基地

广裕祠——从化太平钱岗抗日自卫队、沙溪乡人民政府成立地旧址

吕田革命烈士纪念碑

邓澄心革命烈士墓

从化解放纪念碑

● 特色小镇 ●

吕田莲麻小镇

生态设计小镇

米埗小镇

温泉浪漫小镇——广东温泉宾馆夜景

西塘童话小镇

全国第一个在乡村建设的宪法馆——鳌头镇西塘村宪法馆

南平静修小镇

西和万花风情小镇

● 山水生态 ●

广州石门国家森林公园红叶

广州石门国家森林公园石灶天池

从化流溪河国家森林公园彩虹当空

流溪河的晨曦

流溪河水上绿道

革命老区安山村——金色的田野

● 特色产业 ●

吕田头酒

从化荔枝蜂蜜

从化大红桂味荔枝

广州风行牛奶从化青龙基地

从化望谷温泉度假村

国家AAA级旅游景区、全国首批工业旅游示范点——广州抽水蓄能电厂度假区

从化电商产业园

广州粤菜师傅工作室

中国内地首个世界级马场——香港赛马会从化马场

● 文化体育 ●

从化图书馆

2018年全国群众登山健身大会现场

从化北回归线标志塔公园

西和村新时代文明实践广场

位于从化中学内的学宫大成殿

● **建设发展** ●

吕田狮象新村

良口阿婆六村

夜色中的从化大桥

广州地铁14号线从化段邓村站

明珠工业园

广汽日野（从化）公司

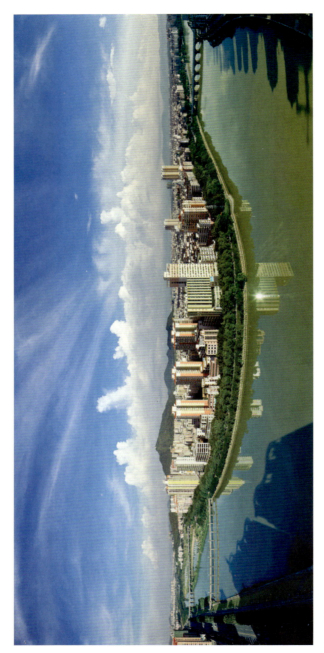

从化城区全景图

　　2017 年 6 月，中国老区建设促进会组织全国各地老促会启动编纂《全国革命老区县发展史》丛书。2018 年 5 月，中国老区建设促进会在吉林省延吉市召开相关会议，对《全国革命老区县发展史》编纂的相关问题作了说明。

　　广东省老区建设促进会根据中国老区建设促进会的要求，结合广东省的实际情况，对广东各区县的老区发展史的编写体例、时间起止、地域范围、章节安排、史实选择、语言风格、具体写法都作了指导性的意见。根据中国老区建设促进会的部署及广东省老区建设促进会的安排，广东省广州市从化区成立了编纂领导小组及编委会，历时两年多，完成了《广州市从化区革命老区发展史》的编纂任务。

　　《广州市从化区革命老区发展史》系统记述了从化区的革命老区及整个从化地区党组织创建、发展的历程及其历史地位、作用与贡献，全面体现了从化区的革命老区人民如何在中国共产党的领导下，参加抗日战争及解放战争的历史，全面展现了中华人民共和国成立之后，从化的建设、改革、发展的历史进程；尤其重点反映了党的十一届三中全会，特别是十八大以来从化区经济建设所取得的巨大成就。

　　20 世纪初，红色革命的火种开始在从化燎原。1927 年 12 月，广州起义失败，工农红军第四师在路经从化良口、吕田等地到海陆丰与红二师会合的途中，向广大农民开展宣传，撒下红色的种子。从此以后，从化的党组织和党员不断增加，逐渐掌握了从化革命运动的主导权，并在抗日战争全面爆发后，融入粤北地区抗日救亡的洪流之中。

于是，流溪河畔、从化山间，革命星火熊熊燃烧。在党的建设方面，经中共中央南方局、中共广东省委的组织指导，从南地区成立第一个党小组，给从化人民的抗日提供了坚实保障；统一战线上，从化人民在中国共产党团结、进步思想的教育下，积极协助中国军队，取得前两次粤北会战的胜利；在战略反攻阶段的武装斗争中，从化人民逐步成为主要力量，在共产党领导下积极配合敌后游击抗战，通过各种形式，以燎原之势，谱写从化抗战的壮丽乐章。解放战争时期，活跃在从化地区的粤赣湘边纵队东江第三支队等部分游击武装力量，与从化人民一道，以各种积极战略，共同打击国民党反动派，为从化乃至整个广州的解放，创造了有利条件。

中华人民共和国成立之后到 20 世纪 70 年代，从化的革命老区在曲折中前进。改革开放之后，从化实现了经济发展由以农业经济体系为主向工、农、旅游业等齐头并进的新局面，一二三产业都获得大发展；现代农业产业园建设不断推进，交通建设不断完善，2003 年即实现村村通水泥路。党的十八大以来，从化作为广州"后花园"的产业优势不断升级，多个特色小镇已成为广州乡村振兴示范点，老区人民生活日新月异，实现了宜居宜业宜游的大转变。

总体来看，《广州市从化区革命老区发展史》突出了五个方面的内容：一是从化地区早期党组织创建发展的历程；二是从化的革命老区人民及中国共产党在从化抗日战场，尤其是粤北会战中的贡献及功绩；三是解放战争中发生在从化的重大事件及英烈事迹；四是突出在中国共产党的领导下从化的建设成就，特别是乡村振兴方面的成就及人物故事；五是从化著名的革命历史遗址、文物、纪念场馆及革命文学。

《广州市从化区革命老区发展史》的编纂出版，全面介绍了从化区革命老区的历史变迁、经济发展的历程，是研究地方党史、地方史志的重要文献，具有存史、资政、育人的功能；该书又为我们进行党史、军史、老区革命史和爱国主义、革命传统教育提供了一本很好的、生动的、贴近实际的读本，对打造粤北红色文化产业带也有参考意义；不仅可为社会各界了解从化、宣传从化、支持从化建设提供较为翔实、生动、完整的史料支撑，同时也将更好地激励全区人民在建设粤港澳大湾区的新机遇面前，继承老区精神与革命传统，凝心聚力建设产业兴旺、生态宜居、乡风文明、治理有效、生活富裕的新从化。因此，编写本书具有重要的历史意义和现实意义。

《广州市从化区革命老区发展史》作为《全国革命老区县发展史》丛书之一，是献给党成立一百周年的一份礼物，也是献给老区人民的一份礼物。

《广州市从化区革命老区发展史》编委会

2020 年 5 月 10 日

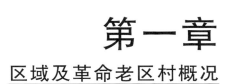

第一章
区域及革命老区村概况

　　从化区，位于广州市东北面，东邻惠州市龙门县，南与广州市增城区、白云区接壤，西与广州市花都区、清远市相连，北与清远市佛冈县、韶关市新丰县毗邻。2018 年末，辖区设 3 街 5 镇221 村，其中包括革命老区村庄 84 个。全区总面积 1974.5 平方千米，人口密度 321.55 人/平方千米，是全广州市农业农村大区和全市实施乡村振兴战略的主阵地，绿色生态宜居水平在广州市 11个市辖区中处领先地位。

第一节 基本情况

一、建置区划

明弘治二年（1489），由番禺划地设置从化县，隶属广州府。清袭明制，从化县隶属广州府。民国二十五年（1936），从化县隶属广东省第一行政督察区；1938年，从化县隶属广东省第二行政督察区；1945年，从化县再次划归广东省第一行政督察区管辖。一年后改隶属广东省政府专员公署直属督察，直至1949年。

1949年10月13日，从化县解放，隶属广东省北江临时行政委员会。1953年3月，从化县划归粤北行政区（后称韶关专员公署）。1958年10月，从化、佛冈两县合并为从化县，仍属韶关专员公署。1959年1月，改属佛山专员公署。1960年9月，改属广州市。1961年4月，从化、佛冈重新分为两个县，各辖原有地域，从化县仍属广州市。

1994年3月，撤销从化县，设立从化市，属广州市代管。2014年1月25日，撤销县级从化市，设立广州市从化区，人民政府驻街口街道新城东路99号。

中华人民共和国成立后，从化县行政区划历经调整。1949—1952年，全县设置5个区、16个乡、250个行政村，区、乡、村都称人民政府。1951年11月，原清远县鳌头乡划归从化县管辖。1953年至1956年1月，全县改设6个区、95个乡、2个镇。区政府改称区公所，乡、镇称人民政府。1956年2月至1958年9月，全县撤区改乡，改设30个乡。1957年，全县30个乡合并为吕田、流溪、良口、桃源、灌村、大江、神岗、太平、街口、麻村、棋杆、鳌头12个大乡及街口镇。1958年，全县12个乡合并为1个街口镇和街口、大江、桃源、神岗、太平、棋杆、鳌头、良口、吕田9个乡。1958年5月，原清远县龙潭区划归从化管辖。1958年10月1日，全县成立街口、江浦、太平、鳌头、良口、吕田6个政社合一的人民公社；10月23日，从化、佛冈合并为从化县，设9个人民公社。1960年，县内除街口镇外，原9个人民公社划分为15个人民公社。1961年4月，从化、佛冈分县后，从化县除设置1个街口镇外，原9个人民公社分设为12个人民公社。1979年，全县共设13个人民公社、1个镇，下辖218个生产大队（不含广州市属场处19个大队）和3个居委会。

　　1983年11月，撤销人民公社，改设区公所。全县设街口镇1个，辖居委会5个；设吕田、良口、太平、鳌头4个乡级镇；设太平、神岗、江浦、城郊、温泉、灌村、良口、吕田、东明、棋杆、鳌头、龙潭、民乐13个区公所，为县政府派出机构；121个乡人民政府，为基层政权（不含广州市属场处9个）。1987年1月，全县完成撤区建乡（镇），设太平、神岗、街口、温泉、良口、吕田、棋杆、鳌头、龙潭9个镇人民政府；设东明、灌村、民乐3个乡人民政府。1988年2月，原温泉镇分设桃园、温泉两镇；8月，原并入街口镇的江浦、城郊恢复镇建置；10月，东明、棋杆、民乐3个乡改为镇建制。至1994年3月撤县设市前，全县辖街口、太平、神岗、江埔、灌村、温泉、桃园、良口、吕田、东明、城郊、棋杆、鳌头、龙潭、民乐15个镇，210个村委会，22个居委会及广州市属的横江农场、民乐茶场、流溪河林场、大岭山林场和黄龙带水库管理处5个场（处）。2004年1月，从化市将 15 个镇调整为 3 个街道、5 个镇，即街口、城郊、江埔 3 个街道和温泉、良口、吕田、太平、鳌头 5 个镇。具体调整为：原街口、江埔、城郊镇改称街道办事处，撤销神岗镇，除神岗镇大坳、赤草 2 个村委会划归街口街道办事处外，其余并入太平镇；撤销桃园镇、灌村镇，将其行政区域并入温泉镇；撤销东明镇，将其行政区域分别并入良口镇和吕田镇；撤销龙潭、棋杆、民乐 3 个镇，将其行政区域并入鳌头镇。至 2004 年末，从化市下辖 226 个村委会，38 个居委会。

2014 年 1 月 25 日，从化撤市设区后，以原从化市的行政区域为从化区的行政区域。2018 年末，从化区辖街口、城郊、江埔 3 个街道，温泉、良口、吕田、太平、鳌头 5 个镇，53 个社区、221 个行政村。

二、自然地理

从化地质地貌复杂，山高林密，河流众多，自然地理环境有利于积蓄革命力量，隐蔽组织、开展革命活动。

（一）面积和位置

从化区行政区域总面积 1974.5 平方千米。该区位于广东省中部，广州市东北面，地处低纬度地区，东经 113°17′～114°04′，北纬 23°22′～23°56′，北回归线横跨辖内南端的太平镇。东临惠州龙门县，南与广州增城区、白云区接壤，西与广州花都区、清远市相连，北与清远佛冈县、韶关新丰县毗邻。区内交通干线密集，交通方便。有京珠高速、大广高速、街北高速、增从高速和北三环高速等 5 条过境高速，有国道 G105 线、国道 G106 线和 G355 线共 3 条，省道 S118 线、S256 线、S353 线和 S355 线共 4 条，县道 X262 线、X285 线、X286 线、X301 线、X308 线、X934 线、X935 线、X937 线、X938 线共 9 条，广州地铁 14 号线一期

（嘉禾望岗至东风）于 2018 年 12 月 28 日开通运营。

（二）地质

从化区域地质构造体系有新华夏构造体系、东西向构造体系，以及不明体系的东北向构造体系三类。其中，东西向构造体系属于南岭纬向构造带，由一系列东西向褶皱和花岗岩体组成。其构造集中于四个地带，分别为：吕田至桂峰东西向构造带，良口至井山窿东西向构造带，石坑至棋杆东西向构造带，江埔钓鲤至灵山东西向构造带。该构造体系最早形成于加里东构造运动，至燕山构造运动时仍有活动，是形成时间最早及反复活动时间最长的构造体系。

新华夏构造体系是辖区内最新的构造体系。它是燕山构造运动的产物，生成于晚二叠世之后，主要的表现形式为断裂活动及伴随的岩浆活动。吕田的独石山岩体、中部偏东的温泉桥栏岩体、温泉南大岩体和黄六嶂山岩均为东北向展布。中南部江埔凤凰山岩体接触地带方向和其中的晚白垩世粒花岗岩少岩体，亦大都呈东北方向层带，它们均受新华夏构造体系的控制。新华夏构造体系断裂展布全区，以中部中心城区至东北角天堂顶一线最为强烈。不明体系的东北向构造体系主要表现为褶皱和一些东北向压扭性断裂。但由于形成时间较早，受后来构造运动干扰，破坏严重，褶皱保存不完整。

（三）地貌

从化区地处珠江三角洲到粤北山区过渡地带，地势自北向南倾斜，东北高，西南低，地形呈阶梯状。主要的山岭和河流的走向为东北往西南方向。辖区内地貌分为平原、阶地、台地、丘陵、山地、水域等 6 种。最高点是良口东南端的天堂顶，海拔 1210 米，是从化东部与龙门县的分界山；最低点在太平镇的太平村，海拔 16.2 米。

东北部以山地、丘陵为主。从九连山脉派发出来的两条支脉南昆山和青云山分别从该区域的东北和西北边缘向西南伸展，在良口附近部分汇合，中间形成吕田盆地和鞍山盆地。该区内海拔800米以上高山及400—800米较低的山大部分均分布在这个区域内，区内最大河流——流溪河及其主要支流也发源于这些山脉之中。中南部以丘陵、谷地为主。该区域的高、低丘陵实际上是从化区东北部山地的南延部分，且合后又分，分后再合，海拔高度渐次降低，地貌面海拔一般在400米以下。流溪河顺着地势从东北往西南贯穿其中，切割丘陵，不断形成宽窄不等的谷地。以流溪河为界，河东南侧的丘陵地貌面比河西北侧的稍高。在河流侵蚀扩宽作用的影响下，两条丘陵带于街口附近围成面积较大的从化盆地。流溪河中、下游沿岸两侧有小面积冲积平原，地势平坦，海拔在50米以下。西部以丘陵、台地为主，海拔高度一般在300米以下，呈起伏状。潖江河的一条分支在西部发源，顺着地势由南往北流出区西北端进入潖江，其两侧亦有小面积的冲积平原，高程降至海拔50米以下。

从化辖区内平原、阶地、台地、丘陵、山地、水域等6种地貌具体情况如下：

平原面积共293平方千米，占总面积的14.84%，有冲积平原、河谷平原、冲积—洪积倾斜平原3种类型，分布于流溪河与潖江河流域，其地势平坦，土层深厚、肥沃，水利设施完备，是传统的农业区。阶地面积有62平方千米，占总面积3.14%，阶地为河流两旁或平原边缘的阶状地，阶面平坦或微倾，前缘有陆坎。台地210.8平方千米，占总面积的10.68%，有侵蚀剥蚀低台地、侵蚀剥蚀高台地、花岗岩台地等，主要分布在良口以南地区。一般台地顶面较平，台坡倾斜不大。其中侵蚀剥蚀低台地共有75.8平方千米，约半数分布在潖江流域；侵蚀剥蚀高台地有

133.6 平方千米，除东明、流溪河林场、大岭山林场等山区外，流溪河和潖江两河流域均有分布。丘陵面积有 599.3 平方千米，占总面积的 30.35%。按海拔和比高结合坡度分类，有低丘陵和高丘陵，侵蚀剥蚀高丘陵海拔 250—400 米，各地均有分布，其中良口及其以北地区有 199.3 平方千米，街口及其以东、温泉以南地区有近 21.1 平方千米，棋杆及其以西地区有近 76 平方千米。侵蚀剥蚀低丘陵海拔 250 米以下，分布在街口以东和温泉以南的 91.3 平方千米，棋杆以西 57.3 平方千米，良口以北 34.7 平方千米。山地面积共 787.9 平方千米，占总面积的 39.9%。山地地貌可分为低山和中山两类。其中海拔 400—800 米，比高 300—700 米，坡度 25°—35° 为低山，有 551.3 平方千米。海拔 800—1210 米，比高 400—1000 米，坡度 35° 以上的为中山，有 236.6 平方千米。

（四）土壤

从化土壤资源丰富，分布集中。土壤可分为水稻土、黄壤、红壤、赤红壤、红色石灰土、潮土 6 种类型。各种土壤分布的特点是：低丘陵赤红壤和水稻土，主要分布在温泉以南人口密集的两河河谷平原；山地黄壤、红壤、赤红壤则分布在温泉以北平均人口密度较低的山区。

其中，水稻土是从化区面积最大的耕作土类，占全区总面积的 12.5%。主要分布在流溪河、潖江河冲积平原及街口盆地和鸭洞、桃源洞、凤凰洞等几个大上垌。黄壤是从化山地土壤垂直分布带最上部的土壤类型，占全区总面积的 1.29%。土壤受淋溶作用强，使盐基不饱和，具较强的酸性，氧化铁成黄色水化物形态，土体呈黄色，分布在区内海拔 800 米以上的山地。红壤是从化山地土壤垂直分布带上的土壤类型，位于黄壤分布带之下，占总面积的 7.76%。赤红壤是从化面积最大、分布最广的一种土类，占全区总面积的 73.61%，主要分布在近村的低丘陵或低山山脚的缓坡上，用以种植豆类、花生、薯类及果树等。红色石灰土仅分布在吕田镇的安山、狮象及桂峰等村的一条大理岩独峰的山坡上，有马鞍山、钟鼓岩等几处，面积很少，占总面积的 0.22%。潮土占全区总面积的 0.86%。该土类由流溪河冲积物为母质发育而成，分布在从温泉到太平的流溪河沿岸。历史上，从化人一直利用潮土种植荔枝和旱作作物，将它作为从化荔枝高产区宝贵的土壤资源之一。

（五）植被

从化受亚热带季风气候的影响，植物种类丰富。以热带、亚热带常绿物种组成为主，生长发育形成中亚热带常绿阔叶林和南亚热带季风常绿阔叶林。植被状况可划分为以下几种类型：针阔叶混交林、散生马尾松灌丛草坡、丘陵草坡和山地草坡。分布状况如下：

针阔叶混交林主要分布于北部的棋盘山、高桥山，东北部的坪山顶、独角咀、黄茶园等 600 米以下山地和流溪河林场、黄龙带水库、大岭山林场及温泉至头甲一带的人工保持林。植被种类多样，乔木、灌木、草本植物等各种植物生长繁茂，枯枝落叶层厚。散生马尾松灌丛草坡分布于东明通天蜡烛至下禾洞一带，龙潭乐格山至高狮顶一带，鳌头王洞至神岗蜈蚣窟及江埔凤凰山至太平秋风洞一带 400 米以下的低山和高丘地区。这些地方植被前身为针阔叶常绿季雨林，由于被砍伐过度，只剩下马尾松、野牡丹、黄牛木、黄枝子、金樱子、披芒麻、桃金娘等幼龄次生松和矮生灌林，还伴有芒箕、岗松等草本植物。丘陵草坡分布在全区的丘陵地区，民乐至棋杆一带，神岗至太平一带，占全区山地面积的 30%。这些低丘陵在公路交通发达、人口稠密的地区，天然森林很早就被砍伐，一直恢复不了高大植物。21 世纪初期植物主要是次生零星和幼龄松、芒箕和岗松、黄草等耐贫瘠的植物。山地草坡分布在 800 米以上的黄鹿嶂、天堂顶、黄茶园、阿婆六、三角髻等山。其气候条件与其他地方不同，积温和气温较低，风大雾大，土层浅薄。植物主要有五节芒、山杜鹃、芒箕、岗松及黄草。分布面积很小，只占山地的 1% 以下。

（六）河流

从化区主要河流有流溪河、潖江河、莲麻河。其中流溪河最长。三条河流具体情况如下：

流溪河是从化的第一大河流，主源头地处东北部，即从化吕田镇与惠州市龙门县交界的桂峰山至大岭头一带。该河全长 157 千米，流域总面积 2300 平方千米，在从化辖区内河长 113 千米，流域面积 1612 平方千米。流溪河从北到南流贯全区，至太平场出从化区境，再流经钟落潭、竹料、人和，出江村的南江口，汇入花都的白泥河，经珠江三角洲河网注入南海。流溪河流域支流众多，在从化辖内有吕田河、竹坑河、石坝河、牛栏河、楠木河（又叫玉溪水）、联溪水、汾田河（又叫黄龙带水）、牛路水、达溪水、北斗水、鸭洞河、石岭水、龙潭河（又叫黎塘水）、棋杆水、小海河（又叫曲江水）、溉峒水、凤凰水、罗洞水、锦洞水、三百洞水、隔岭坑（又叫井岗水、银林水）、湖田水、格塘水、沙溪河与鹿胫坑等支流，总集雨面积 1594 平方千米，占全区总面积的 80.7%；年径流量 20.85 亿立方米；丰水年（P = 10%）年径流量 30.03 亿立方米，枯水年（P = 90%）年径流量 12.72 亿立方米；平均年产水量 18.2 亿立方米。

潖江河是从化的第二大河流，发源地为从化西部鳌头与花都交界的羊石顶一带，从山上流下后，自南向北流经象新、桥头、白兔、鳌头圩，到鳌头沙湖的三甲与支流沙迳水汇合，又经龙潭的龙聚、龙潭圩，到龙潭的横江桥头再加入另一支流民乐河，遂形成潖江河干流。再经龙潭的下芦塘、乌石厦、上西岭，至龙潭的聚龙庙，流入佛冈县龙山的水口埔，于龙山圩下注入北江支流潖江河主流，然后流向清远市江口，再汇入北江，最后经珠江三角洲河网进入南海。主流辖区内长 29 千米，主要支流有黄罗河、民乐河、黄茅水、沙迳水、蓝和水、爱群水、五洞水等 7 条，其中以黄罗河和民乐河较大。该河总集雨面积 316 平方千米，占全区面积 16%，年径流量 4.27 亿立方米，丰水年（P = 10%）年径流量 6.11 亿立方米，枯水年（P = 90%）年径流量 2.65 亿立方米，平均年产水量 3.6 亿立方米。

莲麻河位于从化北部的吕田山区，发源于吕田与新丰、龙门县交界处北面的小沙罗。辖区内河长 15.5 千米，集雨面积 77 平方千米，流域面积占全区总面积的 3.9%。流经新丰县的章背，然后自北向南沿从化至新丰公路折入从化吕田的莲麻，在莲麻坝下穿过公路，经车步、塘基，穿过三村的大水桥后折向东，出从化，流向龙门县的地派、清塘，蜿蜒而下到龙门县龙城镇，再汇入增城的增江河，出珠江流入南海。该河年均产水量 0.9 亿立方米。

三、传统习俗①

从化地区的传统习俗丰富多彩，有的承载美好寓意流传至今，有的随时代思想变革发展去芜存菁。从化人民在节庆日遵行以下文化习俗的过程中，根据不同内涵，不断塑造积极阳光的心态，培养团结协作的意识，传承以人为本的理念。这些从民俗文化熏陶中磨砺出来的思想精神，从某种意义上讲，也成为从化人民革

---

① 部分资料参见钟梅芳主编：《从化掌故》，光明日报出版社 2017 年版，第 195—199 页。

命斗争不可或缺的人文品质。

元宵节与掷彩门　掷彩门又称放土炮或扔炮竹，是从化富有特色的民间喜庆活动，是群众共同娱乐和参与竞赛的元宵节传统民俗活动。掷彩门活动在清朝开始就从大江埔村发展到从化流溪河两岸各个村落。温泉镇现还保留着这一传统民俗的村庄有石南村、石坑村、平岗村、源湖村、龙桥村、桃莲村、龙岗村、江边田村等。"彩门"对从化人来说寓意着"彩数""好彩"，意即好运气、吉祥之兆。该活动原为春节重头戏，在抗日战争时期间断举行，1957年恢复，后又中断。1975年重新恢复，一年一届的掷彩门均会在元宵节前后举行。除村中民众欢聚庆贺外，亲戚朋友和邻近区县的群众也前来观赏，规模人数可达上万人。以往的"彩门"是用竹编纸糊而成，周围缠上导火线，装上小起火、小飞鼠、小柳花等。而现在的"彩门"则是装满各式烟花和炮竹的花篮，色彩斑斓，十分好看。彩门花篮是用细铁条绕扎而成，悬起前在花篮内插满各式各样的烟花炮竹，一般有一米多高。再把装满烟花炮竹的花篮挂在高竖在祖祠门前的一根十多米高的铁杆子上，顶端有滑轮，用钢丝扯连挂钩。掷彩门一般在当晚八时开始，活动程序分为：醒狮列队出场献技、护送彩门、升花篮、投炮竹4个部分。2013年，"掷彩门"被列入广东省省级非物质文化遗产代表性项目扩展名录。

添丁上灯　该习俗是广州从化地区的传统民俗活动。从化话"灯"与"丁"同音，上灯意为"添丁"。从化添丁上灯习俗历史悠久，可追溯至明末清初，每当从化老百姓谁家生了男孩，就会在元宵节、中秋节等传统节庆期间挂花灯（即为上灯）。添丁上灯习俗仪式包括放灯绳、选灯、迎灯、上灯、暖灯、化灯六道程序，其间还有客家锣鼓、舞龙狮、祭祖、饮灯酒等热闹场景。"暖灯"和"化灯"即参拜列祖列宗、长辈仪式，之后喝灯酒，正月十六日焚化花灯。每到过年前，从化农家就会到圩市选购彩灯回家喜办上灯；在新春元宵节期间，从化亦会有民间彩灯展示。上灯习俗历经百年传承，如今已不止包含添丁的意思了，寓意更为广泛。很多从化人即使家里没有生男孩也愿意在自家门前或祠堂里挂上彩灯，象征吉星高照，会给全家人带来好运，期盼新年日子过得红红火火、添丁添财。2013 年，添丁上灯习俗被列入广州市级非物质文化遗产保护名录项目。

水族舞 原名舞鲤鱼、鲤鱼舞、鱼灯舞，是流行于从化农村的祝福型民间传统舞蹈之一，是从化区温泉镇草塘社流传最广的民间舞蹈，清嘉庆年间孕育形成后，流传坊间 200 余年。草塘社因多处地方辟有水塘，周围长满丰美的水草，草塘社的地貌又恰似一条鲤鱼形状，当地的白话"鲤"与"利"谐音，取得财、利之意，"鱼"与"余"音同，取年年有余之意，当地村民遂自发组织队伍表演以鱼、虾、蟹为主体的水族舞，逐渐形成了这一旨在祈求风调雨顺、五谷丰登的习俗。该民间艺术活动色彩丰富，形式多样，以往常被邻村相邀作祈求喜庆吉利、福运到来的活动，1942 年因日军侵占从化而停止，1981 年恢复，现成为从化群众性的娱乐活动，常在春节、元宵节及庆祝集会时组队演出。随着社会的发展、时代的更替、文化的变迁及民间艺人的改造，从化水族舞这一传统民间舞蹈也发生了一些变化，经历了从田埂夜间演出、祠堂（广场）白天演出，到现代舞台演出三个阶段。水族舞融音乐、舞蹈、工艺美术和杂技于一体，表现出一种原始、古朴的美感，保留着原生态特征，是从化独具特色的传统文化。2009年，从化水族舞入选广州市级非物质文化遗产保护名录项目。

生前备棺 中国很多地方有生人备棺甚至备墓的风俗，即使不备棺，也要备钱，叫棺材钱或棺材本。备棺最初是为心安，俗称"起长生"。后来被赋予吉利的意头，在棺材前头贴红色的

"福"或"寿"字，还搞庆典。同时，也有炫耀、攀比财富地位等内涵。在吕田山区，普通人家50岁、有钱人家则三四十岁起，就要准备棺材，叫上寿。棺材做好后，上桐油。请来亲友聚饮，叫长寿酒。然后将寿棺放置在楼阁上，以备百年后使用。生老病死，有备无患。中华人民共和国成立后，随着社会发展变革，思想进步，该民间风俗所衍生的"向死而生"等积极意义仍通过其他形式传承着，其落后的精神需求则已淡化。

客家山歌　从化客家山歌有悠久历史，自古代北民南迁就落户从化，以后历代都有唱客家山歌的传统，推算已有几百年历史。从化客家山歌唱词较口语化（客家方言），通俗易懂，人民群众较为喜爱。客家山歌多以爱情为题材，在旧社会起到反封建、争取婚姻自由的作用。青年男女在对唱时互相介绍身世，抒发感情，表明志向，这是山乡自由恋爱的一种好形式。此外也有以赞颂、讽刺为题材的，一般是男女对唱，没有标题。客家山歌在江埔的锦一村、上罗村、凤二村中较流行。中华人民共和国成立后，客家山歌的题材不断扩大，有以家乡变化、农事活动为内容的，也有以计划生育为内容的。从化客家山歌有两种形式：一种为"仿梅调"，主要是学习和模仿梅州地区一带的唱腔；一种为从化地方特色的唱腔——"过山拉"。表演内容包括劳动歌、劝世歌、行业歌、耍歌、逗歌、虚玄歌、拉翻歌、谜语歌和猜调、小调、竹板歌等。"从化客家山歌"2009年入选广州市级非物质文化遗产传统音乐类保护名录项目。

牛生日　每年农历十月初一，主要在从化的吕田革命老区举行。该节庆主要活动方式是用糯米糍糊牛。糊其头，曰"知去知转头"，即听话；糊其角，曰"知善不知恶"，即顺从；糊其腰，曰"知去不知跳"，别发牛疯；糊其腹处，曰"知去又知归"，农家最怕失牛，告诫其吃饱了草就得回家；糊其嘴，曰"不要食别人园中菜",即别惹是生非,带有德育色彩。

游禾节 每年农历六月六日,主要在从化北部山区举行,是从化独有的民俗节庆活动。是日,村民把庙中菩萨抬出来游一游,洗个澡,晒晒太阳,又抬回去摆好,烧烛供奉。

冬至 一般在 12 月 22 日。从化民间认为"冬大过年"(从化话把冬至简称"冬",阳声),冬至是很重要的节日,外出者一般赶回家过冬。是日晚餐丰盛,鸡鸭鹅鱼不缺。从化兴吃鹅,这一天卖鹅的也特别多,以鳌头镇的鳌头、龙潭、民乐为甚。从化人重视冬至的原因,可能是冬至这天,应是全年最冷的,尽管事实上不一定是。这一天,也是太阳在南回归线上北返的日子,与夏至正好相差半年。从化是北回归线上的明珠,夏至正午无日影,冬至则日影最长、日照最短的。每四年一次的闰年,2 月出现 29 日时,清明、夏至和冬至一般都会前移一天。

重阳节与敬老传统 每年农历九月初九为重阳节。从化一年有两次扫墓祭祖活动,有些在清明,有些在重阳。重阳除拜山外,主要活动是登高和敬老。敬老是因为九九最高数,登山是达最高处。老人望高寿,这是看望慰问老人的好时机。尊老敬老,古今一致。清康熙二十八年(1689)五月,县府奉诏恩赏老人,80 岁以上得恩赏金,据当年统计,从化地区 80 岁以上老人 22 人,其中 90 岁以上 2 人,100 岁以上 1 人。80 岁以上恩赏金每人 1.94 两银;93 岁的禤仲恩和时年 97 岁(卒时 100 岁)的麻村人李心存得 3.88 两银;时年 100 岁的黎忻(从化建县以来第一个进士黎贯之曾孙)得 7.76 两银。中华人民共和国成立后,寿星渐多。1982 年起,从化政府给百岁老人发生活补助。2018 年,从化区在册百岁长者有 25 人。

清明 一般在每年的 4 月 5 日。其间多为阴雨天,人们踏青采柳枝或桃枝插门楣辟邪。清明所在之月,为扫墓祭祖期。从化兴采艾做糍，祭品中的食品，一般是糯米糍、饼糕、干果品之类，也有熟光鸡、烧肉甚至烧猪。从化政府每年清明日在烈士纪念碑公园举行烈士祭拜活动，缅怀千千万万抛头颅、洒热血，在中华民族危亡面前舍命付出的革命先辈。

革命老区村庄概况

一、老区评划

中华人民共和国成立以后，广东省根据中共中央和国务院的部署，并结合本省的实际情况，在全省范围内开展评划革命老区工作。

1957 年，广东省在从化地区评划出莲麻村河洞等 21 个抗日战争游击区。1993 年 6 月，经广州市人民政府同意，又评划出珊瑚村、莲麻村等 17 个村（含 87 个自然村）作为解放战争游击根据地。1994 年 5 月，经广东省民政厅批准，吕田镇成为革命老区镇。2018 年，经区划调整后，从化革命老区村（含自然村、经济社）涉及 4 个镇、27 个行政村（社区）、76 个自然村。其中，吕田 17 个行政村、1 个社区，66 个自然村；良口 5 个行政村，9 个自然村；太平 3 个行政村，1 个自然村；鳌头 1 个行政村。

二、老区村概况

吕田 18 个：莲麻村（河洞、黄沙坑、莲麻坝、打古畲、车步、三水）、塘基村（塘基）、三村村（三村）、吕新村（大排、横楼、仓下、新村、下洞、旺水口、茶岭灰瑶头、大塅、新屋、生口、莫村、三田里、松柏塘）、联丰村（南坑、蚊山、汉群、江联、邓村、江下）、桂峰村（陈洞、黄泥塘、山羊坑、东岭、水边围、田心围）、新联村（石坝、老屋）、小杉村（章口、田心、牛岭片村、九水、田塅心、潘屋、白屋、荣兴、山塘）、鱼洞村（鱼洞）、吕田社区（吕田圩：老街、新街）、狮象村（张村大伙、黄迳、胜塘）、份田村（高陂头、下瑞基、良洞、湖鸭滩）、竹坑村（洽水塘、凹头、竹坑口、杨屋、哪吒岭）、草埔村、安山村、塘田村、东联村（走马夫、水尾、宝莲塘）、东坑村（上大步、下大步、丹竹坑、石堆坎）。

良口5个：溪头村（溪头）、下溪村、锦村村、合群村（黄竹田、龙头形、冲岭、秧溪、良银、黄竹窝、背荫）、团峰（丰）村（东洞）。

太平3个：钱岗村、文阁村、秋枫村（秋枫洞）。

鳌头1个：珊瑚村。

各老区村的基本情况①：

莲麻村，位于吕田镇北部，距镇政府14千米，始建于清代。该村地处从化北部山间谷地，东面为龙门县的山岭，南面为莲麻坝，西面为吕田东联，北面为新丰县的山岭。1941年初，在上级党组织领导下，建立莲麻坝党支部，并由陈景渐（又名陈洁）任支部书记兼组织委员。至1949年9月，丙石、三水、份田3个自然村共14人参加党组织。这是从北最早的一个党支部。在党支部的领导下，建立革命的两面政权、医疗站，为部队购买生活必需品和药品，并于1949年初建立税站。同年冬建立村政权，组织群众打开地主粮仓帮助群众度荒，开展了土地小调整运动，同时组

---

① 各老区村革命背景与划评依据，根据广州市从化区民政局档案《县政府（办）关于划评解放战争游击根据地和要求确定吕田镇为老区镇的请示及省民政厅的批复老区村庄迁移情况登记表》（全宗号5；目录号A0-31；案卷号14）整理表述。

织民兵、农民协会（简称农会）等组织，在外围保卫游击队军械
厂和医疗站。解放战争时期，发动群众参军参战，先后共30多名
民兵参加游击队，配合部队打杨梅潭伏击战，积极支持部队物资。
1993年6月，经广州市人民政府同意，划评为解放战争游击根
据地。

　　塘基村，位于吕田镇东北部，距镇政府15千米，是塘基行政
村村委会所在地。村落始建于明末。村落地处从化北部山区丘陵
地带的山间盆地，东面与龙门县交界，南邻三村村，西接国道
G105线，北与莲麻村毗连。塘基村是从化的一个革命根据地，有
从化"小延安"之称，群众具有较好的政治觉悟和敢于同敌人斗
争的革命思想。从1940年起，就有中共党员以教师的身份掩护、
开展党的地下活动。1941年12月，成立塘基背党支部，由巢德
麟任书记兼组织委员。在不长的时间内，就有巢作成、巢海周等
20多位年轻同志加入中国共产党，成为该村革命的中坚力量。
1945年，从化县委成立，县委机关设在塘基村。除了在抗日战争
中做好支援抗日游击队工作外，塘基村人民于解放战争中，在中
共的领导下，与国民党反动派进行坚决斗争。日本投降后，地下
党恢复武装斗争，该村组建了一个约25人的民兵队伍，党员是民
兵骨干，负责打击进犯该村的敌人，为解放事业作了不少贡献。
1957年，被划评为抗日战争游击区。

　　三村村，位于吕田镇东北部，距镇政府12千米。下辖三村，
原名三村洞，地处丘陵山岗地带。位于三村的白石咀胡氏公屋，
是一座泥砖木结构的两层建筑，坐东向西，面积约150平方米，
屋深16米，宽13米，共四房一厅、两廊、一天井及两侧炮楼。
左侧炮楼高两层7米，右侧炮楼高3层12米，每层炮楼各面墙壁
设有枪眼。1940年6月，中共从北（吕田）党支部在白石咀胡氏
公屋成立，胡斯增任支部书记兼组织委员。党支部的主要任务是

在游击区建立党组织，发展党的力量，吸收和培养党员干部，以便在战斗工作中取得主动，争取胜利。1957 年，被划评为抗日战争游击区。

吕新村，位于吕田镇东北部，距镇政府 3.5 千米。下辖大排村始建于明代。1945 年初，村进步青年罗盛樑、潘天如、潘承恩、潘福如、潘俱林分别在吕田中心小学和莲麻坝党支部参党，并在大排建立联络站，从化县委何宽等常到村进行革命活动。1947 年建立党支部。1948 年，建立武装民兵、农会及村政权，配合游击队打击吕田上莲麻的敌人和参加杨梅潭伏击战、夜袭吕田伪中队等战斗，发动群众减租减息和参军支前。全村有 40 多名同志参战，其中罗观保光荣牺牲。1949 年春，组织声势浩大支前队伍抢修广从公路，为迎接大军南下送粮运弹药，作出了重要贡献。1993 年 6 月，经广州市人民政府同意，被划评为解放战争游击根据地。

联丰村，位于吕田镇东北部，距镇政府 6 千米。下辖自然村南坑始建于清代。村庄位于从化区北部，东面是桂峰村水边围，有鱼洞水库，蚊山河（南坑段）流经此地。该村地势偏僻，为上级党组织在此开展地下党组织和游击队活动提供了便利，在抗日战争和解放战争期间作出不少贡献。1941 年春，在该村成立南坑党支部，胡志生（又名胡必池）任支部书记。中共为实现和号召人民群众参加抗日统一战线，扩大抗日力量，利用南坑村落分散、地形偏僻、交通不便的自然环境，发动先进分子加入地下党组织，围绕配合南下军队进行抢修道路，解决食住、后勤供应等任务开展工作。党支部先后动员本村和邻村 20 多名青年参加游击队［后转广东人民抗日游击队东江纵队（简称东江纵队或东纵）］。其中，罗学于 1942 年加入中国共产党，利用南坑村地形为东江纵队提供掩护保卫工作，1949 年为南下部队提供食宿和保卫工作。胡志生于 1940 年加入中国共产党，以教师身份作掩护组织群众减租减息、发展壮大从化地区秘密工作队伍；1945 年任南坑支部书记时，帮助、营救多名被国民党反动派逮捕的同志。1955 年 10 月，被民政部门评为抗日游击老区。下辖蚊山村始建于明代天启年间。村子坐落于从化北部山区，东邻联丰村委会，南邻水田，西北面环山。1945 年春开展革命活动；1947 年发展党员 36 人，建立农会和民兵组织，进行减租减息斗争。在党支部的领导下，广泛发动群众参军参战。1945—1949 年共有 30 人参加游击队，并有 2 名同志为革命牺牲。该村组织群众为游击队和南下大军筹粮草、抢修广韶公路。其中，担架队、带路人员为解放战争作出一定贡献。1993 年 6 月，经广州市人民政府同意，被划评为解放战争游击根据地。

桂峰村，位于吕田镇东面，距镇政府 6 千米。下辖山羊坑村始建于清代。村子坐落于从化北部山区的桂峰山下，属崎岖偏僻山村。1945 年间，游击队领导黄庄平、黄柏、马达、何欢、丘松学、巢德麟、巢海周来桂峰村开展革命活动。1946 年上半年组织游击队打开了国民党设在山羊坑的军火库，缴获军用物资一批。1947 年下半年至 1948 年下半年，粤赣湘边纵队江北支队在山羊坑举办多期干部培训班，培训干部 200 多名，在党的领导下建立常备民兵组织，开展革命斗争，积极配合攻打吕田伪乡公所。建立税站，开展减租减息和反"三征"斗争，积极筹粮支持游击队和大军南下解放广州。1993 年 6 月，经广州市人民政府同意，被划评为解放战争游击根据地。

新联村，位于吕田镇东南部，距镇政府 6 千米。下辖石坝村落始建于明代。村子坐落于从化北部丘陵的山间盆地上。1945 年 4 月，上级党组织先后派地下党员胡志生、罗小华、严祖祺、潘迪等来此开展革命活动，发展地下党员。1948 年 3 月，建立党支部，革命队伍不断壮大。在党支部领导下，1948 年 5 月，东三支三团在该村建立交通联络点 8 个、税站 1 个，相继建立村人民政权和农会组织，领导群众开展减租减息斗争，打开地主粮仓以帮助群众度荒，支援游击队粮食；保卫税站，掩护部队，发动群众参军参战。1945—1949 年间，该村有 48 人先后参加游击队，其中 2 人为革命牺牲，1 人受伤致残。1993 年 6 月，经广州市人民政府同意，被划评为解放战争游击根据地。

小杉村，位于吕田镇东南部，距镇政府 11 千米。下辖自然村田塅心。1945 年夏，东江纵队副司令员王作尧、政治部主任杨康华率部队 1000 多人途经小杉驻扎，同年欧初支队也率部 200 余人来小杉村驻扎，宣传马列主义和党的方针政策。1946 年，上级党组织、游击队的领导马达、丘松学、巢海周等来小杉村开展革命活动，并在游击队党组织领导下建立交通站、税站。1948 年冬，开展减租减息运动。发动群众参军参战，1947—1949 年有 45 人参加游击队，有 4 人为革命牺牲。群众为保护革命队伍，仍积极支援部队粮食和其他物资。1993 年 6 月，经广州市人民政府同意，被划评为解放战争游击根据地。

鱼洞村（鱼洞），位于吕田镇东部，距镇政府 15 千米。下辖林屋、罗屋，始建于清代。林屋坐落于从化北部丘陵地带，地势低洼，村东、南面均为山和水田，西面为下罗座，北倚桂峰山。罗屋坐落于从化东北部，坐东北向西南，东边是鱼塘，南邻龙门县，西邻潘屋村，北面为稻田。1948 年 12 月 10 日，林屋 2 名村民中共党员林伙荣和林观荣，分别担任东江三支队粤汉中队政治教导员、东江游击队班长，在吕田杨梅潭伏击战中荣立一等功。其中，林观荣于 1950 年 3 月 18 日任从化县公安连副连长时，在良口与土匪作战被杀害。罗屋村民罗哲厚于 1946 年参加东江纵队第三支队高山游击队，曾任东江纵队第三支队高山游击队文化教导员，投身游击宣传活动，1947 年 9 月，罗哲厚在鱼洞被国民党反动派杀害。1957 年，鱼洞村被划评为抗日战争游击区。

吕田社区（吕田圩），位于吕田镇中部，是吕田镇党委、政府所在地。该圩始建于宋代。坐落于从化北部山区腹地，位于一个四面环山的盆地当中，地势低洼，坐西向东。20 世纪 40 年代，吕田圩的尚义社学成为从北党组织活动基地之一。1941 年初，中共协助巢海周进入尚义社学（当时称"流溪社学"）任教，并从外地调入彭肇雄等 6 名共产党员来校工作，在学校建立支部，陈韩山、巢海周先后任支部书记。学校教学质量不断提高，学生人数增多，为从北革命发展培养大批人才。1947 年 12 月中旬，国民党一九六师在从化街口"扫荡"后冲进吕田，搜查吕田中心小学，训育主任冯国锦、教导处主任黄煜华等中共党员遭到捕杀，为解放事业献出生命。此外，吕田圩下辖老街的天然饭店设有中共从北交通站。1944 年冬，根据中共广东省委指示，为适应和配合抗日游击活动，从北山区革命组织迅速恢复，开展武装斗争。从（化）、花（县）、滘（江）地区情报送达从北交通站后，再由塘基交通站传送。1947 年 2 月拔除石坑圩韶滘乡公所；1948 年 12 月在杨梅潭活捉赴任的国民党新丰县县长张汉良、1949 年 6 月良口圩活捉国民党县警中队长何作禧等战斗的情报，均由中共从北交通站送出。交通站也在做好中共各路来往从化地区人员的保卫工作，护送革命队伍过境时有关物资筹集、运送，以及沟通中共滘、花地区与从北地区以及博罗、河源、北江支队的联系等方面，起到枢纽作用。1957 年，被划评为抗日战争游击区。

狮象村，位于吕田镇西部，距镇政府 4 千米。下辖黄迳村始建于明代。村子坐落于从化东北部山区地带，坐北朝南，东邻水埔村，南邻海拔 120 米的狮象岩石山。1945 年，从化县委派路明来黄迳自然村建立第一个党支部。1947 年，民兵组织发动群众开展减租减息斗争，筹粮 31500 多斤、黄豆 300 斤支持游击队。1949 年 3 月，该支部组织委员巢石荫又在黄江自然村发展第二个党支部。1948 年下半年，上级派潘志中回本村开展地下工作。1949 年 3 月，不断发展村党员队伍，配合游击队开展活动。广大群众拥军支前，参加游击队 30 多人，为南下大军送粮 3000 多斤。1993 年 6 月，经广州市人民政府同意，被划评为解放战争游击根据地。

份田村，位于吕田镇西北部，距镇政府 5 千米。下辖高陂头村始建于清康熙年间。该村位于从化北部山区的山间谷地。村庄东北面为湖鸭滩，西南面为良洞，北面为下瑞基。1947 年初，地下党员胡斯南、罗学等来村开展革命活动，发展党员，建立党支部，发动群众开展减租减息斗争。1948 年，与当地反动势力头子作斗争。发动群众参军参战支前，为游击队献粮。筹粮 5000 多斤，生猪及"三鸟"（鸡、鸭、鹅）一批支援南下大军，组织民工队为南下大军解放广州运粮草弹药，为解放战争的胜利作出积极贡献。1993 年 6 月，经广州市人民政府同意，被划评为解放战争游击根据地。

竹坑村，位于吕田镇西北部，距镇政府 5 千米。下辖洽水塘村始建于明代。村庄坐落于从化北部山区的山间谷地中，沿着小河两岸依山而建，东邻水埔村，南面与狮象黄迳接壤，西邻狮象慈坑，北靠哪吒岭、凹头。1946 年，东三支三团马达、丘松学等带领巢德麟、徐清等 10 多人的游击队伍来竹坑洽水塘大山岽开展革命活动，建立联络点，群众积极支持粮食和生活、医药用品。1948 年 4 月，为加强竹坑革命领导力量，增派巢桥、巢效文组成武工队和党小组。同月成立农会和民兵组织，开展减租减息斗争，发动群众为驻扎在斜坑的东三支三团巢昌游击中队筹粮 4300 斤。7 月，打击敌人，在武工队党组织领导下积极参军参战，为南下大军筹粮 40 多担（1 担＝50 千克，下同）。1993 年 6 月，经广州市人民政府同意，被划评为解放战争游击根据地。

草埔村，位于吕田镇南部，距镇政府 3 千米。下辖水头村始建于清初。村庄坐落于从化北部丘陵地带。村庄东、南面为山岭，西面为孙屋、石心、曾屋社，北面为立新社。1947 年，村人邓德修参加革命，曾开设小卖部作为吕田共产党员联络点，负责联络工作。中华人民共和国成立后，曾任吕田草埔村党支部书记。1957 年，草埔村被划评为抗日战争游击区。

安山村，位于吕田镇南部，地处国道 G105 线两旁，距离镇政府 7 千米。1957 年，被划评为抗日战争游击区。

塘田村，位于吕田镇西南部，距镇政府 7.5 千米。塘田下辖自然村在抗日战争和解放战争期间，涌现出许多革命志士，为解放事业作出不少贡献。下辖塘下江村始建于明代。村庄坐落于从化东北部的山区小盆地上，位于海拔约 740 米的王母点兵山山脚下及牛栏河西岸。1946 年冬，村民巢水池参加游击队，是增（城）龙（门）从（化）博（罗）游击队韶州中队战士，1947 年 2 月，在新丰沙田石桥遭国民党反动派军队围捕，壮烈牺牲。中共马鞍山党支部委员巢泉清，于 1948 年掩护地下党组织；1949 年，大军南下任民工团大队长，参加镇压地主活动。下辖汤河村的村民，在抗日战争时期，为抵抗日本侵略者，团结一心、众志成城，积极配合当地抗日组织成员，利用村道弯曲窄小的优势，与敌周旋。经充分准备，游击队长率领 10 多名队员与村民趁夜色出发，经村里旧庙，从外围进攻敌人。经过激战，成功剿灭敌方 20 多人，收缴粮食、武器一批。因其战术如老鼠过木梁般惊险，俗称"老鼠游木梁抗日阻击战"。下辖耕富岭村的村民潘结根，是抗日战争游击队员，积极参与抗战。1957 年，塘田村被划评为抗日战争游击区。

　　东联村，位于吕田镇西部，距镇政府 20 千米。下辖水尾村始建于明万历年间。该村地处从化西北部的丘陵地带，化水河边周围的平地上，地势低洼，坐南向北布局。村庄东面为前光村，南面为巢瑶山，西面为宝莲塘村，北面为走马夫村。1944 年，从浯区委派黄汉文和刘四妹、江北支部陈江天等同志来水尾宝莲塘开展革命活动，村进步青年邹均记等 15 人参加了游击队。1948 年 10 月，建立走马夫党支部，统一领导全村革命活动。此前 5 月上级曾增派陈哲等人加强村领导，建立农会、武装中队 50 多人，开展抗粮、减租减息斗争，筹粮 2000 多斤及收缴当地零散枪支弹药支持游击队，协助收税、打击敌人，发动群众参军参战，为南下大军筹粮、运送柴草等到莲麻村接待站，为解放战争作出了极大贡献。1993 年 6 月，经广州市人民政府同意，被划评为解放战争游击根据地。

　　东坑村，位于吕田镇西北部，距镇政府 15 千米。下辖丹竹坑村始建于明代。村子坐落于从化东北部丘陵地带，西、北面均为山。1946 年冬，马达派肖子云等同志来村开展革命活动。1947 年春，东三支三团钢炮队在村驻扎，进步青年参加游击队，群众积极支持部队攻打新丰反动自卫队；同年冬，巢昌带游击队 100 多人驻村伏击吕田、沙田国民党反动派军队，群众为部队支援粮食 1.5 万斤，柴草上万斤。在游击队党组织领导下，建立武装民兵 20 多人，收缴公尝枪支 34 支、子弹 30 多箱武装本村民兵队伍，建立农会和村政权，开展减租减息斗争，为部队收税、作掩护，收集生铁万多斤支援部队制地雷。组织担架队，设茶水站，筹粮 1 万多斤迎接大军南下解放广州。1993 年 6 月，经广州市人民政府同意，被划评为解放战争游击根据地。

　　溪头村，位于良口镇东北面，距镇政府 17 千米，为溪头行政村委会所在地。其自然村溪头洞始建于明嘉靖年间。村庄坐落于从化北部山区的山间谷地，四面环山，东邻龙门铁岗，南与南昆山相连，西邻良平影村，北邻东星村。1947年10月，地下党员和游击队员白振发、巢海周、巢桥、巢郁文来村开展革命活动；1948年2月建立交通站，组织武装民兵10多人，收缴溪头村地主6条枪支、子弹400发，开展减租减息斗争，解决村民荒粮问题。1949年4月，成立溪头村党支部和人民政权，领导村民与当地反动势力进行多次激烈斗争，并取得胜利。群众积极拥军支前，先后有9批共37人参加游击队，为游击队和南下大军筹粮1.3万多斤，有2名同志为革命光荣牺牲，全村为解放战争作出重大贡献。1993年6月，经广州市人民政府同意，被划评为解放战争游击根据地。

下溪村，位于良口镇东北面，距镇政府18千米。下辖南联村始建于清乾隆年间。该村位于从化北部山区，四面环山，东邻南山坑，南邻万角村，西邻红耀村，北靠山岭。1942年，为有效阻止日军向北进犯，国民党军队某团曾在该村山上驻扎一年时间。日军得知国民党军队存在后，在该村驻留一周以摸查情况，离开村落时放火烧村。这一时期，东江游击队战士也常在该村出入活动。受游击队影响，村民积极参加游击抗日行动，与日军周旋；后来也参与清匪反霸革命活动。参加人员有何文开、何占罗、何占泉、何占权、何锦耀等人。现该村仍留有当年战斗过的战壕遗迹。下辖红耀村的村民，也曾投身革命，作出贡献。范桂尧于中华人民共和国成立初期成为连溪乡的革命干部；范桂荣在东江游击队任通讯员期间表现良好，受东江游击队嘉奖。1993年6月，经广州市人民政府同意，被划评为解放战争游击根据地。

锦村村，位于良口镇东南部，距镇政府25千米。下辖阿婆六村（原称亚婆碌村）始建于清嘉庆年间。村庄坐落在从化东北部山区高达1032米炉背山半山腰之中的一块小盆地上，是广州地区人居最高的村庄之一，周围青山绿水，翠竹林立。东邻南昆山，南邻甘坑村，北邻溪头村，西邻瑶社村。1945 年，地下党和游击队的负责人刘义、黄达荣、白振发、巢海周等，先后到该村发动群众开展对敌斗争，发展党组织，动员先进青年参军。该村先后有 11 人参加游击队，在博罗、龙门、增城等地参加过数次战斗。其中，刘云、彭南于 1948 年在龙门铁钢战斗中壮烈牺牲。1948 年，国民党反动派军队常来"围剿"、抓捕地下党员和游击队员。村民在村前设置瞭望台，当敌方来时，便组织人员疏散至山上躲避，一直坚持至解放战争结束。1993 年 6 月，经广州市人民政府同意，被划评为解放战争游击根据地。

合群村，隶属从化良口镇，所辖背荫村始建于清康熙年间。该村位于良口镇西北部，距镇政府 20 千米，东邻庙下田，南邻门口田，西邻三格溪水，北邻龙头山。1947 年 7 月，清从佛人民义勇大队领导黄渠成、主力连连长兼武工队队长黄积年等来村开展革命活动，建立地下联络站，组织武工队外围组织（武装民兵）配合游击队打击良口圩和米埗圩的国民党从化县警队的催军饷和运输活动。1948 年 7 月在武工队领导下，成立农会。1948 年 8 月，广东人民解放军江北支队增派胡斯增到村建立红色村政府，开展减租减息斗争，把抗租留下的稻谷中的一部分支援游击队。同月建立村党支部，领导农会和民兵组织保护游击队和配合战争，并取得胜利。该村有 2 名游击队员为革命光荣牺牲。1993 年 6 月，经广州市人民政府同意，被划评为解放战争游击根据地。

团峰（丰）村，位于良口镇西面，距镇政府 17 千米。其自然村东洞，始建于清中期。下辖象岗里，地处从化北部山区地带，东邻和丰毛坪村，南邻良新水尾洞村，西邻达溪村，北边为尖峰岭。1947 年春，从南特派员冯康、副特派员胡志生来团峰村开展革命活动，建立地下党联络点。同年 8 月，清从佛人民义勇大队武工队队长黄积年带领武工队员来村发动群众建立武工队外围组织（武装民兵），并打击进攻吕田老区的国民党军队。1948 年 5 月，成立农会，开展"二五"减租，筹粮 1000 多斤支持游击队和帮助村民度荒。同年建立革命两面政权，发动群众参军参战，先后有 21 人参加游击队。1949 年 7 月，东三支三团马达、胡斯增、冯康等领导带领 100 多名游击队员来村驻扎，农会发动群众筹集粮食、蔬菜供给当地部队和南下大军。1993 年 6 月，经广州市人民政府同意，被划评为解放战争游击根据地。

钱岗村，位于太平镇东面，距镇政府 7.5 千米，始建于南宋中期。该村地处从化南部山间谷地，三面环山，沙溪河在村的南面田园间流过，主要山岭名为猪屎岭。早在 1938 年，钱岗村进步青年中山大学学生陆日新随广东青年抗日先锋队（简称抗先）共产党员郭汉和雷亢清等 10 多人，回村成立共 120 多人的抗日救国团，与入侵该村的日军进行多次英勇战斗，给日军沉重打击。该村被赞为"英勇之村"，革命传统不断发扬。1948 年春，在地下党和武工队领导下，进步青年陆就受朱骥指派回村组织武装中队，并任中队长。同年成立农会和建立革命两面政权，开展"二五"减租斗争，配合陆日新从南武工队发展从南武装，发动群众参军参战，筹粮救济灾民，支持南下大军解放广州，为抗日战争和解放战争作出了贡献。1993 年 6 月，经广州市人民政府同意，被划评为解放战争游击根据地。

文阁村，位于太平镇东部，距镇政府 7.5 千米。该村始建于南宋。国家级重点保护文物——从化广裕祠坐落于此。1938 年，广裕祠成为钱岗抗日自卫队成立地，1947 年成为中共领导的革命武装开展宣传活动的重要场所。1949 年，沙溪乡人民政府在广裕祠成立，积极发动群众献粮、献柴草支援南下大军。1993 年 6 月，经广州市人民政府同意，被划评为解放战争游击根据地。

秋枫村，位于太平镇东南面，距镇政府 10 千米。始建于宋初。该村地处从化南部丘陵地带山间谷地。村庄东面为尖峰山岭，南面邻接朝山村、田心村，西面为金坑山岭，北面邻接火界岭村。1947 年冬，秋枫村钟伯冲参加游击队，并在自己家建立联络点。1948 年春，增龙县委领导钟育民与福和地下党员许明、钟煜明来村开展革命活动。同年建立农会和民兵组织，发动群众开展减租减息斗争，由钟伯冲、钟桂权、钟容记负责建立游击队接待站。进步青年陆就在地下党员许明领导下，在秋枫村发展共 37 人的武装队伍，与钱岗村民兵组成武装中队三支直属先遣总队第一中队。村成立支前分队，筹集粮食 100 千克，生油 7.5 千克，菜 100 千克，柴草 250 千克支援队伍。1993 年 6 月，经广州市人民政府同意，被划评为解放战争游击根据地。

珊瑚村，位于鳌头镇北部，距镇政府 13 千米，始建于清中期。该村地处从化西部丘陵地带。村庄东邻佛冈县汤塘镇石门村，南邻石联村，西邻宝溪村，北邻佛冈县汤塘镇石门村。1946 年，地下党员廖景、宋奕春在珊瑚村开展革命活动，并介绍村中进步青年陆宏参加共产党。1948 年 4 月，地下党派东三支四团主力连连长兼武工队队长黄积年到村与陆宏及地下工作者李梓清一起开展革命活动，并吸收有群众威信、有才能的青年谭仲通参加革命，组织武装队伍，建立村政权及农会等组织，开展减租减息斗争和将本村分散枪支 91 支收缴交给游击队使用。在武工队党组织领导下，发动群众参军参战，先后有 50 人参加游击队，编入抗征大队，谭仲通任队长。游击队与国民党军队多次进行激烈战斗，取得重大胜利。群众积极拥军支前。1993 年 6 月，经广州市人民政府同意，被划评为解放战争游击根据地。

吕田革命老区概况

吕田地区有着优良的革命传统，1957 年被民政部评划为革命老区；1986 年建镇，1993 年被广东省民政厅确定为老区镇，成为广州从北唯一的革命老区镇。

星星之火，可以燎原。吕田镇是中国革命斗争版图上星罗棋布的"星火"地区之一。在中国近代以来的革命斗争中，吕田的革命仁人志士始终带着坚定的革命信仰和崇高的革命觉悟，抛头颅、洒热血，广大群众自觉支援敌后建设，为推翻国民党统治压迫、建立新中国付出了牺牲，作出了贡献，为广州抗战史增添光辉的一页。

抗日战争期间，吕田人民奋起反抗日本侵略者，积极配合中国军队歼灭入侵日军。给中国军队送弹药、送粮、送水、送信、救护伤员等，有力地支援抗日将士奋勇作战，赢得了中国军队在粤北第一次会战及第二次抗日会战的胜利。解放战争期间，吕田是从化县的革命根据地。吕田人民在中国共产党的领导下，积极开展游击武装斗争，取得解放战争的胜利，对推动从化新民主主义革命的发展具有重要意义。

吕田镇位于从化东北部，地理坐标东经 113°50′，北纬 23°48′。北接韶关市新丰县，东接惠州市龙门县，西接清远市佛冈县，南临良口镇和广州市流溪河林场，距广州市 115 千米。全镇总面积 388.9 平方千米，辖塘田、安山、草埔、小杉、鱼洞、新联、联丰、桂峰、塘基、三村、吕新、莲麻、吕中、水埔、狮象、竹坑、份田、东联、东坑、五和、坪地 21 个村和吕田、东明 2 个社区。

吕田属山区镇，山峦起伏。其中桂峰山海拔 1085.7 米，广州的生命河、从化的母亲河——流溪河发源于此。地势东北高、西南低，有吕田和鞍山两块小盆地。吕田有海拔 800 多米的陈禾洞，风景秀丽，是广州抽水蓄能电厂的上水库，有公路直达。水库的东面有海拔 1036 米的三角山。陈禾洞地区 2007 年被评为省级自然保护区。镇内还有海拔 1146 米的鸡枕山以及马鞍山岩洞、狮象岩洞、钟古岩洞等，这些岩洞中发现了 4000 多年前的新石器中晚期遗址，至今已发现多处新石器时期遗存的文物石斧、石凿、石锛等。

2018 年，吕田镇户籍总数 9102 户，户籍人口 3.24 万人，其中农业户籍 8268 户，农业人口 2.66 万人，城镇居民 5792 人。外来人口 1609 人。吕田镇通用粤语从化方言 1.92 万人，占 59.3%；通用从化客家话 1.31 万人，占 40.4%。

在教育文化方面，吕田有市一级中学、小学各 1 所，另有 3 所小学，入学率 99.8%，公办幼儿园 1 所。镇文化站建有文体服务中心、图书借阅室各 1 个，在 2016 年，与广州图书馆、从化区图书馆三方协议合作共建了分馆，分成人、少儿阅览区和电子阅览室，总面积 500 平方米，藏书 3 万多册，实现图书借阅电子化，为读者提供更舒适便利的阅读服务。在吕田、东明社区各设有图书借阅室 1 个，藏书分别有 2000 册、400 册。

2017 年，吕田镇继续推进中心小学校舍安全、二小运动场教育创强后续工程，完善辖区中小学办学条件和教育环境，提高师资队伍素质，2017 年 6 月完成了广东省教育强镇第二轮的复评验收。

吕田资源丰富,有矿产资源 20 多种,其中有金、银、铝、锌、磁铁矿、钼等。水力资源充沛,全镇有小水电站 23 座,年发电量 4550 万度。高压变输电系统遍布全镇,电网覆盖率 100%。电力充沛,供电自给有余。全镇林木种类繁多,林业资源丰富。自然分布有金毛狗、野茶树、花榈木、伯乐树等国家二级保护植物,金线兰、芳香石豆兰、广东石豆兰、虾脊兰、流苏贝母兰等重点保护野生兰科植物,观音莲座蕨、裂叶秋海棠、七叶一枝花、宽叶金粟兰等名贵野生药材。

吕田又是水果之乡,盛产柑桔、三华李、红柿、青梅等。同时,吕田还盛产冬菇、木耳、茶叶、豆腐,特别是"桂峰山茶"和"吕田豆腐""高山腊味"等已成了该地的品牌。

党的十九大报告提出大力实施乡村振兴战略,描绘了"产业兴旺、生态宜居、乡风文明、治理有效、生活富裕"的美丽蓝图,吕田紧跟党的脚步,开启新时代农村改革发展的新征程。

实现新时代乡村振兴,关键在党建引领。为此,从化区委以提升组织力为重点,围绕"产业振兴、人才振兴、文化振兴、生态振兴、组织振兴"五个主攻方向,打造党建引领乡村振兴的动力引擎。

在产业振兴中,从化积极探索具有广州特色的超大城市乡村振兴之路,乡村振兴示范区建设顺利开局。吕田镇以此为契机,积极打好"绿色牌""红色牌",加快推进现代农业发展,培育了黑花生、葡萄、枇杷、大芥菜、三华李等特色农产品,花卉、民宿、白酒等产业做大做强,红色文化产业和乡村生态旅游产业发展持续向好,乡村振兴战略实施逐步走向深入。

在人才振兴中,吕田走发动外出村民回乡创业、引进人才助力村庄发展两条道路。莲麻村特色小镇也得益于这两条道路,发展良好。

在文化振兴上，吕田镇一方面通过用好用活吕田革命烈士纪念碑、黄沙坑革命旧址等红色革命遗址大力弘扬红色文化、传承红色基因；另一方面，通过举办特色节庆活动，开展新时代文明实践、评选"最美媳妇"活动，实施乡土家风、廉洁文化、幸福奋斗振心等行动，接好农村地气，讲好新时代的吕田革命老区故事。

第二章

流溪抗战燃星火

　　20世纪初，红色革命的火种开始在从化燎原。1927年12月，广州起义失败，工农红军第四师在途经从化良口、吕田等地到海陆丰与红二师会合的途中，向广大农民开展革命宣传，由此点亮了这片土地上的星星之火。

　　从此以后，中国共产党在从化地区的党组织和党员不断增加，并在抗日战争爆发后，融入粤北地区抗日救亡的洪流之中。在党的建设方面，经中共中央南方局、中共广东省委的组织指导，从南地区成立了第一个党小组，给从化人民充分的抗日民主权利提供坚实保障；在统一战线上，从化人民在中共"团结、进步"思想的教育下，协助中国军队取得前两次粤北会战的胜利；在战略反攻阶段的武装斗争中，从化人民逐步成为主要力量，在共产党领导下积极配合敌后游击抗战，通过各种形式，谱写从化抗战的壮丽乐章。

中共从化党组织的诞生和发展

中共从化党组织成立较晚。1937 年 8 月，蒋介石在全国军民一片"停止内战，一致对外，抗日救亡"的强大舆论压力下，被迫同意国共第二次合作，抗日民族统一战线形成。中共顾全大局，以民族利益为重，实行既统一又独立、既团结又斗争的政策，派出大批党员和优秀青年分赴农村基层，进行抗日救亡活动，为抗战胜利奠定牢固的政治基础。1938—1939 年，有三批人员响应中共号召，先后赴从化开展抗日救亡思想宣传工作，着手党的建设。其中，一批批优秀知识青年在组织的培养教育下，迅速觉悟成长，成为中共从化党组织的骨干力量，也成为此后协助中国军队取得粤北大捷、领导从化人民敌后武装革命的重要力量。党组织正是以这样的条件，诞生并发展起来。

一、三组力量建立从化党组织

广州沦陷前后，从化成了粤北抗日的前线。

（一）从化第一个党小组的建立

1938 年春，刚从陕北公学学习后回粤的郭汉、雷亢清，受广东省委委派，通过国共合作的渠道，到从化县民众抗日动员委员会工作，利用国民党这个合法机构，团结发动广大知识青年，开展抗日救亡活动，他们先在和平乡县立第四小学组织了一个读书会，参加者有第四小学校长邓澄心、教师谢秉培、广雅中学学生路耀棠等。他们在读书会上宣传共产党的政治主张，阅读讨论马列主义著作等进步书刊。同时，郭汉还协助回乡度假的广州学生陆日新、谢镇锋、谢赛桃等 10 余人，组成从化留省同学回乡宣传服务团（邓澄心、谢秉培等均参加），到良口、吕田、街口、鸡笼岗、太平场等地，开展抗日救亡宣传活动。通过系列活动，物色培养进步知识青年，为建立从化党组织做好人才储备。

1938 年暑假，广东青年抗日先锋队第七工作团从广州开到从化县太平场沙溪乡，进行抗日救亡宣传活动。随团到从化的有中德中学学生梁尚立、梁尚任、阮克明、郭启武，培道女子中学学生梁碧儿、吴玉屏、陈获波、沈瑶芹、莫瑞兰、卓秋棣，华英女子中学学生梁雪儿三姐妹等。他们到从化后与郭汉取得联系，和当地进步青年一起，以演剧、唱歌、演讲及开办民众夜校、组织妇女会等形式，进行爱国主义教育，开展抗日救亡活动。郭汉还让雷亢清参加该团，协助工作。

1938 年 10 月，广州沦陷，八路军驻广州办事处干部徐青、余萍夫妇，与新华社工作人员招麦汉、李仲才等 4 人，组成一个党小组，受中共委派，通过当时在国民党抗战部队一五四师九二二团任上尉文书的中共党员蒲风（原名黄风）引线，前往从化抗日前线，参加一五四师随军工作。他们到从化后，即与郭汉、雷亢清、邓澄心、梁尚任等人取得联系，并吸收郭汉等为随军工作队队员。

至此，三组力量合而为一，由随军工作队党小组领导，开展工作。

随军工作队驻米埗圩，在粤北会战前期，协助部队到前线侦察敌情，宣传发动群众，进行抗日救亡的先期准备活动。诸如发动人民群众破坏了良口以南至温泉 10 多千米长的公路和桥梁；修筑了牛背脊到龙门南昆山的战略便道；收集散失在民间的军用物资；到鸡笼岗、罗洞、锦洞等地开展声势浩大的抗日宣传，揭露汉奸投降派的卖国罪行；等等。在工作过程中，培养教育当地进步青年，先后吸收了骆翠琼、黄翰明、刘淑仪等参加随军工作队。经过锻炼和考验，于1938年底由徐青介绍吸收了黄翰明加入中国共产党。1939年初，郭汉和雷亢清分别介绍了邓澄心、骆翠琼两人入党。这三人便是从化县最早的一批党员。

1939年春，因一五四师政治部主任思想反动，经常造谣中伤、诬说随军工作队进行"异党"活动。党组织决定随军工作队只留下招麦汉、李仲才、郭汉三位，其余撤离一五四师，转移到滃江地区，以教师为职业进行活动。

为做好该时期党的抗战组织工作，1939年三四月间，中共广东省委派梁威林到滃江地区，接收徐青等人的组织关系，建立滃江特别支部，徐青任支部书记。此后，原属清远县滃江地区的龙潭、高平、鳌头等地的部分进步青年，在徐青、刘渭章等人的发动下，加入广东青年抗日先锋队滃江支队，龙潭村的李术波被推选为副支队长、徐恩复为支队委员。

为动员群众实行全面抗日，早在1938年8月，广东省委召开广州市外围数县的人民武装工作会议，决定各级党组织要千方百计利用各种合法形式组织人民抗日武装。广东省委还派梁威林在鳌头圩为抗先队员、当地青年上了一次抗日民族统一战线的大课，提高抗先队员的思想政治认识，鼓舞群众的革命热情。在郭汉、梁威林等人推动下，从化县各乡纷纷组织起抗日自卫队，郭汉担任县抗日自卫总队的政训员，经常深入各乡检查抗日自卫队的组织工作，为后来痛击来犯日军，做了武装准备。①

1938 年，在郭汉的进一步推动下，邓澄心和先进青年利伟文、高福宏、谢秉培等，在罗洞尾发起成立抗日救亡的群众组织——从化县群策救亡会。会后，谢秉培介绍谢赛桃、谢赛桔、骆灼桃等加入组织。从化县群策救亡会主要任务是在本县内宣传发动群众，开展抗日救亡活动。稍后，鸡笼岗、良口、吕田等地亦相继成立群策救亡会分会。为了扩大中共影响，便于日后沟通县内各地人民进行团结抗战，从化县群策救亡会迁址温泉。邓澄心按中共关于加强对从化县群策救亡会领导的决定，离开一五四师随军工作队，回从化专司从化县群策救亡会工作。同年 4 月，经郭汉介绍，谢秉培加入中国共产党，与邓澄心等人组成了从化第一个党小组。

（二）从化第一个党支部的成立

1939 年 4 月，为加强从潖地区党的工作，广东省委特派王磊、王强、梁庄仪、梁尚立、陈赞等人到潖江，建立中共从潖区委。由王磊任书记，王强任宣传委员，梁尚立任组织委员，刘渭章任青年委员，梁庄仪任妇女委员，陈赞任军事委员。从潖区委由在佛冈工作的中共北江特别委员会（特别委员会简称特委）委员谢永宽直接领导。7 月，从潖区委在四九地区以"抗先"名义，举办了青年训练班，从化县群策救亡会选派了谢赛桃、谢赛桔、骆灼桃三人参加。谢赛桃、骆灼桃二人在该班结束前分别加入中国共产党。同时，谢秉培也在温泉介绍了黄惠芳参党。同年 8 月，

---

① 抗日自卫组织在打击日军、维护社会治安、保护乡土安全等方面，发挥了重要作用。石坝乡的抗日自卫队曾截击日军的小股部队，挫败日军疯狂气焰；良口、神岗、潖江一带的群众抗日自卫力量尤其雄厚，多次阻击日军，缴获日军的物资、马匹、步枪、机枪及各种子弹等战利品。

从滠区委在温泉梁培基的别墅（现松园 5 号），由谢永宽主持，举办一期新党员训练班，从化党员谢赛桃、骆灼桃参加学习。训练班主要课程有政治形势、党的建设、统一战线、游击战争等。之后，骆灼桃、黄惠芳被选送韶关，参加广东省妇女干部训练班，调离从化。

1939 年 11 月，从滠区委派梁尚立来从化，在温泉梁培基另一所别墅（现广东省温泉宾馆竹庄 3 号）主持成立从化县第一个党支部①，选出邓澄心任支部书记，谢秉培为组织干事，谢赛桃为宣传干事。支部成立后，梁尚立多次来从化，领导从化党支部过组织生活，开展党的工作。当时支部主要的任务是：积极推动从化县群策救亡会开展抗日救亡活动，团结教育进步青年，积极慎重发展党组织。为了团结国民党党政机关的进步分子，开展抗日民族统一战线工作，中共在 1940 年前后，还曾吸收当时从化县群策救亡会负责人之一、国民党区分部书记利伟之入党。

1940 年春，国民党掀起反共高潮，压制"抗先"活动，北江特委决定把政治面目已经暴露的王磊、王强、梁庄仪、梁尚立等人先后调离滠江，由谢永宽兼任中共从滠区委书记，廖宣任组织委员，孔祥飞（孔文静）任宣传干事，并分派廖宣负责领导从化县地下党的工作。1940 年下半年，谢赛桃在街口组织了一期青年妇女学习班，参加学习的有黄惠芳、邝碧桃、利月娥等 8 人。后来该班迁至神岗钟楼续办。谢秉培在班里负责讲课，并吸收了黄惠芳、邝碧桃二人参加中国共产党。同时期，邓澄心在邓村发展了邓荣参党，谢秉培在木棉发展了谢尧参党。为了充分掌握敌伪的地方武装，党组织通过谢赛桃的关系，介绍阮克明（化名阮德

① 中共广东省委党史研究室编：《广东革命史迹通览》，广东人民出版社 2008 年版，第 121 页。

祥）到司南乡乡长谢才辖下的杀敌队任文书。1941 年春，党组织又派朱继良（化名朱锦成）打入司南乡乡公所任文书。他们多次指挥杀敌队抗击日军的进犯，镇压了木棉村的伪维持会长谢仲华。

纵观上述情况，可以看到，中共从化党组织首先是在政治、文化较发达的南部地区诞生和发展起来的。党组织一建立就站在抗战第一线，发动人民群众进行抗日救亡活动。广州沦陷后，日军进驻太平、神岗，从南成为沦陷区，加上从化南部封建反动势力强大，敌、伪、顽勾结在一起，不利于党组织的进一步活动；同时，广东党组织也提出要积极发展抗日游击战争的方针。开展武装斗争，需要一个便于隐蔽和迂回活动的基地，因从南地区回旋余地少，党的活动中心便逐步向从北地区转移。

二、开创从北革命基地

从化北部的吕田地区是新丰、龙门、滠江、从化四县（区）交界的毗邻地区，山高林密，峰峦重叠，交通不便，经济文化落后，人民生活十分困苦，富有革命精神，加上此地远离从化县城，国民党反动统治比较薄弱，是开展抗日游击战的理想基地。中共北江特委非常重视，多次派党员前来领导开展这一地区的工作。

（一）中共从化从北区第一个党支部的建立

1940 年夏，日军第二次向粤北进犯，其中一路由广州出发经从化北上，至良口石榴花时，被当地抗日军民占据有利地形截击，分散逃窜。借此时机，邓澄心、谢秉培二人接受党的指示，到从北吕田地区宣传发动群众抗日，并物色、培养建党对象。经过一段时间的工作和考察，先后发展了胡斯增、巢作成、陈景渐、陈日如入党，并于 1940 年 6 月成立吕田党支部。这是从北第一个党支部，由胡斯增任支部书记，巢作成、陈景渐任委员。

为了更好开展从北地区党的工作，邓澄心、谢秉培回从南后，把从北党组织的关系转交上级党组织，由上级派专人直接领导。1940 年 8 月，从潖区工委组织委员廖宣在灌村石南白沙村陈日如家里，举办了一期党员训练班，对党员进行一次政治思想和党的基本知识教育，参加学习的有巢作成、何君侠、莫惠行等 8 人。党员训练班结束后，从潖区委派杨维常（化名黄维英，曲江马坝人）到从化，由巢作成带到吕田地区，负责党的工作。

（二）吕田地区党的建设活动

1940 年 9 月，从潖区委派唐凌鹰（化名唐鹤嘉）以特派员身份到吕田地区，接替杨维常领导地下党的工作，唐凌鹰在车步村以教师为职业作掩护，通过开办民众夜校等形式，宣传发动群众，在农民中大力发展党的组织。至 1941 年春，吕田地区党员人数已达 28 人，分设三村、莲麻坝、南坑、马鞍山 4 个支部，胡斯增任三村支部书记，陈景渐任莲麻坝支部书记，胡志生任南坑支部书记，巢作成任马鞍山支部书记。撤销吕田党支部。

1941 年 1 月，国民党顽固派制造"皖南事变"，掀起新的反共高潮，从化县国民党反动当局以"异党"活动为名，强令解散从化县群策救亡会。邓澄心、谢秉培因身份暴露，党组织决定让其撤离从化；谢赛桃返校复学。至此，中共从化党组织基本转移至从北地区。

在党的思想建设方面，为加强对中共党员的政治思想教育，前北江特委①派员到从化举办党员训练班。1941 年春节前，在吕田三村胡斯增家里举办了从北第一期党训班，为期 15 天，由陈枫（即陈国樑）主持上课，学习内容有联共党史、党的建设、统一战线和武装斗争等。参加学习的有巢作成、巢海周、胡斯增、胡志生、陈景渐、罗淑槐等 6 人。该班提高了新进党员的政治理论

---

① 北江特委到 1940 年 8 月划分为北江前线、北江后方两个特委。

水平，为从北革命基地的拓展和日后的武装斗争打下了思想基础。

1941 年 1 月，谢永宽、廖宣调离滘江地区，其工作由谢裕德临时接替。3 月间，前北江特委黄松坚派陈枫和李云（又名李仪立）到从滘地区工作。因反共高潮剧烈，原在滘江地区工作的许多党员紧急撤离，当地党组织关系松散。陈枫和李云逐个组织联系，以便集中领导，开展抗战工作。后李云于 1941 年 8 月到达吕田地区，接替唐凌鹰的工作，并暂以教师身份住在车步村。

前北江特委书记黄松坚在李云到从北工作前指示，要在原有的工作基础上，更加扎实地在农民群众之中积极培养和发展党的组织，为开展最广泛的统一战线工作，争取上层人士支持抗日，还要注意争取文化阵地，大力做好当地知识分子的思想工作。李云通过关心群众疾苦，免费为群众医治伤病，以及提高教学质量，开办民众夜校等办法，逐步取得群众信任。到车步学校读书的学生和找李云谈心解惑的人越来越多。半年后，李云即请当地乡绅出面捐款，并动员群众出力，把原有的莲麻学堂扩建为第一保国民学校，并与陈景渐在该校任教，以此作为党的活动基地。

为加强党的思想建设，李云于 1941 年冬在罗鹤家里举办了一期学习班，参加学习的有巢海周、胡志生、罗凡、罗淑槐、陈运锦、路增田和从四九来的黄仔等人。罗鹤负责生活供给。

在党的组织工作方面，由李云、胡斯增、陈景渐 3 人组成一个领导小组，并决定以吕田为中心，向邻县交界地区作辐射性发展，逐步壮大党的基层组织。具体分工是：由陈景渐负责从莲麻坝向新丰县画眉堂方面物色对象，进行培养；由胡斯增以三村为基地，和巢海周一起负责向吕田圩方面发展；由胡志生负责巩固和发展南坑阵地；由罗淑槐向龙门县地派方面开展工作。塘基背村党的发展工作则由李云负责，通过开办夜校等形式宣传发动群众，抓紧建党对象的培养教育。

至 1942 年 4 月后，吕田地区的中共党员已发展至 45 人。新建立有塘基背、车步、大陂 3 个支部，巢德麟任塘基背党支部书记，陈维棠任车步党支部书记，罗淑槐任大陂党支部书记。

（三）吕田中心小学党支部的建立

除了扎根农民群众之中，积极慎重发展党员外，中共从化党组织还致力于占领文化阵地，掌握好几间小学。

如此前提及的车步小学和莲麻第一保国民学校，由李云和陈景渐负责；塘基背小学由巢效文负责；南坑小学由胡志生负责；马鞍山小学由巢泉清负责、巢作成任教；三村名岭小学由胡斯增负责，并在那里建立了中共的联络点。其他如大陂、石坝、官岗小学均为中共掌握。在学校工作的党员，除日间上课外，还在附近围村举办夜校、识字班等活动，扩大抗战思想的宣传教育效果。

为了扩大抗战影响，做好统战工作，经李云、胡斯增、陈景渐共同研究决定，充分发挥巢海周的作用，尤其凭借此人在吕田的良好声誉，击败号称"吕田皇帝"的李书田之子李应运的校长竞选，于 1941 年 2 月，为中共争取到吕田中心小学。前北江特委对吕田中心小学这一阵地十分重视和关怀，先后派来不少党员到该校任教，大力支持巢海周开展教育工作，由外地调来彭肇雄、钟少敏、许志平、邓普、黄菘华、陈韩山等，由从北党组织调来胡斯增、胡志生、巢效文等来校工作，并在吕田中心小学建立了党支部以加强领导。

在上级党组织的支持下，吕田中心小学越办越好，教学质量不断提高，学生人数也越来越多，为从北革命根据地培养了不少有用之才。巢海周声誉愈加提高，为其此后打入吕田乡公所任乡长以发动人民武装斗争，赢得群众信任，打好了基础。

三、暂停活动，做到"三勤"

1942 年 5 月和 6 月，先后发生了中共南方工作委员会（简称中共南委）、粤北省委遭国民党顽固派破坏的严重事件。同年秋，李云接紧急通知，赴清远会见前北江特委书记黄松坚，回来后传达了中共关于广东党组织暂时停止活动的决议，以及要坚持"隐蔽精干，长期埋伏，积蓄力量，以待时机"的方针，做到"三勤"（即勤学、勤业、勤交友），对身份已暴露的党员，尽早掩护撤离等指示。

李云按照中央指示，决定继续留下隐蔽。胡斯增到清远教书，陈景渐赴新丰任教，巢海周往龙门当职员，胡志生则在温泉县立简易师范读书，以利将来更好地开辟思想教育阵地。在吕田中心小学任教的外来教师钟少敏被安排返乡。

组织生活虽然停止，但党员之间仍然保持密切联系，时常以上级党组织的指示互相勉励。李云还注意掌握各个党员的思想动态，经常通过个别谈心，坚定全员革命意志，使其都坚信乌云将要吹散，革命高潮必将到来。

1943 年春夏间，从化县一带出现旱灾，农民生活十分困难，李云动员车步、塘基背等地群众进行减息的斗争，取得初步成效，赢得人民拥护。

1943 年 10 月，前北江特委书记黄松坚召见李云，听取从北地区党组织停止活动时期的情况汇报后，指示"中共南委、粤北省委事件"已成过去，党组织很快将恢复活动，日军发动太平洋战争，计划打通粤汉铁路，从化可能沦为敌后战场，要李云继续做好扎根山区、发动抗日游击战之准备。从北领导小组根据指示精神研究决定，继续巩固巢海周所在的吕田中心小学阵地，动员全体党员做好带领人民群众开展抗日游击战的有关筹备工作。为此，吕田中心小学增设了一门军事常识课，党员陈宗贤为军事教官，动员高年级学生自带枪支参加军事训练，为1944—1945年开展敌后武装抗战斗争，培训、储备了骨干。

由于认真贯彻上级党委指示，重视做好上述工作，在中共从化党组织停止活动的两年多时间内，从北地区敌后政治态势、党员情绪均相对稳定，骨干党员继续做了不少建党对象的培养教育工作，直至1944年夏恢复组织活动。

第二节

中共党员、从化人民参与粤北抗日斗争

1938—1944 年，中共党员和从化人民在抗日救亡的烽烟中，进行艰苦卓绝的斗争。其中，前两次粤北会战的胜利，离不开自 1939 年起，中共在国统区工作上取得新进展[①]所奠定的坚实基础。中共大力宣传坚持抗战思想，加强团结先进势力、争取中间势力，尤其在协助严明军事纪律[②]、广泛动员人民群众方面付出巨大努力。这些举措，有效推动从化地区在新民主主义革命时期抗日正面战场的态势向好发展，实质上是共产党抗日民族统一战线的胜利，也是从化人民反对帝国主义侵略的爱国主义思想、团结奋斗精神的胜利。

一、粤北会战及从化战场概况[③]

第一次粤北会战，史称"粤北大捷"，又称从化之战，始于1939 年 11 月 15 日，为策应桂南作战、牵制中国第四战区主力而向粤北进犯的日军，是抗日战争中从北地区一次关键的战役。战

---

① 即党的建设工作，前节已详述。参见中共中央党史研究室：《中国共产党简史》，中共党史出版社 2001 年版，第 60—64 页。

② 参见戚厚杰：《略论抗战爆发后中共对正面战场的建议及其作用》，《民国档案》1997 年第 2 期，第 11—17 页。

③ 宋其蕤、冯粤松：《广州军事史·下·近现代卷》，广东经济出版社 2012 年版，第 291 页。

争分三个阶段：1939 年 12 月 18—26 日为防御阶段，26—31 日为反攻阶段，1940 年 1 月 1—8 日为追击阶段。后两个阶段，中方第十二集团军所属团部为抗战主力，从化是重要战场。

1939 年 12 月 15 日，中国军队在得知日军第十八师团在从化以东，第一〇四师团在三水西南，主力在广州江村、新街、军田、银盏坳、龙口之间准备分三路北上的准确情报后，决心以攻势摧毁日军北进企图。18 日，日军近卫混成旅团 500 余人从神岗进犯从化街口，被中国军队第一八六师第五四七旅击退。19 日，日军增援 1000 余人，经反复肉搏，从化失守，中国军队第五四七旅转移至大江埔、长腰岭，并沿翁从公路继续北进。21 日，日军 2000 余人在航空兵、炮兵配合下，突破第一八六师防线，占领鸡笼岗并分为两路：一路于 21 日占桥塘村、米埗，22 日占石岭，23 日占牛背脊；一路于 22 日突破蜈蚣山、风火岭第一八六师阵地，占领鸭洞、良口。

1939 年 12 月中旬，日军在桂南战役中遭重创，决定缩小粤北作战规模，以便转用兵力于桂南作战。12 月 26 日，中国军队根据当前敌情，令各军全线反攻，第六十二军由佛冈向从化、牛背脊间避实就虚、迂回前进，重点反攻牛背脊，将北进日军分割为两股，之后集中兵力各个包围歼灭。第六十二、六十三、六十五军及地方自卫团队等，在梅坑、吕田、牛背脊、良口一线，于 12 月 27—31 日向敌军反攻，苦战五昼夜，最终乘胜收复从化。

经过一个多月艰苦鏖战，至 1940 年元月初（1 月 7 日），日军陆续被中国军队击退回广州；至 1940 年元月中旬，中国方面取得第一次粤北会战大捷。这次战役规模较大、时间较长，阻止了日军从广州北上占据粤北的企图，击毙军官 39 人、士兵 254 人，击伤军官 57 人、士兵 1224 人①，支援了桂南的抗日作战。在从化区域以防御阶段的良口鸭洞之战，反攻阶段的丹竹坑、牛背脊之役最为重要。

第二次粤北会战，也称"良口之战"，起于 1940 年 5 月。日军卷土重来，由广州发兵 2 万多人，先后北进太平场、神岗、从化，经翁从公路北犯，妄图截断粤北与粤东之联系。根据战争态势，分以下三个阶段：

第一阶段时间由 1940 年 5 月 13—23 日，为战役开始阶段。5 月 13 日，日军第三十八师团分两路在从化发起进攻。17 日，街口被占，中国军队第一八七师且战且退至荷村、新庄、白石山一带。19 日，日军由鸡笼岗分别向第一八七师阵地白石山和第一五二师阵地三夫田进攻，守军奋起抗击，在风火岭、李寨顶、石榴花顶一线展开激战。

第二阶段时间由 5 月 24—31 日，为激烈争夺阶段。中国军队第十二集团军从东、西两侧向日方孤军深入至米埗、良口，向第三十八师团发起反击。25 日，第一八七师从良口西南攻击米埗之敌，打退日军；第一五七师从良口北面攻占磜山，第一五二师、一五三师各部协力从良口东面攻占分水岭、黄牛山、大芒坳顶、五指山，一度攻入良口，良口失而复得。敌增援反击，26—31 日，中日双方在良口附近形成拉锯战，中国军队收复之地失守。

第三阶段时间由 6 月 1—12 日，为日军退却、中国军队追击阶段。深入良口的日军第三十八师团因消耗殆尽，于 6 月 1 日秘密退却。中国军队第十二集团军于 2 日开始发起追击，3 日收复

---

① 分别参见黄勋拔主编：《广东省志·政治纪要》，广东人民出版社 2004 年版，第 111—112 页。广州市地方志编纂委员会编：《广州市志》，《军事志》（卷 13），广州出版社 1995 年版，第 153—165 页。

良口、派潭，5日收复街口，至12日，双方恢复战前态势。

此次会战，主要以1940年5月24日前后的石榴花顶阻击战、6月2日的鸡笼岗追击战，以及陈围和黄围肉搏战、麻村反击战等战役最为惨烈。本次会战击毙、击伤日军2000人（日方记载亡251人、伤548人），俘日军5人、伪军28人，缴获武器一批①，取得第二次粤北会战的最终胜利。

二、中共党员在粤北会战中的特殊贡献

第一、二次粤北会战的胜利，与中共中央在统一战线、党的建设、宣传文化、群众工作等方面进行全面深入谋划，以及中共广东省委派出的大批党员和进步青年在军事上开展卓有成效的政治工作密不可分。②

早在1938年10月广州失守后，驻守广东的军队士气普遍低落。第十二集团军总司令决心"用比较进步办法复兴十二集团军"。中共广东省委为争取第十二集团军进步，"本着党的统战互助互让政策，曾大量帮助之"，③一方面建议第十二集团军总司令整顿军队、加强政治工作和民众运动、培养青年干部等，另一方面动员大量受中共培养的进步青年到第十二集团军政工总队开展政治工作，选派800余人（其中共产党员260多名）加入第十二

---

① 分别参见《政治纪要》，载于黄勋拔主编：《广东省志》，广东人民出版社2004年版，第111—112页。广州市地方志编纂委员会编：《广州市志》，《军事志》（卷13），广州出版社1995年版，第153—165页。

② 参见陈立平：《广东党组织对抗日战争胜利的特殊贡献》，《红广角》2011年第8期，第25—28页。

③ 《张文彬关于广东工作给中共中央并南方局的综合报告》（1940年3月7日），中国人民解放军历史资料丛书编审委员会：《华南抗日游击队》，军事科学出版社2008年版，第299页。

集团军政工总队。中共广东省委向党中央汇报这一工作的成绩时指出，经过"艰辛工作，也确使十二集团军整顿到恢复战斗力，支持一年来主阵地之作战，提高了部队与民众间的团结"。

1939 年 12 月至 1940 年 5 月，第十二集团军，先后击退日军对以从化为主要战场的粤北地区两次进攻，取得会战胜利。1940 年 4 月，中共广东省委负责人张文彬给中共中央的报告称，第十二集团军在会战中"部队作战勇敢，牺牲精神都不错，尤以政工人员起了模范作用和协助了各级军事干部，引起部队中很大的影响"。① 可见，中共广东省委在粤北会战期间，起到了推动军民思想进步、齐心抗战的重要作用。其中，涌现出一批典型的英雄人物与光辉事迹。

张韶②，又名张筱芬，20 多岁的年轻女共产党员，在第一次粤北会战中勇担使命，为丹竹坑战役取得胜利创造有利的先期条件。1939 年，占据广州的日本侵略军倾巢向韶关进犯，企图打通粤汉线。是年年中，第六十三军一八六师一〇九六团全团军官与第十二集团军政工总队派来的政工队 10 余人在从化下和洞时，接师部命令，要求即刻备战。全体战士召开紧急会议，进行作战部署。会议判断，团部虽有不少粮食、弹药，但缺乏运输工具和人力挑运，如不及时解决，将影响队伍行动。张韶遂主动提出前往附近乡村，动员群众挑运粮食、弹药。得到应允后，张韶连夜背负行李，赴十里之外的各乡，领回百余名青壮年男女自备扁担集结团部，带头执行输送物资的重任。

---

① 《张文彬关于广东抗战形势、统战工作及军事工作等给中共中央的报告》（1940 年 4 月 23 日），中国人民解放军历史资料丛书编审委员会：《华南抗日游击队》，军事科学出版社 2008 年版，第 353 页。

② 参见黄植虞：《丹竹坑遭遇战》，广州文史网，由广州市人民政府参事室供稿。

梁轩梧①，又名肖林，原为中共厦门工委主要负责人。其在第一次粤北会战的丹竹坑遭遇战中身先士卒，为战时整肃军队纪律、提振军队斗争信心发挥巨大作用。1939年12月底，经过与敌军数日激战而负伤累累的第六十三军第一〇九六团，奉令掩护第二十六军左翼安全，向良口、牛背脊反攻。途经丹竹坑时，突遇日军侧卫部队袭击。由于敌军装备优良，不足10分钟，第一〇九六团伤亡数十人，多数通联线路亦被轰断，战况紧急。在此存亡堪忧时刻，团部士气涣散、个别士兵出现消极思想，更有将领脱离指挥，不知去向。于是，被分派在第十二集团军政工总队、身为中共党员的梁轩梧，一方面带领抗日先锋队进步青年易琬（婉）莹、潘庆棠等，向团部负责人提出参与战斗的请求，表明团结抗战、冲锋陷阵的强烈愿望；另一方面，代表团部向各营连传达"无论官和兵，只准前进，不准后退一步"的战斗命令，强调"后退者一律军法处置"，并通过前线机枪手反馈信息，掌握敌军阵营混乱动摇的情报，为团部进一步反攻赢得战略部署时机。在梁轩梧的思想动员和严厉监督下，团部全军士气大振，同仇敌忾，以两小时速战缴获敌方弹药辎重无数，日军不得不向沙田、画眉堂方向溃退。第一〇九六团乘胜追击，结束丹竹坑之战。

姜渭康，又名姜白，1939年2—4月，奉命前往翁源县参加第十二集团军政工总队集训并加入中国共产党；同年参与第九二二团随军后勤服务，在第一次粤北会战于从化街口负责发动组织群众担架队、输送伤员及支前等抗战工作，后被分派至第一五二

---

① 新加坡华侨，原籍福建安溪，早年求学上海中国公学，曾赴新加坡参加马来亚共产党，1934年只身赴香港参与地下党工作，转为中共党员。其人仪表堂堂，才思敏捷，善于写作，1942年上半年于桂林病逝。新加坡沦陷后，一家被日军杀害。

师第四五四团第七连任指导员。第二次粤北会战中，姜渭康通过三个举措立下功勋。一是编写通俗歌谣鼓舞士气。当时，其所在连队的士兵虽很会打仗，但文化程度不高。按中共广东省委要求，为使连队士兵精神面貌出现积极变化，推促战斗工作顺利开展，姜渭康举办识字班，编写顺口溜识字歌并教唱，使得"学好文化来抗日，争取做个大英雄"的坚定信念很快在全团树立传播。二是积极请求上前线参与战斗。姜渭康加入连队6个月，就已参加大小战役3次。在1940年5月底，石榴花顶及良口以北高地受日军猛烈袭击，战斗进入白热化阶段时，姜渭康立志扭转连队轻视其后勤工作的态度，决心"在战斗中起模范作用"。后终于征得同意，获得随连到一线参战的机会，令全团刮目相看。三是在前线为掩护战友负伤，以实力赢得军民拥戴。1940年5月，姜渭康带领预备排驻守良口北面的305高地，在敌众我寡的危急形势下，奉命负责掩护连队进行战略性转移。转移过程中，阵地右方遭遇敌军攻击。姜渭康为保卫战士安全撤出阵地，向3名来袭日军投掷手榴弹一枚，他自己则身中一枪滚向山下，之后，姜渭康得到村民的搭救，又与所在连队取得联系。他在全连战士激动热切的送行声中，被转送南雄里东陆军总医院救治。其事迹得到第十二集团军政工总队《队报》的大力宣传，其英勇无畏的抗敌精神也受到赞扬。

除上述三位党员，受中共领导的、归属第十二集团军政工总队外，英名在册的还有：第一次粤北会战中牺牲的中共党员、第一五七师政工队员陈兆佳，丹竹坑反击战中的中共党员周逊，抗日先锋队进步青年唐英明、余仲平、陈瑞祥、钱纪贤、何海明、何世等，女青年吕觉觉、戴卉清（菁）、谢丽贞等。第二次粤北会战中，参与良口战役并受到嘉奖的中共党员伍兆辉、陈学勤、许暄广、刘树阶等。另据广东革命历史博物馆陈列展出的信息，粤北会战中还有一名从化籍中共党员潘娴（吕田莲麻人），为抗日武装队伍输送盐、米、电池等日常物资。这些深入粤北战地的中共党员和进步青年，不仅耐心做士兵和群众的思想政治工作，提高士兵、群众的抗战情绪和爱国主义精神，使军民团结一致，战时不畏艰难困苦，共赴国难，更是带头担责，为抗日战争无私地献出自己的智慧、能力乃至宝贵生命。

三、从化人民在粤北战役中的积极作用

毛泽东曾言："战争的伟力之最深厚的根源，存在于民众之中。"① 前两次粤北会战收获胜利硕果，不仅得益于第十二集团军政工总队的中共党员在思想层面所支撑起的中坚力量，也同人民群众的配合、支援紧密相连。

第一次粤北会战期间，中国军队在从化吕田丹竹坑（现东坑）围攻日军时，乡民为其带路、运弹药、抬伤员等持续 4 天之久，直至收复吕田。其间，该村被日军焚烧的房屋至少有 306 间，38 名群众在为军队提供后勤保障中献出生命，其中有猪肚符的冯玉华、巢亚兰、谭罗水等，下大步的邓书石，高围的冯石父子，以及冯颜、李葵、冯求福等。群众在护送伤兵时，如遇伤兵中途死亡，即由军队提供资金协助就地埋葬；战斗结束后，中国军队阵亡士兵未及处理的遗骸，则由群众捐钱埋葬。首次会战后，前线各地纷纷成立军民合作站，专事发动、组织群众保家卫国，密切军民关系等工作。

第二次粤北会战，中日双方在石榴花山、五指山一带激战，吕田民众及其抗日自卫团在军民合作站的组织指导下，为中国军队带信、运弹药、送粮食、抬伤员以及伏击日军。抗日自卫团起

---

① 毛泽东：《论持久战》，译报图书部 1938 年版，第 85 页。

初虽为国民党组建的民众武装，但在华南战场转入相持阶段后渐趋蜕化，国民党亦不能对其有效管控。当中有大批团队，在中共抗日统一战线的思想宣传中被争取，缩编或改编为游击部队①，发挥积极团结抗战的作用，为革命事业付出极大代价，出现了许多震撼人心的事例。

其中较为突出的是在第二次粤北会战期间，从化三甲乡抗日自卫团与防军第一五二师协同作战，据守佛公坳险要，借制高点交叉密集火力，击溃进犯日军的历史。敌人重新组织兵力连续多次发起冲锋，均被军民合力击退。②

早在 1939 年日军首次进犯粤北、窜犯良口时，从化三甲乡抗日自卫团就主动为中国军队作侦探、向导，于是年 11 月 25 日前后，与第一八六师、一八三师一起，伏击由水尾洞、水口途经两浸田的敌军。此战缴获敌方军马粮食、军用物资一批，拾获日军金柜一个，内有军票 10 余万元，交送从化政府处理。同时，自卫团队员黄天其、黄炳泰在搜捕日军残部时中弹壮烈牺牲。这是三甲乡抗日自卫团首次抗击敌军，为第二次击退北犯的日军，作了思想上和行动上的充分准备。

1940 年农历四月，日军第二次进犯从北三甲乡。当第一五二师前来布防时，三甲乡民众和团队紧密配合，布下天罗地网，严阵以待。日军由石岭、横坑以北进攻时，第一五二师和三甲乡防军据守险要，与日军展开血战。日军调来援兵重炮，猛轰三甲乡阵地，防军伤亡较大。正值危急关头，总预备队军长及时调来第

---

① 参见李浩：《"军民合作"下国民党在广东的民众武装工作——以广东民众抗日自卫团为例》，《抗日战争研究》2019 年第 4 期，第 68—79 页。

② 《广州抗战纪实》，载于何邦泰、广州市政协文史资料委员会等编：《广州文史》（第 48 辑），广东人民出版社 1995 年版，第 316 页。

一五七师增援，双方展开激烈的据点争夺战。随后，第一五二师调回后方休整，第一五七师撤至东洞以北，据守蝴蝶脑等有利阵地，与日军再作殊死决战。激战 10 多天，击毙、击伤日军达 400 余人。

三甲乡抗日自卫团和民众在第二次抗击日军过程中，有 8 名乡民被日军杀害，1 人被炸死。其中自卫团队员黄和德在为防军带路至横坑时，被日军哨兵残忍杀害。日军溃退后，自卫团第二中队队长陈永久在带领 13 名队员搜索达溪村外一间小屋时，发现日军伤兵 1 名，立即将其抓捕，并在他处获日军军马 1 匹，送交高佬围防军团部处理，受到表扬奖励。

曾任第六十二军将领的陈国光，在从化参加牛背脊抗战将士纪念碑迁建竣工大会上回顾粤北会战各方贡献时指出，"牛背脊、良口战役是群众、共产党促进抗日的"，"不能单说军队，从化人民抗敌情绪很高，给了军队很大支持。文史资料要注意这一点"。他认为，"抗战都是群众的支持促成的，没有群众"，"军队寸步难行"。[1]

《良口烽烟曲》又名《粤北胜利大合唱》，是 1940 年夏第二次粤北会战刚结束时，中共党员何芷联合作曲家黄友棣合作的一部大合唱。此曲由《良口颂》《石榴花顶上的石榴花》《血战鸡笼岗》等 7 个乐章组成，以文艺形式，揭露粤北一带敌人的罪恶，主要歌颂石榴花顶战役和中国人民的英雄气概，在当时对鼓舞军民斗志，增强抗战必胜信心起到一定作用，颇受从化人民欢迎，广泛地在学校和文艺团队传唱，是抗日战争时期粤北会战军民团结的壮歌。歌词诠释了是人民群众强有力地推动、配合军队抗战，

---

[1] 政协广东省从化县委员会文史资料研究委员会编：《从化文史资料》（第 10 辑），1990 年版，第 47 页。

从化革命地区的抗日战果应有从化人民一份功劳的深刻道理。

　　正是受到《粤北胜利大合唱》的精神引领，由从化广大人民群众组成的抗日自卫团，不断增强战斗勇气和必胜信念，在第二次粤北会战结束前后，协同中国军队，分别于 1940 年 6 月，击沉流溪河街口地段日军电船 3 艘，击毙日军残部一批；1942 年 8 月，截击街口、凤院日军残部，迫使其撤逃神岗以南；1944 年 7 月 1 日，全力击退进犯街口的日军残部①，使日本侵略者完全淹没在"人民战争的汪洋大海"中，开始奏响从化地区抗日战争的凯歌。

---

　　① 　参见《大事记》，载于从化县地方志编纂委员会编：《从化县志》，广东人民出版社 1994 版，第 43—44 页。

第三节 从化革命基地的人民战争

1944—1945 年间，世界反法西斯战争节节胜利。日本帝国主义为挽救其太平洋战场的失利，再次发动打通中国大陆交通线的战争。处于正面战场的"国民党军队表现了手足无措，毫无抵抗能力"[1]，在日军攻势前节节溃退，丧失河南、湖南、广西、广东等大片国土。1944 年冬，日军打通粤汉线南段；1945 年初，韶关沦陷。[2] 1945 年前后，在中共中央指示下，从港地区的党员在国统区仍坚持"隐蔽待机"方针，并巩固壮大其基层组织。从化人民在控制敌伪基层、建立交通网点、掩护部队北上等斗争过程中联合支持、积极协助共产党，以不畏牺牲的精神坚持奋战，使从化敌后战场再次迅速发展成中国革命的前沿阵地之一。

---

[1] 毛泽东《论联合政府》，中共中央文献研究室编：《毛泽东在七大的报告和讲话集》（1945 年 4 月—6 月），中央文献出版社 1995 年版，第 36 页。

[2] 即第三次粤北会战，核心战场为韶关。此战前后，因国民党于正面战场采取军队单方面消极作战、顽固派勾结敌伪的反共活动继续加强，国民党失去人民信任与支持，对民众武装的动员能力被削弱，粤北全境迅速沦陷；会战历时 17 天，日军死伤约 2000 人，第十二集团军伤亡官兵 3000 余人。其间，共产党领导的敌后人民武装坚持游击抗战，直至 1945 年抗战胜利。参见阮平：《粤北会战的民众动员研究》，安徽师范大学硕士学位论文，2019 年。

一、壮大基层党组织

1944 年四五月间，此前转到清远的陈枫重回潖江，恢复从潖工委，并对所属党组织和党员逐个审查。从化党员一直与组织保持联系，并无问题。是年冬，党的组织活动正式恢复。1944 年下半年，为更好领导从潖地区抗日统一战线工作，在清远县原县长黄开山（进步人士）的介绍下，陈枫到从化良口中学任教导主任，与从化党组织的联系更加密切。

从化党组织恢复活动后，首先是壮大组织。在暂停活动期间，对经培养教育和考察的人员进行逐个审核，成熟一个吸收一个。截至 1945 年底，先后发展新党员共 40 人。除原有三村、大陂、莲麻坝、车步、塘基背、南坑、马鞍山 7 个支部外，还有吕田中心小学新建的党支部，此党支部由北江特委派来任教导主任的陈韩山担任支部书记，秘密在进步学生中发展党员。

同时，潖江地区的龙潭、官庄、高平、新村等乡亦开始党建活动，从潖工委先派谢秉培到潖江中学，以教师身份开展思想教育工作。1945 年 5 月，潖江县委成立，由县委委员刘渭章直接领导建党活动并建立潖江区委员会，由隐蔽在高平小学的黄柏梁（王牧）任区委书记，先后吸收了龙潭乡的徐恩复（徐志文）、新村乡的邹柏鸿（德西）入党。不久，又通过徐恩复父亲（牧师身份）的帮助，把从韶关转来的一批党员和进步青年安排到各小学任教，让他们从事党的建设工作。其中，党员梁力涛、刘天佑在高平小学，党员邹克和进步青年邓普在官庄小学，党员甄楚易、刘桂珍、邹柏鸿在新村小学，党员张洛平在龙潭小学，党员罗克竖（老浩）在西岭小学，叶卓明在东向围小学。①

　　不断壮大发展的基层党组织，坚持人民利益至上，成为党联系人民群众的坚实桥梁，也成为广大从化人民，尤其是倾向中共的进步人士开展敌后抗战工作中值得信任的政治力量。

二、控制敌伪基层

　　为更深入开展抗日救亡统一战线工作，及时了解敌方动向，掩护地下党活动，主动配合武装部队开展人民抗日游击战争，中共从化党组织决定进行政权斗争，教育群众团结各阶层共同抗敌。地下党员、倾向中共的进步人士纷纷响应，深入从北敌伪政权机关，实施控制、争取、瓦解等系列行动。

　　首先，协助巢海周竞选吕田乡乡长。当时党组织分析，当地群众十分信任巢海周，加上党协助其担任吕田中心小学校长后，学校越办越好，其声誉在人民群众当中日渐高涨，使其当选完全有把握。于是，中共在各方面做了大量工作，使得巢海周取得全乡各阶层的信任与支持，击败李应运的竞选，于1945年三四月间当选为吕田乡乡长。

　　其次，一批地下党员、倾向中共的进步人士，配合从化党组织安排，到乡公所任职，陈景渐任乡公所文书，罗少华任乡自卫队副队长，陈宗贤任自卫队中队长；龙维炳、陈维棠、路增田、罗贤才、巢泉清、巢桂华、巢山良等任乡丁和自卫队队员。这样，吕田乡公所完全掌握在中共手里。

　　最后，乡下面各保的保长，凡是可能的，均由地下党员或倾向中共的进步人士担任。经过艰辛努力，莲麻坝、三村、塘基背、

---

　　① 上述人员大都在1945年7月5日潖江上四九小学党组织被敌伪破坏后撤到其他地区，谢秉培亦因身份暴露撤回从化。

南坑、马鞍山的敌伪基层组织均被中共掌握。

三、建立交通网点

为扩大敌后革命基地抗日游击战的形势需要，1944 年下半年，中共从化党组织决定在吕田圩开设一间饭店——天然饭店作为交通站，以沟通滃江、北江、东江三个地区的联系，并指定胡斯增负责此项工作。天然饭店的采购员罗木桂为固定交通员。临时派出的交通员还有路增田、陈维棠、巢昌、巢桥、巢木棠、巢容、巢志坤、巢居堂、巢继才、巢德麟等。

作为下辖的塘基背地下交通站站长，巢德麟担负联络各方资源，传递革命讯息，做好保护中共工作安全的重任。其妻子、母亲在家庭异常困难的情况下，依然对其工作给予无私支持。

1944 年冬，根据陈枫传达上级党委关于支援东纵部队北上开辟根据地的指示，良口乡乡长钟信谦在中共从滃党组织的安排下，在良口圩与人合股开设一间万丰杂货店，作为中共地下交通站，以加强滃江对东江的联系。在经营过程中，杂货店由于有地方实力派人士入股，敌伪不敢觊觎，地下交通站的联络工作得以顺利开展。①

根据中共中央"华南抗日游击战争应以粤北、西江为主要发展方向"的指示，1945 年上半年，东江纵队把司令部北移至博罗横河和罗浮山，并派遣部队北上，计划与南下的以王震为旅长、王首道为政委的第三五九旅汇合，在粤北五岭地区建立抗日游击根据地。

从化党组织接受北江特委指示，先后派出交通员路增田、巢

---

① 参见政协广东省从化县委员会文史资料研究委员会编：《从化文史资料》（第 15 辑），1995 年版，第 19 页。

昌等，到博罗横河和罗浮山与东纵司令部联系，协同东纵司令部，沿博罗、龙门、从化、新丰、英德建立了一条交通线。修建交通线的过程，得到广大人民群众的支持和援助。

四、掩护部队北上

1944 年 7 月，日军第三次进犯粤北，企图打通粤汉线。东江纵队派出由邬强率领北上的抗日先遣队，于 8 月 23 日通过从化神岗日军据点附近时，与日军抢粮队遭遇，抗日先遣队抢占有利地形，击溃敌军，后在街口与神岗间渡河，穿越花县，跟踪日军至清远，因被敌伪军队袭扰，被迫折回。9 月 2 日在神岗银林至鳌头山心路段，被敌伪军队截击，激战一天。

经地下党员与当地人民紧急驰援，部分队员获救，但仍有 10 多名失联人员因道路不熟，不明敌情，不幸被俘，后被押至曲江芙蓉山下英勇就义。

1945 年间，曾有三支北上抗日的武装队伍在人民群众的协助下，先后经过从化县境。

第一支是邬强和李东明率领的广东人民抗日游击队北江支队，约 400 人。该队伍于 1945 年 1 月，由从化党组织派出的交通员巢昌引路，从增城出发，经福田、福和，到从化的锦罗、朱山下，过流溪河，插向温泉山区，直至滘江地区的四九，再经佛冈北上到英德鱼湾。由于沿途有地下党的精心掩护，加上群众大力支持，仅仅用 4 天时间，该队伍便安全抵达目的地。此后不久，中共广东省委领导梁广在英德鱼湾召开附近各县领导参加的会议，建立路东（粤汉铁路以东 11 个县）地方工作委员会，由谢永宽任书记，陈枫任组织委员，吴震乾任宣传委员；并决定陈枫任从滘区工委书记，驻吕田塘基背，领导从滘地区工作，李云调任滘江县委书记。

第二支经从化抗日的武装队伍，是蔡国梁率领的广东人民抗日游击队西北支队。该队伍在 1945 年初从路西北上抗日后，由蔡国梁带部分队伍返回东江，于是年 3 月，路经吕田地区，隐蔽停留一个多月后，转移至罗浮山东纵司令部所在地。队伍休整期间，吕田人民群众替部队上山搭茅棚、筹款、筹粮，解决部队供给的困难。由于蔡部驻扎时间较长，被当地反动分子罗亚禄发现，罗向敌伪密报并带军队"剿捕"。因蔡部刚好转移，李云从港江回来开会后，即与群众一起上山将支持蔡部的物资搬回。适遇敌伪军进村，李云在车步学校未能及时撤退，险遭"剿捕"，幸被车步村进步女青年陈先娣机智以柴捆遮掩门户才得免于难。敌人撤走后，陈江天偕叶发捕获罗亚禄，并将其秘密处决。

第三支经从化北上抗日的武装队伍，是广东人民抗日游击队珠江纵队（简称珠江纵队或珠纵）司令员林锵云及东江纵队副司令员王作尧、政治部主任杨康华等率领的东纵第五支队、军政干校、鲁迅艺术宣传队、政工队以及警卫连和珠纵的一个加强连，约共 1100 人。1945 年 7 月，队伍由罗浮山横河出发，经龙门、从化、新丰、翁源北上。从化党组织派出交通员巢昌、路增田二人负责为该队伍带路。先期，陈枫传达了上级党组织关于掩护北上抗日部队安全过境的指示，并研究部署发动群众准备粮草供应、沟通联络、掌握敌情、封锁消息等工作。部队经过时，吕田地区群众热情接待，胡斯增代表从化党组织，向部队领导详细汇报从北和新丰边界地区之敌我情况、地理环境和交通路线。部队领导对从北在军事上的战略地位十分重视，认为此处是开展武装斗争的理想基地，决定留下陈江天率领一个大队在吕田地区活动，以牵制敌人，配合从化党组织开展武装斗争。部队离开从化三天后，才由时任吕田乡乡长的巢海周向从化国民党顽固派政府报告，称有一支不明番号的武装队伍经过。国民党从化当局接到报告时，部队已成功到达目的地。

第三章

广州北解放写新篇

解放战争时期，活跃在从化地区的中国人民解放军粤赣湘边纵队东江第三支队等部分游击武装力量，与从化人民一道，以各种积极战略，共同打击国民党反动派，为从化乃至整个广州的解放，创造了有利条件。

第一节 抗战胜利后的时局和斗争

一、作好革命的两手准备

1945 年 8 月，日本无条件投降，抗日战争胜利结束。蒋介石在美国的支持下，决定坚持全面发动国内战争的方针，但其兵力部署尚未就绪，不得不表示愿意与中共进行和平谈判。蒋介石接连发出三次电报，邀请毛泽东去重庆"共同商讨"重要问题。

中国共产党对争取和平有真诚的愿望，对局势也有清醒的认识，提出对待国民党的方针是"蒋反我亦反，蒋停我亦停"，以斗争达到团结。为此，中共派出毛泽东、周恩来、王若飞去重庆，同蒋介石进行和平谈判。[①]

然而，国民党当局虽然同共产党进行和平谈判，但它的打算仍是通过战争来消灭人民革命力量。[②] 为了独占抗战胜利的果实，妄图歼灭中共武装力量，在日军宣布投降前，蒋介石反动派已调集其第六十三军的第一五二、一五三师各一部及第六十五军第一六〇师，向北江的英（德）、翁（源）、新（丰）、佛（冈）地区进攻。随后又向江北的增（城）、龙（门）、从（化）、博（罗）

---

① 中共中央党史研究室编：《中国共产党的九十年》，中共党史出版社 2016 年版，第 269—270 页。

② 中共中央党史研究室编：《中国共产党的九十年》，中共党史出版社 2016 年版，第 273 页。

游击区进攻。日军宣布投降后，他们更集中了 7 万余人，向广东内陆各解放区，一面以接管名义大肆抢掠，一面以"绥靖""剿匪"的名义，发动内战。开入英、翁、新、佛、从、龙、增、博的，是国民党第六十三军的第一五二师、一五三师、一八六师，第六十五军第一五四师，还有全部美式装备的新一军等。他们装备精良，人数众多，来势汹汹。第一五四师及新一军的一个团曾先后进入吕田地区。新一军的部队从新丰过来吕田后，把莲麻坝、车步、三村、南坑、半洞陈、江下等村包围，到处抓人，驻扰达一个多月。

针对蒋介石反革命两手的阴谋，1945 年 9 月中旬，中共广东区党委根据中央关于"分散坚持，保存干部"的指示，布置了一方面坚持斗争，保存武装，保存干部；另一方面长期打算，准备将来合法的民主斗争的任务。

按照中共广东区党委的布置，从㵲地区党的组织划归江北（东江河以北）特委领导，陈枫任特委委员兼从㵲花分委书记。

1945 年 7 月上旬，陈江天等刚抵达从化、新丰的交界处吕田的黄沙坑时，就接到东江纵队司令部通讯员传达新任务的命令，副司令员王作尧让陈江天留在从化开展武装斗争。

随后政治部主任杨康华对陈江天作了重要指示：党任命陈江天担任从化县委书记兼从化县独立大队政委，隶属于江北指挥部，由从㵲（从化、㵲江）指挥分部领导，并从刘培支队里抽调 8 个战斗员、8 支步枪和一些做地方党工作、民运工作以及连队的政治、卫生、供给等人员，给陈江天建制配备。任务要求陈江天率领这一支精悍短小、机动灵活的部队积极主动地出击国民党军队，务求达到一面拖住国民党军队，不让其追踪挺进的刘、黄支队（刘培任支队长、黄业任支队政委）；一面暴露国民党军队的实力和动态，使江北指挥部取得疏散物资和非武装人员的时间，以便组织战斗的目的。

挺进粤北的部队开拔后，陈江天和陈枫带领留下的队伍到另一个村庄进行整编。陈江天听取陈枫关于从化县政治经济、地方风土人情习俗的介绍。陈枫将地下党组织的分布及组织关系全部移交给陈江天。

这支小队伍的建制是一个大队，但包括了刘、黄支队留下的伤病员，总共不过三十来人，只有 8 支步枪，并且从化县历来没有革命的武装部队活动过，以这样的队伍，去完成司令部交给队伍的牵制国民党、暴露国民党假和平的任务，并非易事。

1945 年 11 月，欧初带领珠江纵队第一支队转战到从湿地区，任从湿花分委副书记，主管军事。李云为常委，主管党务。同月，还组建了从湿支队，欧初任支队长，陈枫兼任支队政委。支队下属两个大队：从化大队由陈江天负责，湿江大队由方觉魂负责。

这两个大队主要在从湿地区开展活动，经常在国民党据点周围开展麻雀战，他们有时在圩期化装潜入圩内秘密散发传单，有时在交通要道上向群众宣传党的政治主张和政策，揭露国民党发动内战的罪行，还经常深入山区周围农村发动群众打反动派、参加民兵扩大队伍。国民党广东省当局执行蒋介石的密电命令，派出重兵，企图以"剿匪"为名，消灭中国共产党领导的人民武装。进驻从化的国民党军队采取严密封锁，突击搜村，分进合击，反复"扫荡"，四处设围等手段，还强迫群众实行"五户联保"，妄图困死革命部队。部队的活动备受限制，战事紧张。

1945 年冬，为了方便部队的战斗活动，原珠纵第一支队和西北支队留下了一批非战斗人员交从湿花分委安排在二石水的山沟里隐蔽。由于当地人少而极其贫困，供给奇缺，潜伏在山上的人员，只能半饥半饱地过日子，有时还要采摘野果或野菜充饥，采集树枝生火取暖，很多女同志的头上都长了虱子，生活极其艰苦。

但大家对革命胜利充满信心，斗志仍是非常旺盛。

1945年底，从滘花分委为了加强从化县里党的领导力量，从滘江调来了刘渭章任从化县委副书记，协助陈江天工作。不久，又建立了从北区委，由刘渭章负责领导，区委成员有胡斯增、巢海周、陈景渐等人，后来又补上了巢德麟。1946年大旱歉收，国民党政府和地主商人还要把大批谷子运走，从北区委便发动群众开展借粮斗争，总共借得粮食超过5000千克，勉强解决了一部分人的燃眉之急。

1946年春，从滘花分委及从化县委决定，把西北支队留下的和珠纵上来的政工人员，通过当地党员巢海周、罗少华、胡志生、胡斯增、巢泉清等，分别介绍到附近各小学任教。其中沈清华在塘基背小学，黄子衡、李素碧在良口石岭小学，杨行（即梁衡光）在马鞍山塘下江小学，许志平到吕田中心小学，阎路平到官洞小学，梁东浦（邓国材）在邓村小学，陈江天也先后在大陂和分㘵小学以教师为职业作掩护。这些工作人员的任务是：掩蔽坚持，搜集情报，宣传党的主张，争取群众，发展巩固党的组织等。他们的工薪每月100千克谷左右，他们除留下作基本伙食费外，其余作党费上交，用以支持部队的活动。

除上述人员外，党还先后派了马旅、陈康、罗达棋、邓锡勋等人员到街口地区的小学和从城中学（当时设在麻村）做学生的工作，以及了解街口一带的情况。

二、东纵北撤以后的隐蔽活动

国共和平谈判，先后于1945年10月10日签订《政府与中共代表会谈纪要》，即《双十协定》，1946年1月10日签署停战协定。中共为了实现和平民主，亦在作好以革命两手反对反革命两手的准备，在不损害人民根本利益的前提下，撤出广东、浙江等

8个解放区的力量。6月30日，广东省北撤部队2583人，分乘3艘美国登陆舰离开大鹏半岛，7月5日抵达山东烟台。

两个协定在签字、双方发布停战命令的时候，国民党始终没有停止过对解放区的进攻，甚至策划以"突然袭击，一网打尽"北撤部队的阴谋。只是因为这个阴谋被部队掌握，予以揭露，并采取了应变的准备，北撤部队才没让其阴谋得逞。在东纵北撤之前，蒋介石自以为其发动内战的部署已经就绪，即于1946年6月16日，从进攻中原开始，发起了全面进攻解放区的内战。在广东地区，以张发奎为首的反动分子，则到处勾结地方反动势力，肆意捕杀部队复员人员，迫害老区群众及城乡的进步人士。面对东纵北撤后的形势，中共广东区党委确定了长期打算的方针，党的活动从农村转入城市保存力量，待机发展，还提出在两三年内完全停止活动，在留下的部队中再搞复员。

在此期间，整个东江河以北地区共产党只在增城小迳、龙门鳌溪、博罗象头山留下了3支精干的队伍，共计40多人，以便于国民党发动全面内战时东山再起。总的领导机关设在鹅溪白面石，负责人为欧初。其中留下以增城小迳为基地，以马达、丘松学为领导，有叶发、李观保、林胜（从化县灌村龙眼树人）、谭仔等十二三人的一支队伍，以后逐步壮大转到从化县与当地北江队会合成为龙从人民保乡队，后改名为龙从河新保乡队。并在斗争中发展成立广东人民解放军江北支队第三团，后改编成中国人民解放军粤赣湘边纵队东江第三支队第三团（简称东三支三团），一直以从化县吕田塘基背为基地，是活动于从化、龙门的主要部队。

1946年七八月间，从潖花分委及从化县委一致认为，全面大打内战的局势即将到来，必须抓紧在暑假期间，积极培训一批干部，提高干部的政治水平和工作能力，准备迎接新形势的到来。于是，便决定在塘基背附近的山沟里办两个培训班。先由巢德麟、巢桥等带领一些当地的人员搭起山寮并负责筹备给养和安全保卫等。做好准备工作后，分高、低两级开班。高级班由分委陈枫、李云等主持，刘渭章任班主任，参加学习的有巢海周、陈景渐、胡斯增、胡志生、沈清仪（沈清华）、杨行、梁东浦等7人。学习内容包括形势与任务、统一战线、党的建设、论联合政府等。低级班由陈江天主持，何励任班主任，学员有巢德麟、巢桥、林伙荣、路明、路华、陈伦、潘豪等11人，学习内容有目前形势和任务、阶级分析、统一战线、党的建设等。

培训班结束后，刘渭章调离从化。

1946年9月，从滘花分委撤销，陈枫和李云相继调走。从化党组织转由广州市郊二区委领导，直接联系人是谢学筹。从化县只留下县委书记陈江天和何励等及吕田地区未暴露的人员，等待上级的指示。

与此同时，增城小迳留下的武装斗争队伍到达白面石，与龙门鹅溪的武装斗争队伍合并为一支，夜袭龙门麻榨圩，突击抓获谭姓、叶姓两名反动地主，胜利返回白面石后转移到小迳掩蔽。马达、黄柏到香港向中共中央华南分局汇报请示工作，带去了在战斗中收缴的部分物资。

这支队伍在小迳一面处理反动地主的罚款，一面积极组织学习政治和军事，并积极开展统战工作。游击队员们白天帮助群众砍柴烧炭、耕田种地，晚上则深入农村宣传组织群众，发动群众参加游击队，扩大队伍。第二次复员的战士林胜听到消息，主动归队。

三、恢复武装斗争

1946年11月中旬，黄柏、马达从香港回来，到塘基背向陈江天传达中共广东区党委关于恢复武装斗争，"不违反长远打算，实行小搞，准备大搞"的方针和一系列任务，如发动群众反对国民党"三征"（征兵、征粮、征税）、反迫害、破仓分粮、减租减息、维持治安、保卫人民利益、反对内战独裁，实现和平民主；号召北撤时疏散到城市的干部迅速返回农村，恢复武装斗争；要求各地坚持斗争的武装队伍、复员人员、老区群众，迅速行动起来，迎接新的战斗；还要建立根据地，牵制和破坏国民党后方，配合解放区正面战场战斗等。马达还负有坚持塘基背基地向新丰瑶田发展游击队伍，打通与北江联系的渠道，了解滃江的情况等任务。

为了贯彻执行好中共广东区党委的方针和任务，黄柏、马达、陈江天共同研究，确定了两项政治行动：一是镇压吕田地区反动头子邓中台，以利于建立和巩固以塘基背、三村洞、莲麻坝为中心的新、龙、从三角地带边区的根据地；二是攻打从化县石坑圩的国民党韶溉乡公所及其自卫队。

邓中台是吕田乡马鞍山大地主邓尚金的儿子，是从化县参议员和良口区区长，思想反动，是部队开展从北地区活动的大障碍。他每年必定提前回家过农历新年，因此组织决定在 1947 年农历新年前夕对他进行镇压。黄柏、马达按计划由新丰瑶田带队伍提前开到黄迳村，会同陈江天带领的民兵，在地下党员巢煜桥家掩蔽，准备行动。根据地下党员杨行、巢泉清的情报，邓中台已于 1947 年 1 月 19 日（农历十二月二十八日）回到镇安圩小店，当晚即返老家。陈江天即派巢泉清引领部队的李新和徐少伟前往监视并采取行动。黄柏、马达、陈江天带领大队伍随后接应。不料当天傍晚寒风冷雨，天黑路滑，队伍未能及时赶到，巢泉清等已逮捕了邓中台及其弟邓火炳等 3 人，在押解到小岭山下时，其中一人逃脱回村鸣锣聚众，邓氏兄弟乘机挣扎对抗，被当场击毙。这次行动在从北地区影响很大，当年常到良口活动的反动头子欧阳磊自此不敢轻易再来。镇压邓中台行动对部队打开吕田一带的局面起了一定作用。

1946 年 12 月中旬，黄柏、马达、陈江天经反复研究，决定打掉石坑这个国民党政府设置的据点，这是建立从北基地与增城县各部队的联系和解除小迳基地腹背受敌威胁的需要。石坑圩当时是从化县国民党韶溉乡公所所在地，是从北武装基地与增城县山区武装部队互相联系的交通咽喉，驻有一支国民党自卫小队。

1947 年初，镇压邓中台之后不久，潜伏在增城小迳的丘松学接到黄柏的指示，立即着手准备，他一面派出来自韶溉乡龙眼树村的林胜（据丘松学回忆，林胜为石坑乡凤凰山人）和李忠深入石坑圩了解情况；一面与散居龙门、博罗各地的游击小分队联系。到 1947 年 2 月 23 日深夜（农历二月初三），丘松学带领小迳这个小分队，会同徐文从博西带来的一个小分队和张球从凤凰山带来的一个小分队，以及黄干、黄镜（据丘回忆，为王镜）从龙门永汉带来的一个小分队，合计 40 多人，还动员了小迳村的部分民兵，配备轻机枪 2 挺、步枪 30 枝、短枪数枝、地雷 2 个。由黄干小分队封锁埋伏在石坑河南边，封锁黄洞和从化街口的来路。丘松学、徐文两个小分队分别担任突击和后卫，由曾亮、李忠、林胜、张球等组成突击组。

地雷炸响后，突击队员曾亮、李忠、林胜、张球等冲进乡公所，除乡长回了家漏网外，全俘乡队副队长及自卫小队长以下 17 人，缴获步枪 10 多枝和弹药一批。将被俘人员押至增城灵山乡，集中教育后释放。这次战斗是江北地区公开恢复武装斗争后的第一次军事行动，震惊了从化和增城一带的国民党反动派，收到了扰乱国民党后方的效果。

四、反对国民党的"三征"

从化县群众反对国民党"三征"、破仓分粮的斗争,是从1947年初开始的。1946年粮食继续歉收,至1947年农历新年前,广大农民已经是饥寒交迫,无法度岁。邻县增城灵山乡及龙门县永汉乡、铁岗乡的群众已经在地下党的领导和武装队伍的配合下,打开了当地国民党政府的粮仓,暂时解决无米过年的困难。过年之后又遇春旱,无粮度荒的问题更加严重,地主、高利贷者又乘机盘剥,借贷的利息高于本钱的两倍,粮价飞涨,广大农民忧心如焚,迫切要求地下党想办法解决。

1947年3月初,中共从化县委书记陈江天同黄柏、马达等商量,决定发动塘基背、三村洞、莲麻坝、南坑、半洞陈和龙北一带的群众破仓分粮。3月25日(农历闰二月初三),他们打开了国民党在地派圩的显记集中仓和埔心徐家祠的分仓,夺回了600多担谷子。广大农民个个欢天喜地,眉开眼笑,都说:有共产党的领导,穷人不用挨饥荒了。

与此同时,从北地区还采取了多种方法发动群众反"三征"。如国民党要征兵,就发动被征对象能拖则拖,不能拖就到中共的部队来。征粮也是在万不得已的时候,才让地主交一点点,应付一下。在征税方面,因为吕田地区分散,税收又是一项比较长期的、积少成多的收入,国民党不可能天天派武装协助征收,只有少数专人或采取包给地头蛇代收的办法,所以等到这些人一来,地下党部队就亮出武器来把他们吓跑。来往客商全部由地下党武装设卡征税。地下党还开展减租减息斗争,广大群众十分拥护。

武装斗争的曲折和胜利

一、加强从南地区党的工作

1947 年 3 月，江北工委成立，由黄庄平任书记，黄佳为副书记，黄柏、王达宏、陈江天为委员，统一领导江北全区党的工作和武装斗争，从化重新划归江北工委领导。原以增城小迳为基地的高山队奉命开到塘基背，与马达早些时候组建的北江队合编为龙从人民保乡队，马达任队长，丘松学任副队长，共六七十人，以塘基背为基地，与地方党组织密切配合，开展各种活动，共同战斗。吕田地区党的组织也选送了一部分党员，充实部队的骨干力量。

1947 年 4—5 月，为了开辟新区，发展队伍，龙从人民保乡队配合新丰龙景山部队赖锦欣的队伍夜袭新丰白沙圩的国民党自卫中队，可惜没有成功，班长徐少伟牺牲，但扩大了保乡队的活动范围。

同时，保乡队在铁岗和莲麻坝建立了税站。江北工委决定将原高山队调回增城北阴村整训。经过一个多月时间的学习和整训，队员们提高了斗志，增强了信心，由黄柏、甘生带队重返从北继续战斗。

4 月间，县委原书记陈江天调动，罗明林（罗光连）接任中共从化县委书记，何欢任组织部部长。

5月，中共中央香港分局指示，当前南方党的中心任务是："一切都应为着武装斗争、群众斗争的发展与党及群众组织的巩固。"长期以来，从化县地方党组织与武装队伍的活动都是密切配合的。自此，党组织活动的任务就更明确了。

选派巢海周打入国民党从化县参议会，就是出于当时斗争的需要。1947年春，从化县国民党参议会酝酿选举参议员。党组织考虑要开展对国民党上层的统战工作及掌握其活动情况，决定派巢海周参加竞选。经过地下党的积极活动，得到广大群众支持，终于达到预期目的。巢海周获选后，立即按照党的指示，通过一些社会关系转到凤院小学当教师，积极开展活动，掌握了不少国民党的情报，由地下党交通站送回。如当年冬天，国民党军第一九六师向从北、新丰、翁源等地"扫荡"的情况，就是他预先汇报，作好准备的。后因在此次"扫荡"中巢海周被国民党军队怀疑追捕，之后及时转移至广州。

派出冯康为从南特派员，胡志生为副特派员，这是加强从南地区党的工作的开端。巢海周当选国民党从化县参议员后，党组织即派冯康到良口中学任教师作掩护，和原在石岭小学任校长的胡志生一起开展工作。从化县委交给他们的任务是：开展对从南地区的统战工作，教育青年教师、学生，培养积极分子，加强党的建设，协助搞好交通情报工作。当时，国民党反动当局妄图起用老政客欧阳磊或李务滋当县长，以利用地方势力对付党的活动。从南地区党组织即根据从化县委的指示，巧妙地采取不公开或半公开的方法，一方面对他们晓以大义，认清形势，不要与人民为敌；另一方面又故意扩大他们之间和他们与社会上的矛盾，使他们都不敢上台。

从南地区的党组织还在良口中学、温泉中学的学生以及小学教师中，通过组织读书会等形式，组织他们学习进步书刊，从中物色建党对象。经过一段时间的努力，在良口中学、温泉中学、石岭小学等地培养和发展了一批共产党员，前面两个中学联合成立了一个党支部。当城市学生、工人掀起反内战、反饥饿、反迫害运动时，良口中学、温泉中学党支部也团结发动一大批群众，组织示威游行。

随着党组织的发展，地下党自街口、温泉、良口到吕田的交通情报站亦相继建立，使有关的情报能够及时送到地下党组织和武装部队手中，如之后发生的国民党军"大扫荡"和新丰县县长张汉良经从化赴任等情报，都是通过这一条交通线传递的。

为了团结广大青年参加革命，党组织还在吕田发动成立吕田中心小学校友会，经县委决定由刘国荣出任校友会主席，巢海周为顾问，同时亦聘请吕田乡的乡绅以至乡长等为顾问，以利于统战工作的开展。参加校友会的同学各人尽力捐出现金或谷子，折合 3000 斤谷作为基金，用于资助贫苦学生升学，为培养人才作出贡献，也培养和发展了一批党员。

为了解决部队发展迫切需要干部的问题，1947 年 5 月间，党在桂峰山山羊坑举办一期青年干部训练班，培养连、排级干部，参加训练的学员有林伙荣、罗沛溪、陈伦、叶发、巢桥等人。

1947 年 6 月，龙从人民保乡队夜袭吕田乡公所及其自卫队，虽未取得军事上的胜利，但敌人因未能查明保乡队的实际情况，在恐惧之下不战而逃。

二、武装部队开创新局面

破坏国民党修复广韶公路的计划，是巩固游击基地的一着。广韶公路所经吕田到新丰、英德东乡一段，是游击队经常活动的地区，对方常常利用这条交通动脉运兵向游击队进攻。特别是从化县塘基背、三村、莲麻坝这一带乡村，更是紧靠公路，经常受到对方进攻的威胁。1947年春夏间，连续几场大雨，把公路冲刷得乱七八糟，七八月间国民党准备把它修复，以利于他们的活动，于是每天派出一个交通警察排，从吕田乘坐工程车护送测量队到新丰路段测量。武装队伍及地方党组织的领导决定派民兵常备中队，在车步村附近高山密林处伏击。碰巧这一天交警队没来，当工程车进入伏击圈时，哨兵喝令检查，司机企图加大油门逃跑，被部队战士鸣枪制止，车上测量人员及器材全部被俘获，被俘人员经教育后释放。自此，广韶公路吕田以北路段不再通车。

此后不久，游击队一度进入吕田圩，扩充实力。1947年9月17日（农历八月初三），黄柏、马达带领高山队、北江队和塘基背的民兵共100多人，夜袭吕田圩的县警中队。因武装部队火力较弱，县警中队死守陈水楼炮楼，部队未能按计划攻下吕田圩，战士夏成才牺牲，部队遂于拂晓前撤出战斗。因对方弄不清游击队实力，社会传言夸大，县警中队害怕孤立无援，第二天天亮就撤走了。党及武装部队第一次进入吕田圩，开展各种宣传活动，进行合理的税收。

为了扩充实力，部队在县警中队撤走后，就通过地下党动员群众参军，又征缴了地主、公堂的枪支、子弹。在吕田圩、三村和江下的公堂和地主中征缴步枪12支，驳壳手枪10支，子弹一批。在邓村由地下党员去做工作，得来轻机枪1挺、子弹3箱。

同一时间，吕田乡乡长李才英感到在吕田圩过于孤立，便把吕田乡国民党自卫队的10多支步枪拖回老家大塅村，企图依靠同村封建宗族的势力保护自己。地下党员罗盛樑闻讯立即以群众身份，向当地士绅陈说利弊，议出交枪保人的办法，并于当晚向部队汇报。部队决定由高山队指导员梁陈华带一个班，突入大塅村李才英家，晓以当前形势。待李才英交出枪支、弹药，部队即到村外放了一轮空枪，向社会上及国民党的耳目表示，吕田乡国民党自卫队的枪是部队缴的，不是李才英交的，以减除反动派对李才英的压力。部队也因此进一步充实了装备力量。

县警中队撤走以后，在流溪乡以上地区，国民党只有少数自卫队防守，黄柏便挥军南下。1947 年 9 月 30 日（农历八月十六），武装队伍在马鞍山组织联欢晚会，共庆中秋。翌日，县警中队从良口开来反扑，高山队抢占暖水塘、长塘、背虎山高地进行截击，发现对方只有一个中队，战斗力不强。黄柏下令，一个冲锋便打得对方狼狈逃窜。高山队队长李忠（博罗人）乘胜于当晚率领手枪队，直落牛背脊，俘虏了流溪乡乡长等数人。黄柏率领队伍到达后对其予以教育后释放。

此后高山队就在温塘肚、玉溪一带活动，广泛动员群众，打开了吕田、流溪两个大乡的局面。

随着全国和广东各地形势的发展，武装部队声誉远播，队伍迅速扩大后，立即兵分两路：一路由马达带领北江队，坚持在龙北、从北一带做好巩固基地的工作。一路由丘松学率高山队，开发龙北的蓝田、上下流洞，新丰的两头乌、羊古田、六古、立溪、锡场、三坑，河源的古岭、中陵、船糖、杆窦一带。使新丰、从化、河源、龙门、博罗五县的边区连成一片。武装部队亦顺应形势，改称为新河龙从人民保乡队。部队的活动出现了崭新的局面。

三、打破第一次"扫荡"

1947 年 6 月底，解放区正面战场已由战略防御转为战略进攻，形势发生了急剧的变化。蒋介石妄图把广东变成他反革命的最后基地，9 月底，派遣宋子文出任广东省政府主席。宋子文一到任，一面调整机构；一面部署人力，勾结美国，拉拢各地反革命势力；一面加紧"三征"，还到处收编土匪扩编保安团，扩充反革命武装，准备向广东省各游击区进攻。中共中央香港分局针对蒋宋的企图提出“走在宋子文的前头”等口号，部署“大搞”计划。

1948年1月，宋子文自以为羽翼已成，即抛出他的所谓“绥靖新策略”，强调“不求急功，但求实效”，并将“绥靖计划”分为两期：第一期为1—6月，用半年时间完成“分区‘扫荡’，重点进攻”；第二期是下半年，完成“肃清平原，围困山地”。[①]

打破国民党的“分区‘扫荡’”，是党反“绥靖计划”的先声。宋子文的军事行动是提前的，早于1947年12月中旬，进攻从滘及粤北地区的国民党第一九六师，由副师长刘建修率领三四千人，进驻街口一带后，立即远途奔袭，先向滘江大举“扫荡”，捉了群众二三十人，在街口圩当众杀害了滘江的叶龙章（佛冈县上潭洞人）和中队长邓大犹（滘江上黎村人）。随后全力向良口、牛背脊、吕田等地区推进，并命令从化县县长张冠洲和参议员巢海周同行。抵达吕田后，敌即四处捉人，在吕田圩杀害了吕田乡中心小学校长、进步人士李耀洲，共产党员、教导主任黄煜华（黄显华，连县人）和训育主任冯国锦（党员，广西人）以及2位为游击队筹过粮食的保长等5人，还抓走了女教师李素碧和孔志明。与此同时，敌方一行动科长还到处找巢海周，准备下手。幸巢海周早已知悉，抄小路南下广州脱险，后来再从香港回来参加县委及东三支三团工作。

国民党来势迅猛，除镇压群众外，其主要目的是寻找游击队主力决战。故国民党一到吕田，便派出一个营进驻塘基背，把全村老少捉到学校追查游击队去向。但群众是支持游击队的，国民党始终未能获得情报。

---

① 张绳道编著：《解放战争广西敌后游击战纪实》，解放军出版社2011年版，第107页。

对于国民党这次"扫荡"，游击部队早已接到巢海周等的情报，作好了锄奸和战术的准备。

在锄奸方面，游击部队果断地抢在国民党之前，拔掉"钉子"（敌情报员）并做好群众工作，使国民党进入吕田区时闭目塞听，无计可施。根据地下党的了解，当时国民党吕田区分部书记李应运和莲麻坝的潘千均、马鞍山的潘全兴是潜伏在游击区的特务，经常向反动派提供游击队活动的情报。于是部队决定由高山队指导员梁陈华和警卫员李保，在傍晚时分进入水埔村，通过群众及李的哥哥李应贤把李应运找来，梁陈华同李保一先一后逼李应运出来并押其回部队，经审讯后予以处决。接着又以同样办法处决了潘千均、潘全兴，并散发传单，让群众了解真相，同时也震慑其他反动分子，使得国民党进入从北时，失去情报来源，找不到游击队的去向。

在战术上，部队以游击战术对付国民党。国民党依仗其兵多、装备好，经常以营为单位对部队穿插"扫荡"，或以连为单位左右夹击，分路合围。在双方力量悬殊的情况下，部队运用游击战十六字方针（敌进我退、敌驻我扰、敌疲我打、敌退我追），充分利用地利人和（即地下党工作基础好、群众支持和山高林密便于隐蔽）等有利条件与敌周旋。具体的办法是把部队分成三路：一路由黄柏带着徐清的队伍（韶州队后称坦克队）在桂峰山脉的山羊坑、合子一带活动；一路由梁陈华、曾亮率领高山队在新丰、从化迂回；一路由钟沛率领着北江队出没于地派的英公洞、密溪一带，迷惑国民党，寻找战机。另外，部队还让李忠带着一个班，沿石坝、小杉、马鞍山一带山边，伺机插入敌师部驻地，散发传单，扰乱和迷惑国民党。国民党在从化一个月，天天分区分村搜索，而部队则天天转移，有时甚至一天转移几次，弄得国民党师劳兵疲，终于在1948年1月底转向新丰、翁源方向撤走。

四、"大搞"期间的艰苦斗争

1948 年 1 月，正当部队反"扫荡"取得突破时，中共江北地委根据中共中央香港分局的指示提出，"为了配合大军南渡黄河进行战略反攻，从化应即大搞，收缴地主武装、分浮财、准备过渡到分田"。① 集中起来就是当时所说的要"大搞"。不久，各地即掀起热潮。

在第一次反"扫荡"和"大搞"的影响下，部队得到了迅速的发展，高山队由四五十人扩大到七八十人。北江队发展成为坦克队（后称卡宾队），也有七八十人。从化县吕田乡与龙门县的地派乡普遍组织了民兵，合计 1000 多人，还在这个基础上成立了一个民兵常备中队，编号"汤姆生队"，黄云龙任中队长，巢桥任指导员。

为了适应"大搞"后出现的形势，1948 年 2 月，中共中央香港分局决定：江北工委改为江北地委，并将江北地区的武装力量统编为广东人民解放军江北支队，原新河龙从人民保乡队统编为"广东人民解放军江北支队第三团"，团长丘松学，政委马达，政治处主任巢海周。马达兼从化县委书记。原从化县委书记罗光连调江北支队第四团。从此，党政军统一领导，武装斗争和群众斗争是突出的中心任务。随之高山队改名为钢炮队，坦克队改称为卡宾队。地方党和武装部队的领导更加集中了。

钢炮队是北江支队第三团的主力中队。1948 年夏初，钢炮队、二平队攻打蓝田圩还乡团自卫队的头子，杀掉了叛徒刘友环，党员潘志华牺牲。钢炮队还与兄弟队一同发起三打蓝田、攻打地

---

① 龙门县地方志编纂委员会编：《龙门县志》，新华出版社 1995 年版，第 482 页。

派和塘基背保卫战，连续获得胜利。仲夏时，队长曾亮积劳成疾，无奈离队秘密前往香港治病，钢炮队改由李忠任队长，梁树奇任副队长，梁陈华为指导员。

但是，由于这次"大搞"的策略思想不明确，各县、团亦没有经验，敌友界线分不清，甚至侵犯了少数中农的利益，损害了部队与统战对象和社会中间力量的关系，使部队处于被动。因此，敌军一来，封建势力便联合起来一起反对武工队。但这次"大搞"时间很短，范围不大，在从北地区实际没搞起来，地方党组织还做了许多工作，因此游击基地的群众始终支援部队，与部队战斗在一起。然而由于国民党重兵压境，游击队的处境仍十分困难。

上级指示队伍要与九连部队会合，连成一片，建立人民政权。根据这一指示精神，丘松学带着主力中队钢炮队积极往河源方向挺进，伺机打击敌人，扩大地区，壮大队伍。

宋子文的"重点进攻"从1948年2月开始，随后，国民党广州行营独立第二团（简称独二团）开到龙北、从北一带，到处恢复和扶持国民党乡、保政权，组织自卫团，实行各乡"联防""五户联保"，迫害龙从一带游击战士家属、农会、民兵干部，如强迫其自首、诱骗部队战士离队"自新"等，妄图割断游击队与群众的联系，并从物资上封锁游击队。国民党对老区群众亦处处提防，群众趁圩也被监视、搜查，甚至可能被捕，导致基地的食盐也很缺乏。

在军事行动上，国民党重点对付游击区，集中主要兵力寻找游击队主力作战。先是采取突击奔袭部队主力和领导机关、税站人员等，企图逼迫部队集中山区以后，实行划区"清剿""驻剿""围剿""追剿"相结合等战术。在此种情况下，部队粮食十分缺乏，活动亦被限制，领导机关只能在山上隐蔽，人员外出要高度警惕，及时转移，稍为麻痹便会招致损失，甚至流血牺牲。

1948 年 2 月 15 日（农历正月初六），北江支队第三团（简称"三团"）韶州中队由队长巢德麟、指导员徐清率领，到外地借粮至石桥村，天黑下雨，徐清带一部分人先走，巢德麟等被国民党包围，几经苦战才突围出来，但担任掩护的大钩步枪班大多数人牺牲，文化教员邓国宏负重伤，陈松真负轻伤。

同年 3 月，三团汤姆生队去白芒坝捉拿保长叶裕池未果，冒着大雨回至雷公背的田寮避雨，被国民党独二团一个连包围，部队突围时刘灶荣、刘增荣 2 人牺牲。翌晨，汤姆生队突围出来的 40 多人回到塘基背学校宿营，被国民党跟踪赶到，作掩护的班长伍润海牺牲，战士石国连、路黄生被俘至左潭就义。

3 月下旬，在江北支队司令员黄柏的指挥下，由西虎大队队长王镜、副大队长孔德怀、军事特派员朱冀率领该大队的王意、钟杨中队，孔德怀（兼中队长）、杨英中队，从增城樟洞坑出发，会同张球率领的一个中队远途奔袭石坑黄洞村反动自卫队，国民党反动自卫队获悉后逃跑。游击队进入石坑做群众工作，但被乡长告密，被从化县警第二中队会同独二团九六一部及自卫队三面包围。因白天突围于部队不利，部队且战且退至牛落井，突围后返回雁阳陂。是役，游击队牺牲了 8 位队员。

1948 年三四月间江北地方的党组织也曾发动群众，在巢德麟、巢海周等带领下，于同一个晚上分别到塘下江、暖水塘、马鞍山等村，打开了 5 户地主的粮仓，暂时解决部队和群众的困难。但巢昌中队派排长白镇发带队捉回暖水塘村地主白广金，限期要他送给部队 500 千克大米。因被人告密，大米全被国民党抢在部队之前拿走了，北江支队第三团巢昌中队和第四团陈光照中队（飞虎队）共 100 多人，在斜坑山厂里，每天都只能吃两顿稀粥。

游击部队活动受到限制，国民党也更加疯狂，反动自卫队的气焰十分嚣张，特务活动频繁，一发现游击部队或个别人员活动便穷追不舍，千方百计卡死部队粮食、弹药以及各种生活用品的来源，逼得部队的装备越来越差，步枪只有几发子弹，机枪只有十来发子弹。交通或政工人员只能在夜间活动，有时还要冒着大雨爬山越岭。有些人全身上下被打湿了，要用棉絮加火药（从子弹里倒出来的），通过撞击或摩擦生火做饭，烘干衣服。

1948 年 5 月，当时是广东的国民党反动派对广州郊县武装实行"清剿"的时候，敌倚仗优势兵力，步步追逼，寻找游击队主力作战，游击队的形势十分严峻。

为保存实力，相机破敌，江北支队第四团转移到从化县东明镇坪地村。该村地处偏僻，但没有党组织，群众基础薄弱。5 月 2 日，部队在该村住下。5 月 4 日傍晚，国民党广东省第三区专员欧阳磊指派交通警察九四七〇部第五连及县警何作禧中队，乘着大雾，趁四团刚吃完饭较为松散的时候，窜到坪地村祠堂（四团部队驻地）对面，以猛烈的火力封锁祠堂大门及周边。虽然部队凿破后墙，大部分人冲上后山，但敌人对后山的火力也很猛，团长黄渠成、政治处主任林科等干部及战士共 17 人牺牲了。陈为等人受伤，敌军被打死 1 人。这一战严重影响了北江支队第四团的士气。

五、打响保卫战扭转形势

正当从化游击区处于"黑云压城城欲摧"的境地时，中共中央发布的《关于一九四八年土地改革工作和整党工作的指示》下达。江北地委根据中共中央及香港分局的指示，作出关于停止"大搞"，分化瓦解国民党；团结一切可以团结的力量；号召农民保田；在军事上克服保守思想，主动打击国民党等决定。

1948 年 6 月下旬，北江支队第三团组织所属全部指战员、民运工作队，结合前段时间的困难，认真学习上述指示和决定，统一思想，并组织力量广泛宣传，还把有关地权、分耕、减租、减息、保护工商业等一系列政策油印公布，很快就起到重新团结各阶层人士和分化国民党的作用。有些中、小地主和商人还写信或派人来询问有关政策和做法；一些地主武装开始动摇以至瓦解；有些头目还暗中与游击队联系。这对游击部队下一阶段工作的开展很有利。

地派处于吕田毗邻，对从北老区塘基背、三村洞、黄沙坑、栏河洞等地威胁很大，是龙门北部一个顽固的敌据点。吕田与地派的敌人总是相互配合、两面夹击对游击基地展开"扫荡"。1948年六七月间，经过周密的侦破，塘基背、三村洞组织民兵担架队跟随部队，黄柏和马达一起带了4个连的兵力和一个60斤左右的大炸药包准备炸掉地派敌人驻扎的万寿楼。黄柏负责总指挥，丘松学负责突击队和爆破队。但后来为尽量避免或减少附近人民群众的利益损失，最后由丘松学负责带着几个突击队员从隔壁的房屋凿墙通向万寿楼。敌人发觉后趁着天未亮悄悄逃去龙门城。

7月，宋子文开始推行其"肃清平原，围困山地"的第二期"绥靖计划"，但一开始就在惠（阳）、东（莞）、宝（安）地区被游击部队集中优势兵力予以重创，损兵折将1400多人。北江支队第三团和第四团的陈光照中队也连续取得攻打新丰县蓝田、打下龙门地派圩等两次胜利。形势初步好转，但仍存在着困难。

地派战斗之后，游击队又打响塘基背保卫战。当时正是老区人民"双夏"（夏收夏种）大忙时节，北江支队第三团领导估计国民党可能要来报复，便把大部分部队暂时留驻在塘基背、栏河洞一带，做好反击的准备。

不久，敌驻龙门的独二团，果然派出一个营，纠合龙门县警一个中队及地派自卫队共600多人，配备重机枪、小钢炮等优良装备，在地派集结，准备进犯塘基背基地。为应对来敌，黄柏、马达、丘松学、巢海周等人研究后，组织钢炮、粤汉两个中队和第四团陈光照中队反击国民党，保护老区人民的夏收夏种。并由地下党组织民兵担任后援，又把不能参战的老弱群众动员上山。

第二天早晨，国民党进占塘基背高山坳下的几个山头，向塘基背村发起进攻。但部队早已抢占与其对峙的高山，与其交战大半天，打死敌人排长一人、士兵数人。下午国民党不敢再战，有撤退行动。黄柏立即命令团参谋巢郁文带领粤汉中队一个排，绕道到国民党撤退必经的大水桥附近大崩岗地段，拦腰伏击国民党，国民党被打死打伤多人，仓皇逃窜，直至次日早上才敢派人清理战场。这是部队在装备悬殊的情况下，首次与国民党正规军及地方反动武装作战，北江支队第三团温楼、程善记受伤，黄炳南光荣牺牲。整体上游击部队的战绩良好。

游击队还曾运用"调虎离山"计调走国民党军队，取得塘基背保卫战的胜利。在高山坳战斗后，游击部队逐步分散到各地活动，国民党便趁机进犯，数次攻进塘基背村，实行兽性报复。1948年春，吕田反动自卫队和一个营的敌人共四五百人袭击塘基背，保乡队主力钢炮队和民兵登山同敌人展开战斗，激战一天。由于敌强我弱，敌人冲进塘基背，烧光村里房屋，抢光东西，还杀害村民巢威良的小孩。在塘基背山后属龙门县的雷公背村也遭到同样惨重的摧残和洗劫。眼见根据地群众受害，在敌众我寡、敌强我弱的情况下，三团的领导决定采取"调虎离山"计策，命令钢炮队直插龙门县城国民党老巢附近，频频活动，摆出要乘机攻城的架势，吓得国民党军队慌了手脚，立即撤围驰援。达到解围的目的后，钢炮队即相机转移到新丰、河源、博罗一带活动，弄得国民党蒙头转向，精疲力竭，士气沮丧。

六、珊瑚村的革命斗争

珊瑚村位于从化西部，是个群山环绕的山庄，与佛冈县的洛洞村只是一山之隔。珊瑚村边上的大窝山连绵数里，群山起伏，横躺在清远、从化、佛冈三县（市）的交界处。该地山高林密，地势险要，在军事上进可攻、退可守，加之群众基础好，故在革命斗争年代成为游击队的根据地。

珊瑚村原是一个贫瘠的山村，绝大部分农户都靠耕山和租种地主的田地来维生。村民受尽压迫剥削，生活艰难。从 1946 年开始，珊瑚村群众在共产党的领导下，积极支持和配合游击队进行武装斗争，为解放战争作出了贡献。

1946 年，中共党员廖景、宋奕春在龙潭地区活动，介绍珊瑚村进步青年陆宏参加了共产党。1948 年 4 月，党组织派了东三支四团主力连连长兼武工队队长黄积年到珊瑚村，与陆宏及小学教师李梓清（地下工作者）组成宣传小组，向人民群众宣传革命道理和斗争形势。在活动过程中，他们发现当地农民谭仲通敢想敢干、有魄力，在群众中有较高威信。黄积年便主动地接近他、教育他，吸收他参加革命工作。珊瑚村由此形成了以陆宏、谭仲通为核心的革命组织，还建立了由共产党掌握的村政权：谭肖任村长，陆容彬任农会会长，谭坚任民兵队长。村里的革命力量在不断壮大，与国民党反动派展开了针锋相对的斗争。

1948 年 5 月，村农会发动群众开展减租减息斗争。他们向本村地主钟金润、谭水臣等提出要求，减少上缴稻谷 6250 千克。最后斗争取得胜利，这样既解决了贫苦农民以及游击队用粮的困难，也大大鼓舞了广大群众的斗志。

同时，村农会还积极为游击队筹款筹粮。如协助武工队设卡收税，又千方百计获取粮食。村民陆日宏 1948 年 2 月在佛冈洛洞烧炭时，经多方面筹粮 2500 多千克，交给了武工队员谭然、谭谷钱、刘镜如等；彭日荣在 1948 年至 1949 年 3 月期间，自动献出超过 1250 千克的稻谷给游击队，后来还带着武工队到新村征借公偿粮 2800 多千克；谭坚献出稻谷 750 千克，红薯片 80 多千克，猪油 16 千克，并协助征收该村公偿稻谷 2300 千克。1949 年 6 月间，彭日荣又带武工队员到新村向"老栅会""中和会"筹粮。

共产党除了广泛向人民群众宣传真理，提高村民的觉悟，引导村民自觉参加革命斗争之外，还特别注意对国民党各级政府任职人员进行争取教育，把他们拉到党这一边来。如对保长陆群、甲长谭志等做了大量思想工作后，他们能真诚地为革命出力，经常跑外线，深入敌人组织内部打探情报，及时向游击队汇报。同时，他们积极协助武工队筹粮，收取枪支弹药，偶尔还将自己的武器弹药及食粮也交给游击队使用。国民党自卫团中队长钟波属珊瑚村一富户，是武工队员范谷钊的内兄（范妻之亲哥哥），共产党就派范谷钊利用亲戚关系，做钟波的思想工作，争取教育他参加革命工作。于是钟波的家成了游击队的交通联络站，游击部队联络员经常在钟家出入。因此游击队能及时掌握敌情，作出对策，多次在危急中化险为夷、反败为胜。

由于革命形势的发展，珊瑚村全体民兵 45 人（不含该村原有游击队员人数）于 1948 年 5 月均转为游击队员，谭仲通任队长，谭伙、陆光、谭波、谭坚任排长。村游击队经常活跃在洛洞、大车、民乐等地。为了发展组织，扩大力量，村游击队还吸收了陈牛、陈锐等 20 多个外地进步青年加入队伍。

1948 年 5 月，国民党军队调来两个团的兵力，准备进攻游击队根据地，情报被游击队员获悉，于是游击队与马达率领的东三支三团部队联系，经合议迅速组成一支强大的伏击队伍，埋伏在珊瑚坳待命。国民党军在晚上进攻，双方激战 4 个多小时。第二天国民党援兵赶来解围。这次战斗打死国民党副团长1人，士兵2人，俘虏14人，缴获长、短枪14支。游击队仅刘边中弹负伤，交由珊瑚村农会照顾。

8月中旬，从化县国民党政府派李国三率保安大队300余人，"围剿"珊瑚地区，企图消灭游击队。然而国民党刚到警良迳，就遭到游击队截击。战斗一日一夜，国民党军被打死、打伤6人，不少士兵弃枪而逃。游击队缴获手枪10支，七九步枪、卡宾枪共36支，子弹500多发。

9月，游击队探知陂下二七乡公所驻有国民党军陈标一个中队，便在一个晚上包围了该乡公所，一枪不发将其全部俘虏，缴获长、短枪30多支，子弹2000多发。俘虏经教育后当即释放，中队长陈标被押解回队部，经教育后也被释放回去。后来，陈标还为游击队做过一些有益的事。

1949年2—8月，国民党反动派对珊瑚地区实行封锁，谭砥纯的独立保安营分别在龙山、官庄、龙潭、高平等圩镇驻防设卡，一发现有可疑的人，便捉拿并严刑审讯，甚至杀头示众。因此各村的群众，特别是珊瑚村、洛洞村的青年男女，不敢趁圩做买卖，导致游击队和当地村民缺乏食盐。北江支队第六团首长知道这种情况后，决定提前攻打汤垌圩。

8月26日，部队集中兵力攻打汤垌圩。国民党凭借地形，居高临下，顽固地打巷战。经一日一夜的激战，部队终于解放了汤垌圩。这场战斗歼敌12人，缴获枪支弹药一大批。第二天早上，谭砥纯由龙山圩营部派了几个排的兵力来支援。敌兵赶到狗仔岭，便被游击部队阻击，最后也只好狼狈逃回。

在解放战争时期，珊瑚村人民接受共产党的教育，在党的领导下，支持和参加武装斗争，为建立人民政权作出了贡献。

七、杨梅潭伏击战

1948 年 10 月之后，形势明显好转，集中优势兵力打歼灭战的思想逐步得到明确和运用，并取得显著的战绩。这时，东北辽沈战场进展顺利，中央要求各地也要集中兵力，打好歼灭战。东三支三团及县委的领导干部学习执行毛泽东关于集中优势兵力各个歼灭敌人的作战原则，学习"十大军事原则"和兄弟部队的经验，思想更加明确。11 月，团部即以钢炮队为基础与从增城开来的张球、朱华、徐清、李木水等领导的队伍合编为独立中队，李忠任中队长，梁陈华任政委，朱华为政治指导员。同时，又通过民运队举办党员训练班，以发挥他们在战斗和各项工作中的先锋模范作用，为进一步集中优势兵力打歼灭战作好思想准备和组织准备。

杨梅潭伏击战全歼国民党军队的战斗，就是集中优势兵力打歼灭战的第一个战果。

1948 年 12 月初，良口地下党交通情报站钟信谦及其他各线送来情报：国民党广东省政府派张汉良去接任新丰县县长，张汉良即将由国民党军一个连护送，沿广韶公路上任。杨梅潭地段山高林密、人烟稀少，广韶公路从这里经过，是贯通从化和新丰的一条重要的交通要道。从化、新丰两地的往来，走近路必经此道，这里是一个打伏击战的理想地方。于是马达、丘松学同江北地委书记兼支队政委黄庄平一起研究，决定集中优势兵力在莲麻村杨梅潭地段打一场伏击战。还命令在外县或附近活动的独立中队、粤汉中队、二平中队在三村洞一带集中待命。此外，又召开了排以上骨干的战前会议，明确各中队的战斗任务。并在动员大会上号召全体指战员要全歼敌军，活捉张汉良，为人民立大功。

部队在 12 月 9 日凌晨进入阵地，具体的兵力布置是：团指挥部由丘松学、马达率领一个小分队，设在公路对河突出的一个小山岗上；独立中队除派一个排警戒吕田方向外，其余由李忠、梁陈华带领埋伏在西南边的山腰上；粤汉中队除派出林伙荣、叶发率领一个突击队和许英的一个地雷组埋伏在公路上边的茅草林里外，其余兵力由黄文、杨行率领埋伏在东南边的山腰上；黄云龙等率领的二平中队埋伏在三水庙顶山制高点上，负责警戒及阻击新丰县方向的来援之敌。医站人员分配各队救护伤员。

埋伏的第一天张汉良等人没有来，情报人员及时送来情报，称张汉良等人改变了计划，要在第二天才动身出发。以防万一，指挥此次伏击战的东三支三团团长丘松学下达命令，坚守阵地，以免错失消灭张汉良等人的机会。

12月10日凌晨照样设伏。上午10时左右，张汉良带着20多名随员，在国民党独二团保八连一个加强排的护卫下进入部队伏击圈，还在伏击圈中心石古塘公路上就地休息，这是十分难得的战机，但在这时却有两个老百姓抬着黄猄经过，敌兵前去观看。如果此时发动进攻，很可能伤及群众，指战员们不得不屏着呼吸等待着，直至老百姓急急忙忙地走过去，张汉良等人也稀稀拉拉地起程了，丘松学才打了三响信号弹。顿时，各中队的机枪、步枪齐放，突击队的手榴弹也及时打到对方人群中爆炸了。对方被打得手足无措，一片混乱。林伙荣、叶发两人带着突击队员们，乘势冲进对方人群，独立中队及粤汉中队又从两边紧追过去，当场打死、打伤了10多人。在一片"缴枪不杀""优待俘虏"的喊声中，对方大部分人都惊惶万状地举手投降了，只有几个老兵痞继续顽抗，被林伙荣和卫生员朱慧娟等打死。张汉良在公路涵洞里被俘。伏击战斗半小时就胜利结束了，六角水方向又传来了二平中队阻击张汉良援兵——驻新丰县保安营机枪连的枪声。丘松学当即命令留下少数人打扫战场，其余从两边高山向新丰县画眉堂敌后迂回过去，国民党军害怕归路被断，立即调头逃跑。

这次战斗，除被当场击毙 16 人外，张汉良等其余 46 人被俘，经教育数天后，大多给予路费并释放，但张汉良的秘书贺正明及一名副排长和士兵 10 多人要求留下，经批准加入游击队伍。此次伏击战缴获武器有轻机枪 3 挺，枪榴弹筒 4 支，枪榴弹数 10 个，还有步枪、手枪 30 多支，子弹一批。游击部队人员谭伙、严李保、罗房新 3 人光荣牺牲。叶发、林伙荣、林观仁等 3 人负伤。

战后，部队及群众在栏河洞召开庆功大会，经指战员评定并张榜公布立功受奖名单。立特等功的有谭伙、严李保、罗房新 3 人，谭伙被追升为排长；立一等功的有林伙荣、林观仁、叶发、朱慧娟、高华亮等人；立二等功的有李东、陈留保二人。粤汉中队的小鬼班立集体三等功。

杨梅潭全歼张汉良等人伏击战胜利的消息很快传遍北江地区，影响很大，鼓舞了士气，有力打击国民党反动派的嚣张气焰。杨梅潭伏击战的胜利对转变江北地区的形势起了重要的作用，是江北地区反"围剿"斗争由被动转向主动的里程碑。

杨梅潭战斗胜利后不久，由黄柏直接指挥，由陈华（梁陈华）、李忠带队，众人穿上缴获的敌人服装，化装成国民党军队，去消灭新丰县的两头乌地主陈阿阜的反动武装。巢郁文化装成连长巡视敌人住所，暗中布置好歼灭工作。随后在宴会上，战士们顺利俘获全部敌人，收缴了 30 多支步枪、一支驳壳枪和一批弹药。反动中队长陈波（陈阿阜之子）被押送团部枪决，其余俘虏在接受教育后被释放。从此，两头乌解放，此次战斗为两头乌地方的党组织工作带来了便利，也减少了蓝田受到的威胁，使蓝田与两头乌、六谷乡连成一片。

杨梅潭战斗胜利的消息，不仅使龙门、从化两县政府极为震惊，就连国民党广东省政府也被惊动到。从此，驻扎在吕田的敌人再也不敢轻易出动，此役的胜利初步扭转了保乡队的被动局面。趁着胜利之势，保乡队一个个拔掉敌人据点，为解放龙门城铺平道路。

与此同时，辽沈战役胜利结束，淮海、平津战役胜利在望，蒋介石顾此不暇，重兵集中前线，华南地区兵力较弱，国民党军起义日众，共产党游击区逐步由点线延伸成面，由小块连成大片，已经出现数县相连的解放区。蒋宋的第一、二期"绥靖计划"被彻底粉碎。这时，从化县的上层国民党人物，如欧阳磊、谢伟松等人，亦被迫缩短防线，在良口以下谋求偏安。一些略识时务的人更是预留后路，一面暗中派人或亲自与共产党秘密联系，请求原谅，一面又在外面准备巢穴，以便逃亡。唯有何作禧一类国民党武装头目，仍不知死期将至，像盲兽瞎鱼一样，到处乱撞。坪地战斗以后，何作禧还多次参与袭击共产党税站人员，率队到良口北斗、石岭、大芒坳和鸭洞等地，伏击共产党武工队或人数较少的过路部队，妄图阻止共产党南下大军向南发展。

扩大军政建设，支援解放广州

一、主动出击从南

随着粤赣湘边区和粤赣湘边纵队（简称边纵）的成立，原广东人民解放军江北支队改编为中国人民解放军粤赣湘边纵队东江第三支队。原江北支队第三团也相应改称为"中国人民解放军粤赣湘边纵队东江第三支队第三团"（简称东三支三团），并于1949年春节后，在龙北蓝田召开庆祝、庆功、动员三结合的大会。

接着，东三支三团奉命上调独立中队150多人和粤汉中队130多人，分别编入支队直属的独立第一营第一连和第三连。1949年3月下旬，丘松学也上调边纵主力，由政委马达兼任团长。6月，江北地委和支队司令部派钟育民任三团政委兼从化县委书记，马达任团长。

部队整编后至6月以前，东三支三团只有二平中队和龙北农民反"三征"人员自动组织起来，以罗达强为中队长、罗沛溪为指导员的抗征队等两个中队留下在从北、龙北。尽管在边纵成立后，武装部队一再上调，但随着全国形势的发展，地方党和群众的情绪高涨，地区的革命斗争仍取得一系列的胜利。

首先是再次解放并控制吕田、流溪两个大乡。杨梅潭战斗后，地下党派出巢桥、巢效文带领民运工作队，深入吕田圩一带活动，宣传革命形势和党的方针、政策，发动群众抗丁、抗粮、抗税，警告乡长、保长和自卫队不得作恶害民。同时又派出武工队深入到流溪乡和良口的石岭一侧活动。从化县县长谢伟松感到对吕田一带鞭长莫及，更怕驻扎吕田的县警中队和乡自卫队被共产党消灭，便下令县警李祯华中队和流溪、吕田两乡自卫队及乡公所人员撤到良口圩，组织吕田、流溪、良口三乡联防自卫大队，作为保卫国民党县政权的前哨。从此，吕田、流溪两个乡被全部解放。

1949年3月，博罗上坪战斗大捷，从根本上扭转了江北区的被动局面。当时，东三支在龙博红头岭集中，召开团以上干部会议和主力部队整训。敌人发现后，纠集1200多人的兵力进攻，分三路合击，企图一举吃掉东三支的主力。支队发现敌人来犯，召开了团以上领导干部会议，决定集中优势兵力，消灭其进犯的一路。于是主力部队1200多人集中起来，配备轻机枪六七十挺，用地雷战术等，选定在上坪一条狭长的袋形山径伏击。伏击的第一天，敌人没有出现，第二天由国民党独二团中校营长申光领队进入伏击圈。军号声中地雷炸响，机枪对敌人进行密集扫射。经过半个多小时的激烈战斗，敌人独二团申光所带的1个营部、1个加强连、1个炮排和2个反动自卫中队被全歼，营长以下300多人被俘虏，六七十人被击伤击毙。战斗缴获八二炮1门、六〇炮2门、重机枪4挺、轻机枪10多挺、步枪200多支、无线电台1部，弹药一大批。其余两路敌人闻风丧胆，连夜逃回巢穴。

上坪战斗胜利之后，东三支主力第一营输送边纵主力第三团整编，丘松学带着主力第二营和九连部队1个营、粤北支队1个营合编为边纵主力第六团，王彪任团长，陈中夫任政委，丘松学任副团长，魏洪涛任政治处主任。

四五月间，地下党和部队派出3个武装工作队深入从南、从西直到花县、禺北一带活动，并收到预期的效果。一个是先由团参谋巢郁文、特派员林伙荣等组成，后由巢德麟为指导员、陆日新为队长的从南武工队。队员有陆伍荣、陆日强等人，他们活动于石坑、双凤、钱岗、太平场、禺北一带。陆日新是大学生，参队前是广州五仙门发电厂的工程师，他在从北、从南，特别是从南的群众中有较高的声誉，与从化县的上层人物也有一些关系。因此，他曾以同宗关系，秘密约请县参议长兼温泉中学校长陆伟回钱岗会面，晓以大义。又约到了太平乡自卫中队长陆某面谈，教育他不要与共产党及部队为敌，陆某答允互不侵犯，从而减少了共产党军队向南发展的阻力。从南武工队由 5 个人发展到 30 多人。另一个是以冯康为队长的从西武工队，活动于良口的石岭、民乐的潭口、鳌头至花县一带。还有一个是由副团长甘生带领的武工队。这三个武工队都做了大量的政治宣传、发动农民、争取分化国民党军、扰乱国民党军等工作，他们机动灵活，来去频繁，使从化县城一带风声鹤唳，国民党军惶惶不可终日。

5 月，东三支三团、四团部队配合开辟了新区。东三支司令员黄柏率领三团二平中队和抗征队开赴滘江地区与四团狮子队汇合，先袭击了从化县城附近的二七圩（陂下），打开了国民党的粮仓，将粮分给当地群众，威震从化县城。随后又开到滘江地区，扬言攻打四九圩，使四九乡乡长黄仲华、自卫队长陈海等闻风逃窜。

二、解放良口圩

1949 年 4 月，人民解放军百万雄师胜利渡过长江，随即解放南京。国民党政府逃来广州，妄图作垂死的挣扎。他们把一些军队及地方团队部署在广州外围，企图阻止南下大军进军广州。良口圩地处广韶公路要冲，也是粤北通往广州的门户。这里两面是陡峭的高山，中间夹着流溪河，沿良口圩西侧蜿蜒向南流去。地势非常险要，历来是兵家必争之地。但盘踞良口的是县警李祯华中队和吕田、流溪、良口3个乡的乡公所人员及这3个乡的自卫队，国民党军当时的部署是：一个连及两个乡自卫队100多人驻良口圩。在西南的米埗圩还驻有一个县警何作禧中队，互成掎角之势。国民党军仗着良口的险要地势，认为共产党军队无法攻打他们，便作威作福，欺压百姓。为了解放良口，1949年5月初，东三支三团与四团配合，袭击从化二七圩（陂下）并消灭圩内的自卫队，前哨直逼从化县城街口镇，国民党县政府惶恐不安。接着东三支三团与四团部队到四九乡活动，四九乡乡长及自卫大队长恐被围歼，连夜逃窜。二七圩（陂下）及四九圩被东三支三团与四团部队打开后，其军事地位已十分孤立，加以何作禧中队杀害四团黄渠成、林科等10多人，一贯气焰嚣张，共产党军民义愤填膺，要求给予毁灭性的打击。此外，良口不解放，将严重阻碍东三支三团和四团部队向南扩展。

为了做好战前准备，司令员黄柏一方面把队伍带回马鞍山潜伏待命，麻痹国民党军；一方面由地下党员胡斯增和巢海周与撤到良口的吕田乡公所人员夏昌隆及自卫中队队长吴华沟通，此二人曾与共产党有过联系。要求他们改变哨位，把良口圩南边的岗哨改由吕田自卫中队负责，以便接应部队进入圩内。

6月2日，黄柏下达远途奔袭的命令。3日拂晓前部队到达良口南边的山坳，派人与吕田自卫中队接上头，再次了解到县警中队长何作禧也于前夜来到良口打麻将，部队立即从石桥进入。按照部署，马达率领以卢毅为指导员、李观保为队长的二平中队主力，负责攻打乡公所，并派一个班占领南面鸭洞附近的高地，警戒米埗以下国民党军的支援。以甘生为指挥、由指导员陈国坚率领的狮子队，沿河边穿入大街，攻打驻扎粮仓的县警李祯华中队。抗征队负责外围，一部分占领良口北边的小山，另一部分作预备队。原三团医站站长黄锦随指挥部行动，随时准备救护伤员。部队的行动机密神速，二平中队冲进乡公所时，何作禧等人还在打麻将，部队李观保、陈彬等人突然一声高喊"缴枪不杀"，吓得对方个个不敢动弹。其间一个卫兵妄图顽抗，被李观保一枪打倒了，何作禧等人被俘。

与此同时，狮子队由指导员陈国坚率领，以小队长黄利韶、班长黄谷深、副班长戚成安及该班战士组成的突击队，则沿河边转上大街。黄利韶紧跟着一个外出返回粮仓的国民党兵，准备将其生俘。恰在这时，良口乡公所里响了一枪，国民党兵回头见有人跟着便慌忙拔脚逃命，黄利韶朝他开了两枪，该国民党兵踉跄地跑回福音堂去了。随后国民党军以机枪火力封锁大街，拦阻突击队前进，副班长戚成安中弹倒地，突击队就地展开了战斗，正面吸引国民党军。连长廖诗添率队沿河边迂回，从各店铺后门进入，步步逼近福音堂，并以火力封锁福音堂正门，国民党军被完全包围。天亮后国民党军曾以枪榴弹猛轰大街，企图突围，但正门已被突击队火力封锁，无法出来。部队及时展开政治攻势，瓦解国民党军士气，并搜集了燃料，如国民党军不投降，便用火攻。驻米埗圩的国民党军曾派一个排来增援，但被警戒分队阻击，退了回去。战斗直到天亮，部队领导通过商会人员找到李祯华劝降，在共产党强大的军事和政治压力下，上午 10 时许，李祯华率部投降。

这次战斗全歼国民党军一个县警中队及 3 个乡自卫队共 100 多人，缴获机枪及长、短枪共 100 多支，李祯华等投降及被俘人员经教育后全部释放。何作禧被押解至博罗县横河圩，在群众大会公审后枪决。部队二平中队 3 人受伤，狮子队黄世超、徐志权（佛冈县西田村人）受重伤抢救无效光荣牺牲。

三、武装部队向南前进，准备迎接南下大军

良口战斗后，二平中队（原指导员卢毅调团部，由张仪接替）上调东三支编入独立第三营，开到增、龙、博等地区活动，抗征队调回龙门参加解放龙门县城的战斗。从北地区武装力量由三团政委兼从化县委书记钟育民、政治处主任巢海周继续组织扩大部队，部署向南伸展。他们以莲麻坝、塘基背、三村、半洞陈的民兵为基础，发动吕田地区的群众1000多人（因雨季大家都身披蓑衣，被群众誉为"蓑衣大军"）在马鞍山镇安圩召开大会，大讲当前革命形势，号召群众参军，动员各地做好支援前线的准备，迎接南下大军，支援解放广州。会后立即报名参军的有100多人，当即编成两个中队，任命路华为第一中队（又叫伦敦队）队长，卢毅为指导员；巢昌为第二中队（又叫加拿大队）队长，先由路明、后由林伙荣任指导员，还任命一批排级干部。在民兵中挑选一部分较好的武器，把这两个中队武装起来。经过数天训练，这两个中队便由钟育民、巢海周率领，步步为营地向良口、米埗、温泉伸展，广泛深入地开展宣传发动群众的活动，进驻温泉别墅、陈济棠洋房等处。后国民党军一五四师从街口北上，与第一、二中队的哨兵接火，因双方力量悬殊，第一、二中队向石岭一带收缩，伺机再前进。考虑到部队力量不足，加以迎军支前任务紧迫，两个中队暂时只在良口以上一带活动。

在活动中，党组织也注重宣传、鼓励群众参军，争取国民党部队的积极分子，扩大党的力量。宣传确实起到很大作用，争取到很多国民党的积极分子。

陈鹏是当时清远县滨江区泰安乡乡长兼自卫大队长陈泽和的儿子，就读于韶关师范。他和粤赣湘边纵队北一支队领导人早有往来，对革命形势和共产党的政策有一定认识。陈鹏的同学熊燎

在东三支四团司令部政治处负责群运与统战工作。陈鹏和熊燎商谈策动父亲起义的事后，于1949年春带着8名大学同学回乡做父亲陈泽和的策反工作。而与此同时，二三月间，东三支四团黄信明部的地下工作人员刘镜如、刘任、黄信珍、黄新尧、范超等经常出入清远县滃江区副乡长兼自卫队副大队长陈建宁的家中，做他的宣传教育工作。陈建宁在地下党的宣传影响下有心投靠共产党，秘密地和四团游击队来往，但还未能向大队长陈泽和说明此事。于是被儿子陈鹏说动的陈泽和与陈建宁最终不谋而合，决定起义。

4月间，陈鹏和几名大学生直接去北一支队找司令员何俊才不遇，找到政治部主任林铭勋。林铭勋指示：动员陈泽和、陈建宁起义，参加革命是好事，对清远、从化、佛冈的县政府是个沉重打击。党会大力支持陈鹏、陈泽和、陈建宁等的行动，保证起义顺利。之后还建议他们加入东三支四团黄信明部。得到指示后，陈鹏立即通过东三支四团地下党员刘镜如、范超、黄信珍等与四团团长黄信明取得联系，准备起义。

对起义队伍威胁甚大的是滃江区保安营，营长谭砥纯十分反动，杀害了不少革命者。有一个时期，陈泽和、陈建宁两人还做过保安营策反工作，但碰了钉子，反被谭砥纯发觉他们有投靠共产党的动机。但是他们并没有停止活动而是加快起义的准备工作，确保起义的胜利。

1949年7月的一天，滃江区警察长李再芳等人到龙潭、鳌头等地巡视，把谭仲通扣留关在泰安乡公所，准备下午押去龙山区政府。陈泽和、陈建宁两人当机立断，释放了谭仲通，命令部队立即起义，并通过地下组织联络人员把这一行动向东三支四团团长黄信明报告，黄信明派出黄积年率领游击队接应起义队伍。部队起义后立即派一班人去高平附近埋伏，阻击龙山的国民党军，并剪断电话线，切断龙山的国民党军和龙潭、鳌头的联系，还截击李再芳等人，结果李再芳等绕路逃回龙山区政府。起义的成功，一方面给清远县政权和谭砥纯反动武装沉重打击，另一方面也壮大了革命队伍的力量。

1949 年夏末秋初，江北地委根据形势发展的需要，调整充实了地委、县委及部队的领导，钟育民调任支队政治部主任，马达任从化县县长兼三团政委、团长，甘生任副团长。胡斯增、巢海周为县委委员，胡斯增兼任县委组织部部长，巢海周任副县长兼三团的政治处主任。随后领导们全部集中在吕田研究如何组织支援前线等工作，部队亦要抽人参加，只好暂缓向南伸展的军事行动。

四、建立地方政权和开展支前工作

从化县革命政权的建立，是随着大军即将进入广东，以及杨梅潭战斗后，敌军全部撤走，从北包括龙北地区已基本被党组织控制的情况下开始的。1949 年 2 月，吕田乡人民政府成立，任命潘国湖为乡长，巢效文、罗学为副乡长，路明为指导员。接着陈洁（即陈景渐）带领工作队到各村成立村政权和农会，推翻国民党政府的保甲基层组织。

从化县人民政府自 1949 年 5 月成立后，便立即着手准备接收从化县地方政权和支援南下大军解放广东省的工作。7 月 22 日，中共中央华南分局发出《关于加强准备迎接南下大军的指示》。为了加强对上述工作的领导，中共从化县委和县人民政府按照上级指示，成立从化县军事管制委员会（简称军管会）和从化县人民迎接南下大军支援前线工作委员会（简称支前委员会）。县长马达任军管会主任，副县长巢海周任军管会副主任兼支前委员会主任，陆日新任支前委员会副主任。

八九月间，中共从化县委、县人民政府、东三支三团和县支前委员会等有关单位领导集中在吕田开会，研究关于发动群众完成支前任务的问题。支前任务主要有五项：筹集足以及时供应大军的粮、油、肉、菜、柴火、草料，组织沿途供应站，组织抢修公路、桥梁，组织民工大队，组织带路、侦察小分队支前。这五项任务是艰巨的，当时已解放的吕田、流溪两个乡在积极做好支前工作。

10 月 12 日，中国人民解放军第四野战军第四十四军第一三二师到达吕田后，从化县委和三团立即派出卢毅、林伙荣各率领一个小分队，负责带路、侦察联系等工作，又带领三九五、三九六团到古田、溪头、鸭洞口等地执行战斗任务。随即县委又抽调吕田、流溪两乡的党员、干部、农民群众组成四个民工大队，由罗鹤、巢泉清任正、副大队长，随军担负运送物资和抬担架等任务。据统计，从化县为南下大军筹集供应粮食 2.56 万担，柴草 5900 多担，猪肉、蔬菜等一大批，为部队进军广州提供粮食。这是吕田及从化县人民为解放从化县和广州而作出的重大贡献之一。

五、云台山之战解放全从化

1949 年 10 月 12 日，中国人民解放军第四野战军第四十四军第一三二师到达吕田一带，任务是先歼灭从化县境之敌，后参与进攻广州之役。当时国民党军第一〇七师第三二一团驻守在良口、米埗、温泉、街口等地；另一个团驻增城派潭一带，作为第三二一团的后援。第四十四军第一三二师进行了作战部署：先包围切断，分股歼灭温泉以北之敌，再歼街口以南之敌。陈李中、马达等命令卢毅、林伙荣等各率一个小分队，带领第三九五、三九六团出战。经古田、溪头、鸭洞口后，两个团即分头执行战斗任务。

当日 21 时 15 分，第三九五团一营进抵云台山下的宣坑村，在察看地形过程中，获悉国民党第三二一团驻良口、米埗、温泉以上之敌正在撤退。第三九五团立即命令一连一排抢占佛仔坳阻击敌人。二排、三排占领佛仔坳南边高山后向敌人开火，并向街口方面警戒。敌知退路有阻，即派两个营抢占云台山，二连、三连向敌人发起冲锋，战斗十分激烈。天将黎明，第三九五团三营从东南方斜插，俘敌一部。敌人开始动摇，沿河边向街口方向逃走。

这时，第三九六团已奉师部命令赶到，在水底村背后及茅园等地打击敌人。敌人急忙退出与街口之敌一起逃窜，第三九六团赶到神岗一带堵截，因休整吃饭时警戒不周，被敌人一个连潜逃。至此，从化全境解放。

据统计，此次战斗共击毙国民党军官 3 人，士兵 282 人；俘虏军官 4 人，士兵 230 人。缴获连射炮、迫击炮、六〇炮、火箭筒、掷弹筒、马步枪、短枪、讯号枪、自动步枪、冲锋枪、轻机枪、重机枪、枪榴筒、汽车、电台、总机、单机、手榴弹、山炮弹、迫击炮弹、六〇炮弹及各种子弹等一大批。

而第三九六团负伤连干部 3 人、排干部 8 人、班以下 98 人，合计 109 人；光荣牺牲的有连级干部 1 人、排干部 4 人、班以下 45 人，合计 50 人。其中第三九五团一营一连连长杨金枝，在四平街作战时荣立三个大功，被授予毛泽东奖章。

1949 年 10 月 13 日上午，地方党政干部及武装部队转地方工作的人员，陆续进入从化县城街口镇。下午，陈李中、马达等率领大部分工作人员及武装队伍入城，群众夹道欢迎，鸣放鞭炮，欢庆解放。

吕田人民在解放战争中的作用

一、吕田乡民兵常备队为解放大军做南下向导

解放战争时期，吕田乡青壮年踊跃参军投入战斗。1948 年初，吕田乡与地派乡组成民兵队有 1000 多人，在此基础上成立民兵常备中队，编号汤姆生队。初秋，东三支三团在以加拿大中队为基础，将胶济队和莲麻坝民兵常备队勾机大队合为粤汉中队，把加拿大中队队长巢昌（塘基背人）抽回团部。巢昌根据三团领导指示，在吕田、流溪两乡组织民兵常备队——伦敦队。此后，三团 4 个主力战斗中队全部先后调给边纵和东三支主力部队，只留有警卫排和吕田地区民兵常备队伦敦队。

伦敦队先后在吕田、流溪两乡发展队员近 100 人，活动于龙、从边区。1948 年八九月间，伦敦队抽调 30 人补充抗征队，在吕田狮象村同流溪乡的民兵常备队西京队合并，后又将原西京队整编为一个排 30 余人，调至东江再次补充抗征队。1949 年初，从化县吕田乡解放，2 月成立乡人民政府。三团政委钟育文、政治处主任巢海周（团长马达率抗征队参加解放龙门城战斗尚未归来）在吕田马鞍山召开吕田地区民兵与群众大会，动员青壮年参军，解放从化、广州。会后有 100 余人报名参军，钟育文、巢海周当即以警卫排和吕田民兵常备队伦敦队为基础，将报名参军的青年人编为两个中队。1949 年 10 月 11 日，解放广东的南下大军

到达吕田，这两个中队为南下大军做向导。13 日，南下大军解放从化，14 日解放广州。当年 5 月在吕田成立的从化县人民政府也随军南下进驻街口镇，吕田乡民兵常备队完成了历史赋予的任务。

二、吕田税站为部队提供经费

抗日战争结束后，1946 年蒋介石撕毁停战协定，发动全面进攻解放区的内战。为此中共广东区党委作出恢复武装斗争，建立根据地的决定。东三支三团决定并报经上级批准，在吕田地区建立税站，以所收的税款来解决三团的经费不足问题和筹集来往部队的供给经费。

1946—1949 年，东三支三团在吕田建立的税站有 1 个总站、5 个流动分站和 3 个临时小站。税站主要收取来往交易的布匹、杂货、生猪、药材、烟草等交易税。税率为交易总额的 5%，以进货单款计算（无进货单的按最低价计）。税站按地段设站，总站设在团部，谭正平任总站长，负责管理各流动分站和临时小站的行政事务工作。在广韶公路吕田路段的两端设西、北两个流动分站，负责收取来往车辆的货税：西站设在马鞍山，站长谭正平（兼）；北站设在莲麻坝，站长潘池、罗清。各地来往小贩的交易税由东、南、小杉和临时小站收取：东站设在横溪暗坎树，税站负责人吴发；南站设在官洞村，站长胡可生（又名胡伯添）；小杉税站设在小杉凹子，站长李民；临时小站分别设在大水桥、慈坑、温塘肚等地。

税站建立后，每个税站配备两三名收税员，有些税站的税员在开展税收工作时被捕，但在国民党自卫队的威逼利诱下仍坚决忠于党的事业，有的献出了宝贵的生命。1946 年，东边税站的税收员罗裔祥在横溪暗坎树收税时被国民党自卫队夜袭受伤被捕，面对严刑审讯要求说出游击队的情况时，罗裔祥坚贞不屈、守口如瓶，被国民党自卫队杀害，年仅 15 岁。西边税站的巢罗生 1946 年在马鞍山税站工作时，被国民党军队及县大队袭击，中弹后牺牲。南边税站站长胡可生 1949 年 4 月在官洞收税时与国民党自卫队发生枪战中弹身亡。北边税站收税员潘启南 1949 年在莲麻坝收税时，遭国民党军杀害。

经过几年艰苦工作，东三支三团吕田税站的人员用鲜血和生命换取了税款 4.5 亿元（国民党旧币关金券），解决游击队开展武装斗争活动经费不足和往来供给问题，有力地支援全国解放战争。

三、中共从北交通站传送重要情报

1944 年冬，日本帝国主义侵华已面临失败，根据中共广东省委指示，从化北部地区的革命组织迅速恢复，开展武装斗争。为配合各级党组织的活动和抗日游击队活动，进一步扩大和发展武装队伍，在从化吕田圩天然饭店设立中共从北交通站，由巢海周负责交通站的工作。此外，以天然饭店为枢纽还建立一批地下交通站，其中如塘基背交通站，由吕田巢德麟担任塘基背交通站站长。交通站的任务是以饭店为掩护，以便联络各方，传递信息和任务。从化与花都地区的情报送达从北交通站后，再向塘基背交通站传送，由巢德麟将情报转交驻塘基背根据地的负责人。中共江北地委委员兼从滘花分委书记陈枫，从化县第一任县委书记陈江天、第二任县委书记罗明林都先后隐蔽在这里，生活成本由巢德麟家解决；分委或县委的指示都由巢德麟经手分发出去。塘基背地下交通站实际已成了从滘地区、从化县地下党的活动中心。其间，地下党在玻竹塘山和耕田摆分别办了两期训练班。交通站人员克服困难，为训练班搭茅棚、筹粮、运送物资，做好保卫保密工作。东纵五支队北上会师路过此地，交通站人员为过境部队提供粮食、情报、解决向导问题等。尤其是 1945 年秋冬间，西北支队北上会师未遂，120 多人的队伍折回东江途中在吕田休整近两个月，巢德麟费尽心思为部队提供住所、生活供给、厨炊用具等，单供给稻谷就有 5 吨多。为了解决部队的给养，巢德麟不但将家养的猪和耕牛卖掉，甚至忍痛将 5 岁的亲生女儿许给人家做童养媳。他把自己的一切全部奉献给了党和革命。

解放战争期间，中共从北交通站多次传递重要情报，为队伍作战成功作出了贡献。如 1947 年 2 月拔除石坑圩韶溆乡公所、1948 年 12 月在杨梅潭活捉新丰县县长张汉良、1949 年 6 月在良口圩活捉国民党县警中队队长何作禧等战斗的情报，均由中共从北交通站送出。

4

第四章

初步探索三十年

　　从中华人民共和国成立到党的十一届三中全会召开，从化的革命老区走过了艰难曲折却卓有成果的建设发展路程。从人民政权的建立到基础设施的完善，从农林水电的发展到医疗教育的完备，中共领导下的老区人民艰苦奋斗，使得这片曾经偏远而贫瘠的地区显露出勃勃生机。

第一节 建立及巩固人民政权

吕田等革命老区在战争年代是中共在广东重要的活动基地，在从化的解放和最初的政权建立过程中也有着不可替代的重要作用。吕田乡人民政府是从化最早成立的人民政权，也是从化推翻国民党政府基层组织的桥头堡和先锋队。从化县人民政府最先在吕田地区成立，数月后才随着从化的解放迁入县城。此后吕田乡等革命老区紧跟从化县人民政府的步伐，建设完善吕田地方政权，展开减租减息运动、清匪反霸斗争，迅速巩固政权。

一、设立机构

（一）政府机构初步架设

1949 年 10 月 13 日，从化全县解放，隶属广东省北江临时行政委员会和中共北江地委管辖。中共从化县委机关进城后驻街口松柏堂村西溪祖祠，陈李中任县委书记，县委委员有陈李中、马达、巢海周、胡斯增、巢德麟。县委机构设组织部和宣传部，胡斯增任组织部部长，谭枫任宣传部副部长（部长未任命）。县委领导接管工作有序进行。

同日，从化县人民政府从吕田迁至县城街口镇城内原国民党县政府驻地（孔圣殿东侧，后拆建为从化中学），马达任县长。全县废除民国期间的保甲制度，县政府派出干部先后接管国民党县政府设置的 16 个乡政府，改称为乡人民政府。

县政府有计划地先后接管旧县府、法院、警察局和民政、财政、建设、教育、田赋、户籍等科室。在接收的基础上，县政府下设秘书室、民政科、建设科、文教科、财政科、粮食科、税务局、公安局、邮政局、电话所。

各区人民政府设正、副区长各 1 人，下设民政、财政、建设、教育、干事各 1 人，还有文书、会计各 1 人。各乡人民政府设正、副乡长和指导员各 1 人，下设民政、财政、建设、教育、干事各 1 人。

接管后用 10 天时间，县政府在全县设置 5 个区 16 个乡，其中吕田与米埗、良口、流溪这 4 个乡隶属北区，区政府设在良口圩。乡以下设立辅助机构——村政府 250 个，三个月内全县建立村政权。

就这样，以游击时期建立起的吕田乡村政府为先导，中华人民共和国成立后在紧急的支前情况下由上而下搭建起来的其他乡村政权为后续，县委完全掌握了区、乡两级政权。

（二）地方机构逐步完善

基层建设无法一蹴而就，从化县各地的建设进度并不相同。

作为革命老区的吕田地区在党政建设方面较为领先，部分机关单位的建设与从化县同步，而有些机关单位的建设则相对较晚。

1949 年 10 月 25 日，县政府接管国民党地方法院。11 月中旬建立县政府临时法院。1950 年 1 月，县政府临时法院撤销，建立县法院。1951 年 2 月，全县 5 个区（后为 6 个区）设立区人民法庭。1953 年，土改结束后，区人民法庭撤销。是年 12 月，县内第五、六区成立第三巡回法庭，实行定时、定员就地审判，方便群众诉讼，并由各区选出若干名人民陪审员，实行人民陪审制。此后至 1975 年，吕田才增设地方的人民法庭。

1949 年 11 月，县税务局成立，有工作人员 22 人，局址设在街口镇南路惠祥店，在 1950 年迁至东成路（旧名鱼梁尾附近）。县税务局内设税政股和会计股，下设南区、西区、北区 3 个税务所和吕田、鸡笼岗 2 个税务站。

县征粮总处成立于 1949 年 11 月，1950 年易名粮食科，同年 10 月称县粮食局，下设街口、太平、神岗、良口、吕田等 5 个粮仓，共有干部职工 30 人。

1951 年，县城街口镇首先成立店员、手工业、建筑、搬运、民船、碾米等行业基层工会。其中店员、手工业会员较多，分设有分会，全镇共有基层工会和分会 14 个，会员近 800 人。太平场、鳌头、良口、吕田 4 个圩设工会办事处，有会员 300 多人。县总工会属下基层工会逐步建立和健全。

二、巩固政权

（一）减租减息

1949 年 11 月 16 日，中共从化县委举行扩大干部会议，向与会者介绍从化县政治经济等基本情况，分析全县政治形势特点，并作出关于减租减息、征收公粮、收缴武器和剿匪巩固治安等决定。同日，县征粮总处成立，吕田设立征粮分处。

1950 年 1 月 9 日，从化县展开减租减息工作，县委要求全县干部要深入发动群众，切实改进作风，正确执行政策。1950 年，县农民协会、各区农民协会先后成立，村农会除 3 个村没有建立外，其他村都搭起了架子；不过乡农会仅吕田、良口有建立。截至 1950 年 3 月，全县 5 个区中除吕田所在第五区有农村党员外，其余各区只在区机关有少数党员，党组织尚未向社会公开，只设党的区工作委员会。

吕田乡在减租前有 70% 贫苦农民靠借贷过日，减租后人民生活得到改善，仅 30% 农民还要借贷。减租减息运动中，全县农民获得减租稻谷 4117.3 吨，退押稻谷 7.85 吨，废债稻谷 79.6 吨，广大贫苦农民得到实惠，群众积极性被调动起来，他们以主人翁姿态踊跃参与反霸斗争，从而保证党的各项政策在农村顺利贯彻落实。

（二）清匪反霸

在减租、退押、废债运动的同时，从化全县还开展中华人民共和国成立后的清匪反霸斗争。

中华人民共和国成立之初，从化辖区内国民党残留的反动势力猖獗，土匪作乱，恶霸横行，由地主恶霸、兵痞组成的土匪组织还不时进行骚扰破坏，他们采取各种方式扰乱社会治安。匪患严重威胁着新生的从化县人民政权。

1950 年 2 月，黎晓初任从化县委书记，县委继续以巩固新生人民政权为中心开展工作。3 月初，中国人民解放军三八八团进驻从化，协助县委、县政府开展清匪反霸斗争。县地方武装积极配合中国人民解放军歼剿土匪，平息匪乱。

民兵组织大多数是在各种群众斗争中经过动员组织起来的，而且经过审查，比较可靠。1950 年从化全县有 182 个村建立了民兵组织，有民兵 3879 人。全县民兵积极参与反霸斗争、防洪抢险、生产自救、巡逻治安和各项生产运动，为巩固基层政权作出重要贡献。其中，吕田乡、和平乡员村、司南乡木棉的民兵在协助大军剿匪、征粮方面，取得不错的成绩。

1950 年，吕田地区破获一个宣扬"仙法"练武以图谋暴乱的组织"三点会"，逮捕道首 5 人，缴获证件 10 份，符棍 1 条，自首登记道徒 103 人，反动会道门由此被取缔。4 月间，在米埗乡格木岗村击毙反动会道门仙法大刀队的为首分子，俘虏另 2 名为首分子及土匪 38 名，并缴获武器一批。至此从化北片土匪基本肃清。

三、县人代会召开

1950 年，从化县委先后召开了三届的各界人民代表会议，贯彻县委各时期的中心工作，落实中华人民共和国成立初期民主建政和施政的重要措施。1950 年 4 月15—18 日，从化县第一届各界人民代表会议召开，各界代表 170 人出席会议，中心议题是清匪反霸、生产救灾度荒、巩固新生政权。8 月12—14 日，从化县第二届各界人民代表会议召开，234 名各界代表出席会议，中心议题是贯彻合理负担政策，实行减租和完成征粮任务。11 月10—12日，从化县第三届各界人民代表会议召开，180 名各界代表出席会议，中心议题是贯彻减租，完成征粮任务，支援抗美援朝，清匪反霸，兴建水利，扩大冬种面积，整顿工商业。三届各界人民代表会议的顺利召开，体现出民主建政和人民当家作主的新面貌，对巩固新生的政权和恢复从化经济起到重要的作用。

中华人民共和国成立后，中共从化县委积极而迅速地在区域内实施一系列民主建设工作，巩固基层政权。虽然也遭遇一些波澜，但在党的领导下，新生的人民政府很快站稳脚跟，得到全县人民的拥护。

土地改革与社会主义制度建设 第二节

以土地改革作为第一步，从化很快展开了对社会道路的探索，陆续完成三大改造，重点是发展农业。借助一系列政策的推行，从化的经济民生得到一定程度的恢复与发展，这也为日后社会主义经济的进一步发展奠定基础。虽然因为有着相应的革命经历，吕田等革命老区在土地改革阶段的表现较其他地区有一定优势，在农业政策方面由于自身情况得到一定的政策倾斜，但总的来说，在这一期间内，吕田革命老区与从化其他地区的政策推行进度是大致相当的。

一、土地改革

从化从 1949 年 10 月 13 日全县解放开始，便进入为期三年的国民经济恢复时期。

从化县委机关和县人民政府从吕田迁入县城街口镇，同时着手建立区乡政权，接管国民党的粮食、税收、邮电等经济部门，没收官僚资本，接着在农村开展减租减息、退租退押的"八字运动"和土地改革运动，全面进行查田定产，按产计征公购粮，使农村生产力从封建生产关系束缚下解放出来，调动了广大农民的生产积极性。在城镇，县委、县政府组织开展民主改革运动，废除封建势力在城镇中的各种剥削制度和奴役制度，企业实行工人民主管理，并采取各项恢复经济的措施，包括实行工商业登记制度，成立国营专业贸易公司，发展城乡供销合作社，加强市场管理，打击投机倒把活动，控制市场物价。抗美援朝战争爆发后，又开展"精兵简政，增产节约"运动和"三反""五反"运动。通过上述一系列措施，全县社会经济明显好转，国民经济得到迅速恢复和发展。1952年，全县工农业总产值1805万元，比1949年增长29.76%，年均递增91%。

1950年6月，中央七届三中全会讨论制定土地改革法草案，后经过全国政协一届二次会议审议，中央人民政府委员会第八次会议通过，毛泽东主席签署命令，颁布《中华人民共和国土地改革法》，作为全国新解放区实行土地改革的法律依据。《中华人民共和国土地改革法》明确提出废除地主阶级封建剥削的土地所有制，实行农民的土地所有制，借以解放农村生产力，发展农业生产，为新中国的工业化开辟道路。从此，全国新解放区农村掀起土地改革运动。

广东也在全省范围内开展"清匪反霸、减租退押"运动，为开展土地改革做准备。

（一）从化土改工作的开展

从化农村土地改革运动前的状况十分糟糕，农民深受地主压迫。当时，大部分土地集中在少数人手里。1949年，全县耕地2.58万公顷，人平均0.15公顷。其中在土改运动中全县划为地主富农的共2700户，只占全县农户6.27%的地主、富农却拥有耕地共1.99万公顷，占全县耕地的77.13%；而全县中农、贫下中农和其他农户共有4.03万户，占全县农户93.73%，而他们却只有耕地5893.33公顷，只占全县耕地的22.84%。地主在政治上欺压农民，在经济上残酷压榨和剥削农民，敛聚势力，恐吓百姓，布置爪牙操纵基层政权。

1950年10月，陈奋任县委书记，县委以土改运动为中心工作。1951 年 3 月 22 日，县委成立土地改革委员会，由县委书记陈奋兼任主任。与从化县各区乡一样，吕田亦成立相应机构，领导土改运动。

从化的土地改革分三个阶段进行：第一阶段，清匪反霸、退租退押。首先派出土改工作队深入农村，扎根串联，与贫雇农同食、同住、同劳动，进行访贫问苦活动，宣传政策，发动群众，培训骨干，建立农会，组织阶级队伍，与地主阶级展开面对面斗争。对破坏土改的不法地主、恶霸，由人民法庭公开审判。第二阶段，划分阶级，贯彻依靠贫雇农，团结中农，孤立富农，打击地主的方针。第三阶段，没收地主阶级的土地、耕畜、房屋等财产，分配给无地少地及缺乏生产资料的农民。

全县土地改革运动的开展采用先搞试点，点面结合，逐步铺开，分期完成的做法。1951 年 4 月，为了配合土改运动，镇压不法地主反抗，从化县土改人民法庭（俗称"土改法庭"）成立，随后各区成立分庭。5 月，县委以南区的 170 个行政村为第一批土改试点率先进行。8 月 13 日，县委组成第二批土改工作队，分赴东、西、中各区，开展土改运动。11 月，马达任从化县委书记，县委中心工作仍是土改运动。

1952 年 3 月，从化县与佛冈县合署办公，党内实行统一领导，北江地委派副专员戴作民兼任两县县委书记（合署办公至 6 月结束），县委继续推进土改运动。8 月，李全善任县委书记，县委继续以土改运动为中心工作。12 月，北区的良口、吕田作为第三批次展开土改工作，与此同时，第一、二批进行土改的地区展开查田定产、查阶级划定、查民主团结、查颁发土地证等复查工作。

截至 1953 年 3 月，历时 1 年 11 个月的全县土改运动结束，剥削阶级垄断土地的封建私有制结束，贫苦农民分到了土地。

1953 年，全县耕地 2.58 万公顷，农业人口平均每人 0.15 公顷，其中地主阶级人均 0.11 公顷，富农阶级人均 0.16 公顷，中农阶级人均 0.14 公顷，贫雇农阶级人均 0.13 公顷。

土改具体工作的落实与推进也有宣传工作的一份助力。在县委宣传部的要求下，县中学等学校组织文艺宣传队，在暑假期间下乡进行土改和镇反宣传。宣传队围绕土改和镇反的内容编写与排练话剧、秧歌舞，拍制土电影等。从街口镇到麻村乡，从良口圩到三棵松，从吕田圩到三村洞，宣传队背着行李，拎着锣鼓乐器，抬着汽灯和道具下乡。虽然路途远，旅行疲惫，但是学子们始终干劲十足，保持着昂扬的乐观精神，为革命工作贡献出自己的力量。

通过土改运动，推翻地主阶级的封建统治、改革土地的封建所有制、消灭封建剥削制度的民主革命任务得以完成，农村基层政权和民兵组织建设得到加强，全县 95 个乡建立了新的乡政权和民兵组织。

（二）党建工作为土改保驾护航

始于 1951 年的从化土地改革，是在广大农村当时基本上还没有建立农村党支部的情况下完成的。土地改革开始时，除吕田区有几个在中华人民共和国成立前建立地下党支部和良口区联溪乡建有地下党支部外，其余各区、乡均未有建立党的基层组织。土地改革任务之所以能够按时完成，主要是由县委、区工委直接领导，派出数量庞大且强大的土改工作队直接落到农村，住贫吃苦，扎根串联，发动广大农民群众，开展声势浩大的土改斗争，扫除一切阻力，克服一切困难，直至完成土地改革任务。

一方面，工作队自身规范行为。县纪委先后多次组织开展党纪党风教育。1951—1953 年土地改革期间，县纪委举办短期训练班，开展批评与自我批评，检查一些党员在土改中违反政策、违反纪律的行为。在县直属机关、企事业单位通过开展反贪污、反浪费、反官僚主义的"三反"运动，检查党员的违纪行为。

另一方面，中共不仅规范有序地进行着土地改革，还进一步思考土改完成后要如何巩固土地改革的伟大成果，如何克服分田后农民在生产过程中遇到的各种困难和问题，如何进一步解放农村生产力，中共如何领导农民继续前进，如何引导农民走向互助合作，向社会主义过渡这些极为重要的课题。要解决这些问题，唯一的出路就是迅速在广大农村建立党的基层组织，使党支部成为战斗堡垒，成为领导核心，这样才能带领广大农民群众走社会主义共同富裕的道路。当时的情况表明，从化县广大农村基层建立党组织的时机已经成熟。

正当土地改革如火如荼进行的时候，县委、区工委及时发出指示，要注意物色和培养在土改运动中涌现出来的一大批农村积极分子，以便将来选定为入党发展对象。当时选定为建党对象的土改积极分子，大致有几种情况：苦大仇深，斗争坚决；历史清楚；能联系群众，在群众中有威信；作风正派，办事公道。土改结束后，各区、乡即按上述条件选定建党对象，填表登记，收集资料。当时，上级党委要求，各个小乡建党后成立的党支部，要有3—7个共产党员。有关的准备工作做好了，便可为即将开始的农村建党工作打下有利的基础。

1952年秋，从化县的土改任务基本完成。为了巩固土地改革的伟大成果，克服分田后农民在生产过程中遇到的各种困难和问题，进一步解放农村生产力，党和政府决定及时在广大农村建立党的基层组织，使党支部成为战斗堡垒，成为领导核心，领导农民继续前进，引导农民走向互助合作，让社会制度向社会主义过渡。

要建立广大的基层党组织，首先需要足够的党建人才。20世纪50年代，从化县划归韶关地委领导，当土地改革任务基本完成后，韶关地委立即成立韶关地区农村建党培训班，专职负责农村的建党工作。韶关地区农村建党培训班的班主任由当时韶关地委组织部副部长李冲担任，副主任由当时韶关地委的妇联主任刘碧担任。各县设农村建党培训班分班，从化县分班的班主任由当时的从化县委组织部部长胡斯增担任。分班下设两个大组，第一大组组长由胡斯南担任，副大组长由谭逊辉担任；第二大组组长由罗凡担任，副大组长由胡志光担任。大组下设小组，小组长由夏昌尧、伍群娣、邝秀环、林秋南等担任。县分班负责领导学习、辅导、组织小组讨论和生活管理等事项。

韶关地区农村建党培训班先举办了3期，每期的学习时间半个月左右。第一期培训班的地址设在韶关，第二期培训班的地址设在清远的源潭镇，第三期培训班的地址设在清远城。韶关地区农村建党培训班把全地区各县挑选送来的农村建党对象集中，分期分批进行培训。

培训班的学习课程主要是学习党的纲领、党的奋斗目标、党的性质、党的宗旨、党的思想作风和党对党员的要求等党的基本知识。当时的教学方针是"理论联系实际，提高思想认识，增强参党信心"。讲课要求做到通俗易懂，深入浅出，尽量适合农民学员水平低的要求。在学习方法上，采取集中上大课，分班分组辅导讨论，并结合外出参观学习。以求联系实际，深入领会，提高学员对党的认识。

集中上大课，主要由韶关地委的领导负责，大部分课程由李冲和刘碧担任。这两位同志有较高的理论水平、丰富的斗争经验和很好的表达能力。他们讲课动听，很有鼓动力和吸引力，很受农民学员的欢迎。中华人民共和国成立初期的这批农民学员缺乏相关基本知识，对党的认识还很不够。他们在土改斗争中分到了田地，翻身当家做了主人，因此他们热爱中国共产党，求知欲和上进心都很强，也非常珍惜自己的学习机会。

到了党建知识学习的后期，培训班组织全体农民学员前往广州参观西村水泥厂和广州织布厂。通过参观学习，学员们开阔了眼界，看到工人阶级的先进性、组织性和纪律性，看到了前途远景，提高了对党的认识，增强了信心。参观回来后，学员们纷纷起草书写申请入党决心书。在打好思想入党的基础上，培训班随即为申请入党的学员办理组织上入党的手续。

就这样，一大批在土改运动中表现较好、在学习中对党有较深认识、参党决心较大的学员农村干部，按照共产党员八条标准衡量，凡是基本上具备共产党员八条标准的，则通过个人申请，再经两个正式共产党员介绍，组织审查批准的手续，分期分批地在培训班上被吸收加入中国共产党。被宣布批准入党的学员，举行了集体宣誓的仪式，入党宣誓仪式庄严隆重，不少新入党的学员流下了热泪。

有些农民学员暂时未能在培训班上获得批准入党，党组织也做好了个别谈心思想教育工作，鼓励他们继续前进，克服存在问题，争取回县后入党。这些同志回县后绝大部分都分期分批地入了党。

韶关地区农村建党培训班第三期结束后，在从化县又继续办了两期农村建党培训班（办班地址设在殷家庄大祠堂内）。各区基本上具备入党条件的农村积极分子，通过培训，被分期分批地吸收为中共党员。

经过前后共 5 期的农村建党培训，从化的党组织基本上完成了全县各区每个小乡建立一个党支部、每个党支部有 3—7 个党员的要求，圆满地完成了在全县农村建立党支部的光荣的历史任务。1952 年 8 月，五区划出吕田地区 12 个小乡成立六区工作委员会。

1952 年 9 月，区工委改称区委员会。

通过及时有效的党建培训班，从化县在广大农村每个小乡都建立起党的基层组织，农村党支部起到战斗堡垒和领导核心的作用，保证了党对农村的政策、政令的贯彻执行，确保了土改成果，也为当时互助合作、社会主义改造的胜利完成提供了保驾护航的重要作用。

（三）新民主主义建设取得显著成就

经过一系列努力，从化地区的地方经济和社会事业陆续得到恢复。

1949—1952 年，从化的新民主主义建设取得显著的成就。在党的领导下，从化人民建立起人民民主政权，成为新社会的主人；召开各界人民代表会议，实行民主建政，进行民主政治的初步训练，逐步学会行使当家作主的权利；把封建地主阶级及官僚买办阶级的财产收归国家和人民所有，并通过开展以土地改革运动为中心的各项社会改革，初步建立起新民主主义的经济体系；有步骤地对旧的学校教育制度和社会文化事业进行改革，开展新民主主义的文化和教育事业建设。新民主主义建设各项事业的展开，使从化社会的方方面面都发生了深刻的变化。

按照党的七届三中全会精神和上级党委的部署，从化县委、县政府领导全县人民恢复和发展工农业生产及各项经济事业付出巨大努力，经过三年的艰苦奋斗，中华人民共和国成立前遭到严重破坏的国民经济获得全面的恢复，并有了较大发展。

从化所取得的经济成就表明，由于党和人民同心同德，医治了旧中国连年战乱留下的创伤，从化的财政经济状况基本好转，国民经济得到全面的恢复和初步的发展。新民主主义建设取得的显著成就，恢复国民经济任务的胜利完成，为从化以后进行工业化建设，逐步向社会主义过渡奠定了基础，准备了条件。

二、初步建立社会主义制度

在恢复国民经济的基础上，从 1953 年起，从化全县开始了有计划的社会主义经济建设，进入第一个五年计划发展时期。这一时期的主要工作是对农业、手工业和资本主义工商业进行社会主义改造，工作重点是大力发展农业，革命老区的发展自然也与全县同步。

（一）农业的社会主义改造与粮食统购统销政策

首先，农民被引导走向互助合作共同富裕道路。

1953 年春，全县组织农民成立互助组，1953 年冬试办初级农业合作社，1954 年全县推广初级农业合作社经验，1955 年全县掀起农业合作化运动高潮。至 1956 年 9 月，全县建立高级农业合作社 193 个，初级农业合作社 7 个，入社农户 41 万户，占全县总户数 95.02%。生产资料由私有变为集体所有。

1957 年，县内完成农业社会主义改造，全县建立高级农业合作社 212 个，入社农户 99.9%，耕地入社成为集体所有。1958 年 10 月，全县农村建立 6 个人民公社，耕地归公社集体所有，吕田人民公社即为其中之一。

吕田地区在 1949 年被称为北区。1953 年 12 月，从化县调整区、乡设置，全县设 6 个区、9 个乡人民政府和街口镇、太平镇人民政府，原区人民政府改称区公所，为县政府派出机构，吕田地区改称六区，在 1955 年又因驻地吕田圩而改称吕田区，并成立吕田区委员会。1955 年 3 月，成立政法党组。1957 年 1 月，从化 30 个乡并为吕田、良口等 12 个大乡及街口镇。1958 年 10 月 1 日，吕田人民公社和吕田公社党委成立。

从化全县山地有 14.2 万公顷，中华人民共和国成立前 70% 为地主、富农和公偿山（太公山）所占有。1953 年土地改革中，全县有4万多户农民分到山地6.67万公顷。1956年以后，全县农村由初级农业合作社发展到高级农业合作社，农民的山地随之入社，为集体所有。1958年10月公社化以后，山地一度集中归公社集体所有，1962年以后大部分山地下放给生产队集体所有。

除引导农民互助合作外，县里还大力兴修水库，先后兴建了流溪河水库、龙潭水库、大塘水库、八乡水库和一批山塘、水圳、堤防等水利工程。此外还逐步推广使用农药、化肥和农业新技术，水稻种植推广小株密植。这些措施的实施，使农业生产有了新的发展。1957年，全县粮食平均年亩产208千克，比1952年增长11.23%。

其次，农业的社会主义改造是配合现实状况，有区别有步骤地进行的。当时全国实行的粮食统购统销政策在从化推广时，吕田等地每人每年的任务基粮数就适当下调，减轻了农民的负担。

1953年10月10日，全国粮食会议在北京紧急召开，会议经过讨论确定将粮食征购定名为"计划收购"，粮食配售定名为"计划供应"，简称"统购统销"。具体政策为：计划收购、计划供应，由国家严格控制粮食市场，由中央对粮食实行统一管理。根据中央精神和上级党委指示，从化县于1953年11月底开始进行统购统销工作。

全县粮食统购统销取代粮食自由贸易，城镇居民和农村缺粮户由粮食部门实行计划供应，居民粮食供应凭证不限量，对饮食业、食品业和工商行业用粮，则根据实际需要编造用粮计划，粮食部门核定数量供应。粮食实行统购统销后又实行棉布、食用油统购统销办法。

粮食统购统销政策，在当时的条件下，力求将农民的个人利益和国家及全体人民的共同利益结合起来，将农民的目前利益和长远利益结合起来。但由于粮食的计划收购牵涉到农民保有和出卖自己生产的粮食的自主权利，在收购过程中，国家与农民的关系一度很紧张。有的该购没有购足，有的又购了过头粮。另外，由于要求限期完成，征购任务紧迫，工作繁重，一些地方发生过严重强迫命令等偏差，个别地方还发生抗征闹事的事件。粮食的计划供应牵涉到城镇居民的日常生活。由于工作上的缺点，一些地方该销没有销够，不该销的反而销了，引起社会各阶层的关注，出现"家家谈粮食，户户要统销"的局面。为了解决上述问题，党和政府在总结经验教训的基础上，很快提出粮食定产、定购、定销的"三定"政策，使统购统销工作得到改善。

1955 年，县委根据上级党委指示，全县粮食实行"三定"，当年县委、县政府把粮食统购统销"三定"工作作为中心任务，先后发出 13 次通知、指示、紧急指示，要求各区、乡党组织结合生产把粮食统购统销工作做好。其中在 3 月间由县政府发布命令，制定《关于执行 1955 年粮食统购统销制度的规定》，使粮食统购统销形成制度。5 月，由县政府发布关于粮食"三定"命令，全县农村粮食统购实行定产、定购、定销"三定"到户。定产，根据各户农民田地等级和自然条件，结合生产情况评定常年产量；定购，对余粮户除去留种子、口粮、饲料和应交公粮外，余粮 80%—90% 作为收购基数；定销，以户为单位，平均每人每年口粮不足原粮 150 千克的给予定销。"三定"工作中贯彻"少购少销"方针和"先购余粮，不购口粮，保证缺粮农民供应"的政策，具体做法分三步走：第一步，开好党支部扩大会议和各种会议，学习宣传"三定"政策；第二步，制定"三定"方案；第三步，造册登记公榜发通知书。

1956 年 7 月，县委提出"继续努力，认真地、正确地、全面地贯彻执行粮食征、购、销政策，充分运用农业合作化的有利条件，为进一步加强与巩固粮食制度化而努力"，根据全县已实现农业合作化的情况，在总结全县粮食"三定"工作的同时，实行粮食"三定"任务归农业社统一计算，在农业社内部平衡余缺，购销相抵，减产或受灾的适当减免征购任务。

从1956年10月开始，县委、县人委贯彻国务院颁布的《关于农业合作社粮食统购统销规定》，根据少购少销方针，调整口粮标准化和购粮任务基粮，粮产区基数为每人每年225—300千克，吕田、良口山区为180—200千克。

1957年，县委仍把粮食"三定"工作作为农村中心工作之一，对"三定"任务进行多次调整，并抓紧落实。10月，县委发出《关于粮、油、猪包干问题的紧急通知》，通知作出5项具体政策：一是增产大的社，包得高一些；二是各社完成国家任务后，留些机动粮和储备粮，不能分光吃光；三是因灾减产的农业社，人均口粮每月达不到18千克的适当减免购粮任务；四是包干后增产的农业社，10%—30%用于增加口粮，国家增购40%，其余留作机动粮和储备粮；五是非增产农业社，口粮一律分每月人均20千克。

粮食统购统销政策对供给和支持经济建设，保证人民基本生活安定，维持物价和社会秩序稳定，每逢灾年调集粮食赈灾度荒等，起到了重要作用。

（二）手工业和资本主义工商业的社会主义改造

在大力发展农业的同时，从化全县从1956年开始，对手工业和资本主义工商业进行社会主义改造，私营工业全行业实行公私合营，私营商业向合作商业过渡或按经销、合营等形式进行改造。与此同时，一批国营工厂相继建立，全民所有制的企业成为工业主体。国营商业、运输业得到发展。

从化的工商业并非毫无根基。早在1951年，太平场、神岗、龟咀、鸡笼岗、石坑、良口、吕田、米埗、鳌头、棋杆等圩便设立了工商联筹备分会。1951年县工商联筹备期间，参加工商联的成员包括小商、小贩、小手工业在内的工商业者及领导私营企业的国营贸易公司、县商业局、供销社等主管部门。1952年，工商界捐款支援抗美援朝，同时修订爱国公约，进行拥军优属活动。全国开展反行贿、反偷税漏税、反偷工减料、反盗窃国家资财、反盗窃国家经济情报的"五反"运动。县工商联成立"五反"领导小组，动员工商界普遍开展检查、批判上述"五毒"行为，争取成为守法工商业户。在中华人民共和国成立初期，从化私营商业有所发展。1953年，全县私营商业759户，营业额553.78万元，占全县社会商品零售额的65.05%。

1955年5月10日，从化县工商界代表会议召开，全面开展对私营工商业和手工业的社会主义改造。8月8日，县工商联合会成立，下设太平、神岗、吕田等10个分会。在资本主义工商业实行公私合营改造运动前，县工商联协助政府对资本主义工商业贯彻"利用、限制、改造"的方针，动员工商业户实行经销、代销、加工订货，使其逐步纳入国家资本主义。1956年实行公私合营时，动员私营工商业者接受改造。1956年，一批国营工厂相继建立，县内工业全民所有制成为主体。

1956年，县内开始对私营商业进行社会主义改造。至1958年，私营商业全部加入国营或集体商业。1961年，全县社会商品零售额1878万元，其中国营、供销社商业1840万元，占97.98%；集体合作商店38万元，占2.02%。后来一段时间里，合作商业受到歧视，流通渠道主要靠国营商业和供销社。1976年，全县社会商品零售额6860万元，其中国营、供销社商业6547万元，占95.44%；集体合作店313万元，占4.56%。

"一五"期间，经过社会主义改造，从化经济有较大发展。1957年，全县工农业总产值2483万元，比1952年增长37.56%，年均递增6.58%。其中，农业总产值2078万元，占工农业总产值83.69%，比1952年增长29.96%，年均递增5.38%；工业总产值405万元，占工农业总产值的16.31%，比1952年增长96.6%，年均递增14.48%。社会商品零售总额1200万元，比1952年增长58.52%，年均递增9.65%。

林业发展与水利水电建设

随着中华人民共和国成立初期的三大改造任务基本完成，社会主义经济制度和政治制度初步确立，中国共产党领导人民开始对社会主义建设道路的艰难探索。已完成三大改造任务的从化地区也在中央和上级党委的指示下进行了一系列的努力和探索。思想上，开展学习毛泽东著作运动、社会主义教育运动、新"三反"及整风整党运动等；政治上，开展反右派、"反右倾"、反"地方主义"等；经济上，开展"大跃进"运动和人民公社化运动等；军事上，新生的人民政权面临帝国主义的威胁和国民党特务的破坏，在全国这种形势下，从化加强战备和镇反工作。在这个过程中，从化和全国各地一样，取得许多可喜的成绩。但由于没有既成的建设经验，也受"左"的错误影响，造成不少失误，严重影响建设的效果和整个建设进程，并造成国民经济的严重困难，"二五"计划执行遭遇中断。县委经过调查研究，对国民经济进行调整，并在一定程度上对"左"的错误进行纠正，从而使经济、社会、文化事业有一定的发展，良好的社会风尚也初步形成。这个阶段的社会主义建设是一个艰难探索、曲折发展的探索时期，农业、工商业和城市建设在宏观上依然是发展前进的。

一、因地制宜发展林业

（一）从化林场的设置

作为山区，吕田等革命老区的林业是相当重要的发展领域。

在林业制度方面，从化在这一时期经历了从私人林地到集体林场的转变。

从化自建县起至 1951 年土改之前，山林一直保持地主、富农、公偿山（太公山）为主体的私有制，贫苦农民只有少量柴山。1953 年土地改革后，全县有 6.67 万公顷山林分给了 4.76 万户的农民，全县农民成了山林主人，山林权属一度得到稳定。

从化以建立公有制林场的方式对山林进行经营管理。

中华人民共和国成立后，从化辖区内先后建立有大岭山林场、桃源林场、温泉林场、良口林场、流溪林场、吕田林场、流溪河林场、民乐茶场、横江农场、小海桥林科所、小海桥公路林场、太平果场、九里步果场、高步林苗场、良口三村林场、鳌头林科所（林苗场）、太平水南林果场、头甲林场、黄龙带林场、三百洞林场等 20 个国营林（茶、果）场。

20 世纪 60 年代初，全县公社、大队办的大小集体林场超过 150 个，林场人员 2000 人。1960—1965 年，年平均造林 2666.67 公顷。"文化大革命"期间，集体林场管理放松，造林少，部分林场有名无实。1972 年，吕田林场、桃源林场、良口林场、流溪河林场、良口三村林场、高步林苗场、小海桥公路林场、温泉林场等或已撤销或已改作他用。

1972 年冬，从化县组织社、队干部到湖南参观学习种植杉木的经验，此后各集体林场杉木种植增加。1973—1976 年，集体林场每年种杉木 333.33 公顷，最多的是在 1976 年，共种杉木 1393.33 公顷。1976 年后，吕田、良口等地办起采育场。

吕田长岭林场位于吕田西北部，创建于 1972 年。全场总面积 700 公顷。1972 年冬在长岭（地名）炼山、整地、育杉苗 4 公顷；1973 年开始至 1985 年连年育苗种杉，有林面积达 686.66 公顷，其中杉 613.33 公顷，油茶 73.33 公顷，森林覆盖率达 98%。

东明长岭林场原属吕田区（公社）管辖，1979 年划出部分归东明公社，场址名称仍沿用长岭林场。全场经营山地面积 673.33 公顷，其中有林面积 466.67 公顷（有杉 400 公顷），森林覆盖率 69.9%。

良口横坑林场位于良口西部，1972 年成立。全场经营山地面积 180 公顷，其中杉 146.67 公顷，森林覆盖率 81.43%。

（二）采种育苗

吕田的林业发展还相当重视采种育苗方面的工作。

中华人民共和国成立前，吕田、东明、良口等山区农民沿用劈杉枝种杉的方法。中华人民共和国成立后，县政府重视采种育苗工作，不断寻找更有效的育苗方法。

1955 年，县内开展林业综合调查，发现马尾松点播造林成活率低（2%～10%）。1956 年起，从化县兴办苗圃。但初时一因不注意采集优良种；二因苗木出圃不浆根、不修枝，运输不包装；三因起苗后不及时种植，造成苗木缺水干枯，造林后成活率低，后代表现不优。加上育地选择不当，管理不细，造成育苗出圃率低，全县平均出圃率仅 60%。1951—1959 年，全县共采集林木种子 3450.29 吨，育苗 538.4 公顷，均以松、桉、油茶、油桐为主。

20 世纪 60 年代，全县采用杉木实生苗造林，育苗方法有所改进，培育的杉苗自给有余。1961—1969 年，共采集树种 76.66 吨，育苗 191.27 公顷，其中吕田、良口、东明以育杉苗为主，其他公社则以育绿化苗木为主。1964 年，县林业局在良口、吕田等地进行杉木播种育苗试验成功，结束用杉木插条种杉的历史，加快营造杉林步伐。1964 年，大岭山林场开展人工生态群落造林试验，研究松、杉混交造林生长参数对比。1965 年，从化县首次用飞机播种造林，同年，县林业局在高步林苗场进行大面积竹节和竹子次生枝育苗试验成功，为全县发展竹子造林提供大量低价种苗。1966 年利用泡桐种子育苗试验获得成功，加快了公路树绿化速度。

20 世纪 70 年代，全县推广容器育苗，提高育苗质量。1970—1979 年，共采集林木种子 3136.85 吨，育苗 122.2 公顷。20 世纪 70 年代后期起，育苗多由有经验的农户承包，保证苗木质量，造林成活率不断提高。1972 年，县林业局在吕田长岭林场进行杉树施肥的研究，在鳌头洲洞林场进行杉木壕造林均获成功，攻克杉林速生丰产技术关。1975 年，县林业局在吕田莲麻进行杉木成林间伐对比研究，探索杉林适度间伐技术。

（三）造林

造林是从化林业发展中相当重要的任务。中华人民共和国成立后，造林采用国营林场、社会群众、国社合作和专业户承包等多种形式进行，造林方法包括人工点播、飞机播种、植苗造林和工程造林，即按图纸施工，高标准完成造林任务。

1956 年 1 月，从化县林业科举办有 178 人参加的造林育苗技术训练班后，全县掀起造林热，当年点播马尾松种子 2.9 吨，在广从公路旁植树 3.49 万株。1951—1957 年，全县造林 1.37 万公顷（其中松 9233.33 公顷，油茶 0.34 公顷），平均每年造林 1960 公顷。但人工点播的马尾松、油茶由于粗耕粗种，管理不善，成活率低，成效甚微。1958—1965 年，全县造林 3.49 万公顷（其中松 9360 公顷，杉 3873.33 公顷，油茶 8440 公顷，竹 2353.33 公顷，四旁树 278 万株），平均每年造林 4360 公顷。由于此时山林为集体所有，造林只求数量，种得多，成活少。抚育管理跟不上，成林甚少。1966 年至 20 世纪 70 年代末，全县造林 2.58 万公顷（其中松 9753.33 公顷，杉 9066.67 公顷，竹 3660 公顷，油茶 3320 公顷），平均每年造林 1840 公顷，是中华人民共和国成立后造林年均最少时期。由于没有因地制宜而强调大面积连片种杉，致使吕田、良口等地种的部分杉十几年过去尚未能成材。

1965 年春，从化县首次用飞机播种造林，在东坑、东联、吕田君子嶂一带飞播马尾松种子 2986.67 公顷。此后，逐年在全县各地进行飞播。1965—1985 年，全县飞播总面积 2.12 万公顷，其中吕田地区 3533.33 公顷，良口地区 1333.33 公顷，东明地区 3786.67 公顷，太平地区 2733.33 公顷，神岗地区 3133.33 公顷，城郊地区 333.33 公顷，江埔地区 1066.67 公顷，棋杆地区 1000 公顷，鳌头地区 1333.33 公顷，民乐地区 266.67 公顷，龙潭地区 2333.33 公顷，大岭山林场 333.33 公顷。

总的来说，中华人民共和国成立前，从化林木较茂盛，吕田、良口、东明等镇仍有大面积原始次森林。到 1979 年，从化共造林 2.58 万公顷，其中松 9753.33 公顷、杉 9066.67 公顷、竹 3660 公顷、油茶 3320 公顷。由于造林只求数量，粗种少管，成活率低，成林甚少。加上这一期间森林曾遭到两次大规模的乱砍滥伐，至 1976 年有林面积降为 116.4 万公顷，森林覆盖率 58.8%。中华人民共和国成立后至 1979 年，全市共收购木材 89.28 万立方米，上调国家 75.91 万立方米，本地销售 13.3 万立方米。

（四）松香与茶叶

松香是从化县重要的对外贸易出口物资之一。1955 年，良口建厂生产松香。吕田、鳌头、街口等地设有松脂收购站。1964 年，全县生产松香 460 吨、松节油 120 吨，是最高纪录。1955—1985 年，全县共产松香 8071 吨，松节油 1583 吨，年平均生产松香 269 吨，松节油 44 吨，总产值 1084 万元。

中华人民共和国成立前，吕田山区有制茶习惯，尤其是桂峰山云雾茶，甘香嫩滑，是从化茶叶的上品。1949 年，全县茶叶种植面积有 2.8 公顷，年产茶叶 29 吨。20 世纪 60 年代，民乐茶场和流溪河林场引种云南大叶茶 266.67 公顷。

二、水利水电凝聚精神

从化的水利建设凝聚了从化人民的大量心血，最终取得了不错的成果。

（一）七大灌渠

从化县内大部分耕地田块细小，高低不平，排灌困难，耕作不便。"大跃进"期间，为适应集体生产和机械耕作，县委、县人委发动全县群众，进行大面积平整土地，削高填低，裁弯取直，大块并小块，整治排灌系统，大搞田园化。至1959年，全县平整土地5800公顷。其中有1333.33公顷整成大面积连片方格田，较大面积的有龙潭公社官庄、月荣、高平连片共166.67公顷；鳌头公社白兔、新土连片140公顷；英雄公社（现城郊）雄丰、团星、城南连片120公顷，国星（现向阳）66.67公顷；棋杆公社的锦禾、大凼连片53.33公顷，大岭33.33公顷；神岗公社勒庄沙尾40公顷，木棉73.33公顷，菜地、邓村连片53.33公顷；太平公社的水南、太平连片60公顷；东方红公社（现江埔、温泉）江村20公顷，云星53.33公顷，龙岗33.33公顷，平岗33.33公顷；良口公社的米埗、良新、石岭连片153.33公顷；吕田公社的安山66.67公顷，狮象、水埔连片100公顷。

平整土地为从化农业的发展提供了便利，而排灌系统也相当重要。

中华人民共和国成立前，从化水利设施相对薄弱，引水工程仅有一条明朝时开凿的"阁老圳"，农民经常是靠"戽水""调水"灌溉农田，耗力多、效率低，水旱灾害频发。自1953年开始，从化县委、县政府急人民之所急，决定"北水南调""水旱兼治"，在北部建水库蓄水、开凿灌渠，把水引到中部和南部，在全县规划兴建七大灌渠。

七大灌渠是总灌渠、东灌渠、西灌渠、右灌渠、高灌渠、茂墩灌渠和沙溪灌渠的简称。七大灌渠总长达 174.1 千米，灌溉面积达 1.49 万公顷。

要在物资短缺、粮食紧张、设备技术条件落后的情况下建成这么浩大的工程，困难程度可想而知。但从化人民并未因此放弃，他们靠着肩挑手推搬石运土，使用扁担和鸡公车来运送物资，在艰难的条件下努力完成任务，甚至还会为了快速完成灌渠建设而挑灯夜战。在修建塘料引水工程时，进场施工人数最多时超过 3500 人，呈现出"三级书记（县委书记、公社书记、大队书记）上工地、干部村民齐上阵"的动人景象。在人们热情而积极的奋斗下，灌渠建设很快取得成功。

七大灌渠的修建，留下一个个"不辞劳苦、苦干实干、只争朝夕、奋勇争先"的挑灯夜战场景，给后人带来了极大的感动与激励。七大灌渠的建设过程是从化人民"把工作上的事当成自己的事，不计较个人得失，全身心投入工作，全力以赴完成任务"的主人翁精神的集中体现。

除七大灌渠以外，为了解决用水问题，从化还先后建设了许多大大小小的水库。

大型水库流溪河水库于 1958 年建成。1958 年建成的小型水库则有神岗响水亩、棋杆、太平沙溪、城郊麻村、灌村石坑、陂塘、江埔青茅亩、棋杆沙龙、大石古、打古塘、山塘亩、龙潭虾形 12 座。

1963 年，吕田吕中开建苏坑水库，水库高 14 米，长 50 米，集雨面积 2 平方千米，灌溉面积 32 公顷。

（二）向莲麻河要水与小型供水工程

流溪河从北到南贯穿（鳌头镇部分地区外）整个从化，全长 157 千米，流域面积 2300 平方千米，其中从化辖内河长 113 千米，流域面积 1612 平方千米，平均年径流量为 20.85 亿立方米，是从化的母亲河，广州的母亲河。一直以来，流溪河优质的水源是广州人民的主要饮用水源，但是每年 20 亿立方米的雨水还不能满足人民的生活生产之需，于是，广州人民决定向莲麻河要水。

莲麻河发源于吕田与新丰、龙门县交界处的小沙罗山，在从化辖内长 15.5 千米，集雨面积 77 平方千米，平均年径流量 0.9 亿立方米。莲麻河源头先经新丰县的章背，然后自北向南沿从化至新丰公路折入从化吕田的莲麻，在莲麻坝下穿过公路，经车步、塘基、穿过三村的大水桥后折向东，出从化，流向龙门县的地派、清塘、龙城镇，再汇入增城的增江。

1969 年冬，吕田莲麻的车步建起拦河水坝，车步以北 32 平方千米集雨面积的水源被引入流溪河上游的吕田河，再从吕田、狮象的张村水口流入流溪河水库，作为流溪河水库的补充水源。莲麻河水部分改变流向。

随着经济的发展，农民生活水平的提高，乡村也开始有组织地设立小型供水工程。这些工程一般以自然村为单位建成一套供水系统。

灌村区 20 世纪 70 年代中期便有村办供水工程的兴建，接着江埔、城郊区也有不少村庄建成自来水设施。村供水工程建得较好的有城郊北星村、灌村石海乡、江埔江村。吕田乡有些乡村用管道接入高山泉水输到用户，这也是山区自来水工程的一种较好的形式。这一时期，从化供水事业从无到有，从城镇到农村逐步发展，取得一定的成就。但同国民经济的发展和人民生活水平提高的需要相比而言，还远远没有满足人民需求。

（三）水电站建设改变生活

伴随着水库建设而兴起的，是吕田地区水电站的建设。

旧中国的广东农村处于小农经济生产，生活照明用油灯，食品加工多用人力推磨或脚踏石臼舂米；农田排灌使用木制龙骨车或戽斗，无法抗御自然灾害，人们生活贫困落后。中华人民共和国成立后，人民政府为发展农村经济，采取国家拨款、银行低息贷款的扶助政策和人民群众自筹资金的办法，开发利用山区水力资源，在水力资源多的农村积极兴建小水电站，进而在大电网支持下联网供电。平原地区农村则由电网延伸供电。农村电力事业的逐步发展，促使当地的经济建设和人民生活起了巨大变化。

从化水电建设始于20世纪50年代。小水电站对农业生产和人民群众的物质文化生活改善起着积极作用。从化县吕田公社农民在50年代用山歌描绘农村景象：昔日吕田闻虎啸，今日吕田机器闹。不用灯油灯会亮，不用老牛犁会走。无人车水田水满，无人舂米米出糠。

1955年，神岗区邓村农民用木制的水轮机办起一座有3米水头，装机容量4瓦的全县第一座小水电站。1955年，县内青年团组织有24个青年突击队、3887人参加水电站建设。

1956年，良口区联星村采用西德进口的1台发电机，装机容量15千瓦，办起从化县第二座用木制成水轮机的低水头小水电站。水埔水电站建于1956年，水头3米，流量2立方米/秒，装机1台，单机容量55千瓦，年发电22万千瓦时。

到1958年，全县先后办起多个小水电站，其中，大江水电站还得到朱德委员长的亲临视察。1958年8月流溪河水电站建成后，从流溪河电厂至县城街口镇架起35千伏的高压输变电线路，全县用电开始连接上省的大电网。

狮象上黄迳水电站，建于1959年，装机1台，单机容量30千瓦，水头4.5米，流量0.6立方米/秒，年发电量3万千瓦时。吕田青年水电站（区办）建于1959年，水头14米，装机2台，单机容量125千瓦，共装机250千瓦，年利用时数1000小时，年发电量 10 万千瓦时。1959 年，全县小水电的装机容量达 204 千瓦，同年开始铺设从吕田莲麻的三水电站至莲麻的 10 千伏输变电线路。

安山古田水电站，建于 1964 年，装机 1 台，单机容量 1.5 千瓦，水头 4 米，流量 0.5 立方米/秒，年发电量 2 万千瓦时。安山塘下水电站建于 1965 年，装机 1 台，单机容量 15 千瓦，水头 4 米，流量 0.5 立方米/秒，年发电量 2 万千瓦时。联丰水电站建于 1969 年，装机 1 台，单机容量 15 千瓦，水头 5 米，流量 0.4 立方米/秒，年发电量 8 万千瓦时。

20 世纪 60 年代末，良口区三村甘坑炉农民率先采用土办法兴办 5 千瓦小水电站的成功，激发群众自办小水电的积极性，山区群众纷纷仿效。其时吕田区联丰村 10 个生产队办起 10 座小水电站。1970 年，县成立小水电建设指挥部，先后在良口、吕田举办小水电培训班和现场会议，带动全县其他地区掀起群众性办小水电的热潮。吕田镇莲麻坝杨梅潭石古塘位于现从化区吕田镇莲麻村。在 20 世纪 70 年代初期，莲麻村委会为发展集体经济，在杨梅潭地方建设一座小水电发电站。

随着水电建设热潮再起，20 世纪 70 年代初期至 20 世纪 80 年代初期，吕田河流域、良口牛路水流域、温泉南大水流域等和黄草岗 220 米水头以及卫东梯级电站、良口坝梯级电站相继装机投产。

变电站建设与供电设施架设工作也在同步进行。

中华人民共和国成立后，全县建有三层、街口、鳌头、马鞍山、良口、流溪河林场、吕田长滩、良口夹水口、温泉桃莲等变电站，共有变压器 15 台，总容量 4.23 千伏安。马鞍山变电站位于吕田镇安山村，建于 1971 年 3 月。该站原是为战备时疏散到吕田马鞍山的广州第六钢铁厂专门兴建的，安装 3200 千伏安和

1000 千伏安主变压器各 1 台，接 35 千伏流马线输入电力。1976
年，广州第六钢铁厂撤走后，马鞍山变电站转为接纳吕田、东明
区的小水电发电并网升压站，并供吕田和东明区生产和生活用电。

莲麻河水系地处吕田区北部，流域内集雨面积 77 平方千米，
流贯吕田区莲麻、塘基、三村等地域。1971 年，流溪河水库在车
步兴建莲麻引水，扩大水力资源。至 1985 年，已开发的水电站有
7 个，装机容量 1168 千瓦。

三村付屋水电站，建于 1972 年，装机 1 台，单机容量 75 千
瓦，水头 45 米，流量 2 立方米/秒，年发电量 6 万千瓦时。打鼓
塝水电站于 1972 年建立，装机 2 台，装机容量共 150 千瓦，水头
36 米，流量 0.56 立方米/秒，年利用时数 1333 小时，年发电量
20 万千瓦时。

1972 年春，良明水坝合龙时，80 名青年突击队员冒着严寒潜
水作业，直至合龙成功，坝上建的电站因而被命名为"青年电
站"。同年，横溪水电站（区办）建成，水头 21 米，装机 1 台，
容量 100 千瓦，年利用时数 1500 小时，年发电量 15 万千瓦时。
水埔下桐庙水电站建成，装机 1 台，单机容量 75 千瓦，水头 7 米，
流量 1.5 立方米/秒，年发电量 18 万千瓦时。新屋水电站建成，装
机 1 台，单机容量 26 千瓦，水头 3.5 米，流量 1.5 立方米/秒，
年发电量 3 万千瓦时。

1972 年 5 月，从化架设 1 条由流溪河电厂至吕田马鞍山的输
电线路，全长 18 千米，采用 LGJ - 120 导线，称流马线，投资 90
万元。

至 1973 年，县内相继建成温泉人工湖电站、良口青年水电
站、良口五指山水电站。莲麻河水系的三村大桥水电站（区办）
也建于 1973 年，装机 2 台，单机容量 200 千瓦，装机容量共 400
千瓦，水头 40 米，流量 1.2 立方米/秒，年利用时数 450 小时，

年发电量 18 万千瓦时。

之后，一批易开发、见效快的中、高水头，装机容量 100 千瓦以上的小水电站相继建成。

六角水水电站，建于 1974 年，装机 2 台，装机容量共 168 千瓦，水头 45 米，流量 0.472 立方米/秒，年利用时数 1476 小时，年发电量 24.8 万千瓦时。三村迳水电站同样建于 1974 年，装机 2 台，装机容量 200 千瓦，水头 21 米，流量 1.6 立方米/秒，年利用时数 2500 小时，年发电量 50 万千瓦时。

杨梅潭水电站，建于 1975 年，装机 1 台，单机容量 75 千瓦，水头 7 米，流量 1.8 立方米/秒，年发电量 24 万千瓦时。汉群水电站建于 1975 年，装机 1 台，单机容量 40 千瓦，水头 5.5 米，流量 1.15 立方米/秒，年发电量 5 万千瓦时。

1976 年，吕田联丰建成渔公洞水库，水库高 27 米，长 85 米，集雨面积 1.34 平方千米，灌溉面积 454.33 公顷。同年建成渔公洞水电站（区办），装机 2 台，装机容量 500 千瓦，水头 27 米，流量 2.3 立方米/秒，年利用时数 3000 小时，年发电量 150 万千瓦时。

至 1977 年，全县小水电装机容量突破 1 万千瓦。

新联水电站建于 1978 年，水头 46 米，流量 0.35 立方米/秒，装机 2 台，1 台容量 40 千瓦，1 台容量 50 千瓦，年发电量 20 万千瓦时。

工商业的曲折探索

在从化曲折发展的社会主义建设探索时期，从化的工商业发展既有成效显著的优秀成果，也有错误和不足的地方。革命老区镇上的吕田机械厂的建设带动了吕田东坑地区的道路和电力建设，极富示范意义。集体企业与私营企业则在交叉发展的道路上曲折前行。但从整体上看，工商业的发展依然是在不断丰富、持续前进的。

一、国营企业逐步探索

（一）国营工业从无到有

从化的国营工业起源于 20 世纪 50 年代，是政府通过接收一些私人工业和对私营工业、手工业进行改造后建立起来的。1951年 3 月，县政府接收当时环城乡国民党乡长李暖芬和乡绅邝深的4 座老式砖窑，改称为建设窑，整编成为地方国营从化砖瓦厂，这就是从化县第一家国营工业。随后随着县政府对工业投资的逐步增多，通过对私营工业、公私合营工业的社会主义改造，先后成立了烟丝厂、酒厂、印刷厂、松香厂等一批早期的从化国营工业。1957 年，国营工业发展为 10 家，职工 956 人（其中技术人员 5 人），工业总产值 301 万元，占全县工业总产值的 74.32%。国营工业成为全县工业的主体。

1955 年 4 月，从化县松香厂在从化良口成立。5 月从庆文印刷厂从化分厂公私合营后，改称从化县印刷厂。11 月，街口、鳌头两个烟丝厂生产合作社联合经营后改称从化县烟丝厂。

1956 年，县内实行粮食统购统销后，良口、鳌头先后办起粮食加工厂。1958 年，棋杆、神岗、吕田等粮食加工厂建成投产。至此，全县粮食、油料加工实现半机械化和机械化。

1958 年 3 月，手工业联合社的铁器、木器、白铁五金等 3 个生产合作社联营，合并为国营从化农业和机械拖拉机站，6 月改名为从化县农械厂，又叫农机一厂。8 月，省办的流溪河电站投产，安装有 4 台 1.05 万千瓦的水轮发电机组。年底，架设县内第一条 35 千伏输变电电路，为兴办国营工业创造有利条件。随后，从化县化工厂和从化县水泥厂等国营工业先后建成。

1959 年 2 月，吕田安山钢铁厂建成投产。同年，吕田安山铁厂转为县安山铁厂，有炼铁小高炉 4 座，建厂三年，产铁 1235 吨。1962 年该厂停办。

1961 年以后，县内工业贯彻"调整、巩固、充实、提高"的方针。10 月，原从化县糖厂关闭，转为从化县酒粉厂。后与街口地区几家小酒厂联营，改称为从化县酒厂。

至 1965 年全县国营工业有职工 1079 人（其中技术人员 9 人），工业总产值 606 万元，占全县工业总产值的 75.56%。

1966 年 5 月，从化县氮肥厂在龙潭龙聚乡筹建。1968 年 12 月 31 日，县氮肥厂生产规模为年产 5000 吨合成氨的生产线竣工投产，累计投资 518 万元。这是从化县第一家由国家投资建成的国营现代化工业生产的厂家。

1970 年 7 月，国家投资 53 万元建办的从化县造纸厂建成投产。

当时从化县工业局的统计表显示，1970 年从化国营工业总产值为 560 万元，主要工业产品有碳酸氢铵、红砖、瓦片、方砖、机制纸、松香、松节油、三花酒、白酒、杂饼、糖果、烟丝、印刷品等。在册职工1200人。

1973年，从化县水泥厂在良口石岭筹建。1975年，年产2.4万吨矿渣硅酸盐水泥工程竣工投产，仅能生产300号以下的水泥。1976年，生产水泥2784吨，工业产值为19.5万元，职工267人。

1974年4月，从化县炼铝厂转产耐火材料，并改名为从化县耐火材料厂，当年生产了317吨耐火材料，产值仅7.4万元。后来几经转产家用（日用）瓷具，定名为从化县瓷厂。

从化国营工业、企业从无到有，从小到大，从弱变强，经历了20世纪50—70年代起步发展，80—90年代初的壮大做强，到20世纪90年代中后期经济体制改革，全面退出市场的三个阶段。企业户数从1户发展到47户；工业总产值从3万元增加到22304万元；工业产品由原来一些以本地资源为原材料，以传统手工操作生产的砖、瓦、杂饼、红酒、红糖、烟丝、土纸、铁木农机具、木质家具、松香、松节油、矿产品（钨、砷石粉为主）等等，发展到有建材、化工、医药、纺织、机电制冷、电子电器、食品饮料等多门类现代化工业生产制造的产品，如大理石、高标号水泥、化肥、农药、油漆、中成药、纯棉纱、纯棉布、化纤纱、化纤布、涤纶短纤、无纺布（又称不织布）、冷冻冷藏机柜、冷凝器、防盗防火门、彩色电容器、电子控制仪、豪华汽车内饰件、三花酒、荔枝酒、啤酒、饼干等等。其中一些产品是国家、省、市名优新产品，也有补充国家、地区、省、市空白的产品。如从化三花酒获"国家轻工部优质奖""广州市名牌产品"称号；荔枝酒获"广东省四新产品一等奖"称号；防火门获"广州市新产品和优质产品"称号，并填补广东省产品空白；纺粘法无纺布为广州市新产品和名优产品，填补国家产品空白。广州第二合成纤维厂为全国第一家纺粘法无纺布生产厂家，小有名气，产品畅销欧美各国。

总的来说，国营工业、企业为促进从化县的经济发展和满足人民生活需要，保障社会供给都起到了积极的作用和贡献，在从化县国民经济中的地位和比重都占有重要的位置。

（二）吕田老区镇机械厂建设带动发展

20 世纪 60 年代后期，根据毛泽东"备战，备荒，为人民"的战略指导，从化县委、县政府按市委、市政府的要求，决定在后来被划评为革命老区镇的吕田镇东坑村建工厂。

1969 年 8 月，张守廉等 50 人到达东坑山区，筹备建设从化吕田机械厂。从 1970 年 2 月推土填山坑开始，直到 1971 年底，机械厂土建工程全部完成。厂房建成后，经市、县确定，将从化吕田机械厂与广州日用机械厂合并，改名为广州市第八机械厂（处级厂），招收退伍兵 500 多人，共 800 多名职工。当时有热处理车间、08 车间（枪管和装配车间）、金工车间（机枪盒车间）、机械车间、铆锻车间、翻砂车间和化验车间等，主要任务是生产半自动步枪和改制统一口径的轻机枪，军工和民用并举。1973 年投产以后，除在厂加工修理外，还到东联、东坑的保莲唐、上大步、五和、塘基背的山羊坑等地修理手扶拖拉机和水轮机等，为当地农业生产做了一些工作。该厂于 1978 年 10 月停止生产，全部厂房建筑物由当地接收，其余设备、人员运回广州。

从化吕田机械厂的建设带动了周边基础设施建设。

吕田东明镇的公路在全线开通和扩建前，曾在 1965 年由广州市山区建设办公室组织民工开通一条由吕田圩经水埔村至东坑的 19 千米简易公路，但东坑至五和的 5 千米路段是未通的崎岖小山路。由吕田圩至东坑虽然有 6 米宽的路，但斜坡大、急弯多、路面滑，车辆不敢行驶。如有名的君子嶂山，一遇雨天，就不能通车。工厂的原材料无法运送，东坑片的 4 个大队的农副产品如粮食、竹木、芒杆等，由于运输困难而霉坏，工人、农民的日常生活用品，常常要用肩从吕田圩挑回东坑、五和。由于交通不便，当地人民生活非常简朴清苦，文化生活更加谈不上，半年也难看上一场电影。

据此，机械厂请示了市、县委，要改建和扩建吕田圩至东坑的路，及开通东坑至五和的5千米的路段。经批准后，1973年9月，厂委派人到改建扩建公路指挥部担任指挥，由广州公路局调派3名工程技术人员负责测量工作，机械厂人员负责组织劳动力和征地工作，民工则来自电白县、阳江县及从化县龙潭、吕田等地。最后从吕田圩通过水埔村到竹坑村前的旧公路被改建为由吕田圩经莫村，从竹坑村背后通过。改建后的公路较平坦，山坡少，而且比原路缩短近5千米的路程，比险要的君子嶂坳低1米多，行车相对而言更加安全了。在吕田圩至竹坑村的新改道工程和扩大吕田圩至东坑的19千米路面的工作完成后，东坑至五和的5千米路段于1974年开通，是贯通吕田圩至五和的直达公路。从此东明地区结束交通不便的历史。公路给人民生活带来方便，对工农业生产的发展起到促进作用。

除交通运输条件得到改善外，吕田的电力建设也有了突破。

东明镇坐落在北部山区，山高林密，虽然山清水秀的自然风光引人入胜，但缺乏交通和电力照明使得该镇的经济发展受到限制。在市委、市政府的支持下，机械厂和相关电站同时进行建设，并获得拨款220万元，建设三级水电站。广州市供电局、市设计院派遣4名工程技术人员，于1969年11月开始确定电站的位置。1970年2月进行测量。通过测量计算，工作人员发现单靠东坑河水的流量不够，必须要把上大步河水引入东坑河。引水工程非常艰巨，要在几百米高的半山腰开动8千米长、2米宽、2米深的石砌渠道。但是为了建站发电的需要，引水工程方案最终被确认通过。

工程要在大步村上测筑 40 米宽、2 米高的拦河坝，然后测定落差，开通 8 千米的引水渠道。几百名民工参与工作，在艰苦的筑坝挖渠工程中，他们靠着肩挑将一包包水泥由东坑水边村搬运几千米翻过大山送到工地，石头则由山坑下肩挑上 200 多米的山腰。民工食宿在山上，建设组工作人员也天天爬山越岭走七八里路到工地检查工程进度和质量。经过半年多时间，第一坝和 8 千米长的引水工程完成，接着，三级电站的机房和五和上禾洞水坝工程开建。一级电站坐落在东坑寨角村的下方，装机容量为 50 千瓦，水头落差 20 米；二级电站坐落在东坑河下游的鲤鱼潭边，装机容量 630 千瓦，水头落差 170 米；三级电站坐落在五和上禾洞村边，拦河坝宽 40 米、高 20 多米，装机两台容量 400 千瓦。

由于交通全靠小山路，电站发电设备的运输和安装也遇到很多困难，例如怎么将一件有几吨重的 630 千瓦发电机组和配电柜运到二级电站的机房，就是一个大难题。最后是广州搬运公司设法解决了这个困难。他们在搬运发电机组时，专门造了一个铁框架，下面装 4 个铁轮，放入引水渠道，然后将发电机、水轮机放在铁框架上，用人力推撬到机房的落水渠口，再用钢丝绳和滑轮将其吊下，放到有 170 米高斜坡的机房中。

经过两年时间，三级电站的建设终于完成，开始发电。当电送到各村时，群众高兴极了，个个欢天喜地，齐声感谢党和政府给东明人民带来光明，促进了山区工农业生产的发展。电站于 1979 年 1 月并入大电网，线路长 16 千米。

二、集体工业与个体私营工业曲折发展

（一）私营工业的发展

1949 年，全县从事季节性生产的土糖寮有 7 家，土糖产量

355 吨，豆腐坊 100 多户，主要分布在豆类产区的吕田和县城一带。从化工业虽有悠久的历史，但是由于封建主义的长期统治，工业基础十分薄弱，发展速度缓慢。至 1949 年，全县有私营工厂 2 户，个体手工业从业人员 435 人，工业总产值 93 万元。

中华人民共和国成立后，从化工业有了较大发展。中华人民共和国成立初期，县政府积极扶持个体工业发展生产，帮助他们到外地组织原材料，给他们发放部分免息贷款。

1952 年，全县有私营工业 1 户，个体手工业 478 个，产值 55 万元，占全县工业总值 25.24%。乡村中亦有上千农户利用富余劳力，发挥一技之长，从事木器、铁器加工、泥水建筑、造纸、酿酒、民窑、采矿等行业。1956 年，在生产资料所有制社会主义改造中，绝大部分个体手工业者参加集体手工业社。全县个体手工业 120 家，住店经营的 70 多家，流动手工业者有 240 余人。

1952 年，城乡中的个体手工业者联合起来，进行联户合作生产，成为后来二轻集体工业的雏形。

1954 年，全县贯彻中共中央关于"积极领导、稳步前进"和"全面规划、加强领导"的方针，以行业为中心，组织铁器、木器、服装、日用陶瓷、白铁五金、单车钟表修理等手工业生产合作社。

（二）二轻集体工业

1956 年，在生产资料所有制的社会主义改造过程中，又有 763 名个体手工业者走上合作化的道路，县成立手工业联合社，形成二轻集体工业。随着县政府对工业投资的逐步增多，至 1957 年，二轻集体工业发展为 25 家。1957 年，全县工业总产值 405 万元，比 1949 年增长 3.4 倍，其中国营工业占 74.32%，二轻集体工业总产值 84 万元，占全县总产值的 20.74%，个体私营工业占 4.94%。

1958 年，县手工业联合社解体，原在各公社的手工业社下放当地公社，并入公社的农械厂或综合厂，大部分人员被抽调去大炼钢铁，二轻集体工业受影响，但从化工业有较大发展。1958年，有 3 个手工业社合并为国营农业机械厂和拖拉机站，省办的装机容量 42 万千瓦的流溪河水电厂投产，从化食品厂、水泥厂、化工厂等一批国营工厂同时兴建。各公社兴办了农机和综合厂，社办工业 51 户。1959 年，全县工业总产值上升至 2201 万元。

1961 年以后，县内工业贯彻党中央"调整、巩固、充实、提高"的八字方针，对全县工业进行整顿，关闭和停办钢铁厂、水泥厂和部分社办工业，巩固充实农机、食品、粮食加工、建材等与农业生产和国计民生关系密切的产业，恢复了县手工业联合社，成立县手工业局，二轻集体工业有所恢复。经过调整，从化工业稳步发展。

1962 年开始恢复部分个体手工业。至 1965 年，全县有国营工业 12 户，二轻集体工业 25 户，社办工业 12 户，全县工业总产值 802 万元，比 1959 年减少 174%。其中国营工业占 75.6%，二轻集体工业总产值 118 万元，占 14.7%，社办工业占 5.97%。全县个体手工业有 421 户，产值达 140 多万元，占全县工业总产值的 17.4%。

（三）乡镇工业的发展

从化的乡镇（社队）工业起源于 1958 年公社化时期，县内各地高级农业合作社办有砖瓦厂、酒厂等企业。1958 年，太平、神岗、城郊等公社为方便社员生活及给数量与日俱增的农机提供就地修理服务，办起了农机厂和综合厂。良口、吕田、温泉、鳌头等公社，为开发当地资源，兴建小型水电站、木材加工厂和石灰厂，构成从化乡镇工业的雏形。此时，全县社办工业 51 家，年产值 204 万元，占全县工业总值的 24.5%，成为县内新兴的工业。由于当时各公社的社办工业采取"平调"方法，土法上马，一哄而起，设备不足，技术欠缺，效益不佳。社办的 11 家炼铁厂所出的产品，只有 30% 可以利用，生产停停歇歇；一些社办化肥厂，既无能力提炼硫酸，又要向国家伸手，结果只好办办停停，以致计划失调，企业亏损。1962 年，县政府为了纠正"平调"风，整顿社办工业，社办钢铁厂相继停办。至 1965 年社办工业缩减为 12 家，工业总产值 78 万元，占全县工业总产值的 9.17%。

1966—1976 年，个体手工业受到严格限制，他们的生产活动大都只局限于本乡本土，乡镇的部分手工业者则进入集体企业当职工。从化工业尽管受"左"的严重干扰，工厂生产秩序受破坏，但是从化人民在极其困难的条件下，仍然没有放弃发展生产力。这一期间，从化兴办了氮肥厂、微生物厂、复办水泥厂等一批国营工厂，从化工业有了新发展。

1971 年以后，二轻集体工业进行机构调整，25 个生产合作社分别合并为 1 个合作工厂、12 个生产合作社和 1 个生产合作小组。各公社的手工业社下放归所在公社工交办公室管理，各公社的二轻集体工业成了乡镇工业的一部分。二轻局只直接管理红旗铁木合作工厂、街口五金社、街口机缝社和街口竹器社等驻县城工业。

经过发展，1976 年，全县工业总产值 3871 万元，其中国营工业占 67.7%；二轻集体工业 15 家，工业总产值 381 万元，占全县工业总产值的 9.8%；乡镇工业 34 家，工业总产值 871 万元，占全县工业总产值的 22.5%。1976 年开始，二轻工业恢复自愿结合、自负盈亏、按劳分配、按股分红的经营宗旨，发展横向联合。

第五节

第五节 城市建设逐步完善

伴随着从化农业与工商业的发展，从化的城市建设也在不断完善。从基础公共设施的建设到交通、教育、宣传、卫生等领域的发展，从化人民的生活质量在政府的领导下不断提高，在探索社会主义道路建设的这一时期内取得了可喜的成就。

一、全县推进城市建设步伐

（一）基础建设

中华人民共和国成立后，吕田乡人民政府划出旧圩东至从新公路两旁的土地3万平方米为新圩建设用地，规划并组织发动群众建设吕田新圩。1954年，吕田新圩建成开放，新建店铺80多间，还有村坊市场4个，分上街、中街、南街、北街4个主要街道，路宽8米，旧圩则改为住宅区。1958年，拆建北街市场，改建为公社大楼。自此以后，县、公社及各部门对圩镇建设进行逐步投资。至1985年，先后有粮店、商店、工厂、水电站、车站、森工站、邮电所、税所、学校、卫生院等建筑，镇内街道铺设下水道和混凝土路，全圩新建房屋面积4.3万平方米，为1949年的7.5倍。

中华人民共和国成立后，从化的圩市有兴有废。

1950—1957年为恢复阶段。此时期，各区公所驻地的圩镇先后新建、改建和扩建了各种商业和服务业设施，如粮食加工厂、粮仓、邮电所、卫生院、学校等。

1958—1967 年为改造旧圩阶段。各公社驻地的圩镇在人民公社化等历史环境下，进行社队办厂场、兴建村镇公路、实行三级办电，发展文化教育事业和市政公用设施，使各圩镇都建设了一批农械厂、综合加工厂、铸铁厂、小水电、初级中学、公社办公楼、公社会堂（或影剧院）等，并旧圩店铺、改造旧圩街道和发展新区。

"文化大革命"十年期间，各圩镇建设停顿。至 1985 年，全县有 10 个圩镇。称镇的有太平、鳌头、良口、吕田 4 个，称圩的有龙潭、民乐、棋杆、神岗、石坑、鸡笼岗 6 个。

（二）交通建设

革命老区镇吕田是从化北部的偏远山区，交通一直以来都很不方便。

1957—1959 年是从化交通运输事业和城市建设有较大发展的一段时间。三年间全县修筑公路 18 条共长 91 千米，县内的客运可开通至广州，以及县内的温泉、良口、黄竹塱、吕田等地，仅至广州的年客运量可达 16 万人次。

其间，从化掀起全民办交通的筑路热潮。吕田三村的老区人民夜以继日地点着松明柴火修筑塘广凹至三村公路。由于四面八方全民出动进行公路修筑，如沙溪茶亭至分水、三角洋楼至大迳、小海桥至上罗沙、新沙塱至石坑、石坑至南平、大桥迳至桃莲、吕田至桂峰村、棋杆至横岭等公路，都是在同一年 1958 年建成的。

这些公路在施工前都来不及测量设计，只由公社、生产大队干部步行共同商议选定路线，以插上夹着三角红纸的竹签作为标志，确定填、挖路基的宽度，以生产大队为单位划分修筑路段任务，定期进行质量检查验收。

1959 年，由吕田经旧中学、柯村、联丰到桂丰乡政府的公路开通。经过艰苦奋斗，1960 年从化修成公路 42 条，长 220.3 千米；新建木桥 63 座，长 7233 米；改建和新建永久性桥梁 10 座，长 414.3 米。1961—1965 年，从化的公路工作重点转移至改善、提高公路技术等级和改建公路危桥等方面。

1962 年，由塘广凹开通公路到分岙、塘面、坪岭、大坡至地派、龙门等地。1964 年，由横溪架桥通公路到小杉大队，途经雄黄岭、石坝、官洞等地。1965 年，由全县民工集中力量，从吕田圩开公路途经竹坑、汾田、东坑到达五和。至此，全县各公社均通公路。1966—1975 年，从化人民千方百计克服种种干扰和困难，继续修筑公路，建设桥梁。

伴随着公路的建设，革命老区镇吕田的交通客运事业也逐渐发展起来。

中华人民共和国成立后，县内的汽车客运路线逐步延伸至各区（乡），客运量不断增加；客车班次随之增多。1952 年，全县有客车 6 辆，客运量 9.2 万人次。吕田至广州客运线于 1956 年开设，每天对开 1 班，年客运量 1.8 万人次。

20 世纪 70 年代，从化县增设鳌头、龙潭、鸡笼岗、民乐、陂下、高平、莲麻、大夫田、下罗沙、石坑、民乐茶场等客运线路。1971 年，街口至温泉、良口、吕田、莲麻、黄竹塱、鸡笼岗、石坑、龙潭、民乐、鳌头等地客运线开设。同年，街口至吕田客运线开设，每天对开 1 班，年客运量 1.88 万人次。吕田莲麻至广州客运线于 1976 年开设，每天对开 1 班，年客运量 3.48 万人次。

（三）通讯建设

伴随城市建设铺开的还有通讯建设。

1949 年，从化县设邮政局和电话所。

1952 年 5 月，邮政局改组为邮电局，下辖麻榨、永汉、沙逶、龙江、龙华、干陵、左潭、地派、水丰（今铁岗）、蓝田、树园口、獭子圳、公庄、显村、古岭、立溪、吕田等 17 个代办所。

而在长途电话的架设方面，从化主要依托龙门县同步建设。1950 年 8 月，龙门至增城铁扇关线路架通，与市话、农话合设交换机 1 台，容量 20 门。1951 年 11 月，架设龙门至河源线路，1952 年 3 月开通。1952 年 5 月，架通龙门至博罗公庄鸦鹊楼、从化吕田线路，单独设交换机 1 台，容量 10 门，形成邻县通信网络。1958 年，增开龙门至广州、新丰、惠阳电路 3 条。1975 年，首次使用载波电路（龙门—温泉），增设龙门至广州电路 2 条，安装 3 路载波机 2 部，总设备容量 6 路，简易半自动拨号 1 路。

从化县自 1951 年建广播收音站起，经历了 4 个发展阶段。

1950 年底，县建立广播收音站。当时设备简陋，只有 1 台五管收音机、1 个电箱、1 部手摇留声机、1 台扩大机（开会用）和 3 个有线广播喇叭，配有站长、机线员、收抄员共 3 人。主要任务是收抄省电台的记录新闻，然后印成油印收音小报，进行宣传。有 1 人负责每天定时收录上级广播电台的广播新闻，再转抄张贴或重播。

1955 年 9 月，在全国第四次广播工作会议的推动下，收音站改称为有线广播站，站址设在县委、县政府大院内，有编制 3 人，除广播上级广播电台的记录新闻外，还试播了自办节目，主要内容是县内新闻、县领导讲话以及文件资料等，同时还播放一些文艺节目。这时的有线广播初步形成以县城为中心、通过导线逐步向各地扩展的广播站。县广播站有收音、扩音、转播设备，有一定数量的线路和喇叭，不仅能够转播上级电台节目，还有县内新闻等自办节目，站内逐步配备了专职记者、编辑、播音员、机线员、机修员。1957 年，鳌头建成全县第一个区级广播站。至 1959 年底，吕田、良口、街口、龙潭、城郊、温泉先后建成广播站，全县共安装广播喇叭 6932 只。1958—1961 年，神岗、鳌头、良口、吕田、城郊、龙潭等一批人民公社广播站和街口镇广播站相继建立。它对宣传党的路线、方针、政策和通报全县各项社会主义建设活动起了重要作用。这一时期的广播被直接用作指导实际工作的工具。

1962 年，根据中央广播局对农村有线广播提出"缩小规模，合理布局，提高质量"的调整整顿方针，从化县有线广播站调改为从化县人民广播站，并将街口镇广播站并到县广播站统一管理。这时，从化的有线广播进入大发展阶段，棋杆、温泉、江埔、太平、民乐、灌村公社广播站接连建立。至 1966 年，从化 12 个公社均建起广播站。温泉以南的 10 个公社 80% 的大队自己购置广播扩大机，办起广播站，吕田、良口两个山区公社也有 60% 的大队办起广播站。社队干部都利用有线广播指挥生产、进行思想政治教育。

20 世纪 60 年代后期和 20 世纪 70 年代前期是从化有线广播事业的兴旺时期。全县建起公社至大队、大队至生产队和农户的广播线路 2000 千米，安装大小喇叭 3 万多只，广播连接千家万户。在街口地区的商店、厂矿企业等实行喇叭收费。后来从化县人民广播站改为毛泽东思想宣传站。这期间，县至公社的广播信号传送，主要靠每天早晚两次借用县邮电局电话线半小时播送全县联播节目。其余时间县站只对县城广播。各公社圩镇、农村广播就靠公社广播站收转省电台、中央台和举办各公社站的自办节目。1969—1970 年，在原有县至各公社的电话线上搞了平战两用的载波广播（即用电话线传送广播信号）。

1977—1980 年上半年，由广州市广播处投资 30 万元，兴建由街口至各公社的广播专线 180 千米。由于资金、队伍、技术等问题，从化农村有线广播经历了几起几落。

（四）其他基础设施建设

经济设施方面，中国人民银行从化县支行于 1950 年成立，内设会计、出纳、业务 3 个组，隶属韶关专区中心支行领导。1952 年，增设鳌头、吕田、麻村、鸡笼岗等 4 个营业所。

在地方法庭建设方面，革命老区镇吕田较为偏远，因此地方法庭的建立相对较迟。1951 年 2 月，从化全县 5 个区（后为 6 个区）设立区人民法庭。1953 年，土改结束后，区人民法庭撤销。是年 12 月，县内第一、四区成立第一巡回法庭，之后第二、三区成立第二巡回法庭，第五、六区成立第三巡回法庭，实行定时、定员就地审判，方便群众诉讼，并由各区选出若干名人民陪审员，实行人民陪审制。1955 年，各巡回法庭改为固定人民法庭，作为县法院的派出机构，各庭配备两三名干部驻庭办理辖区内的案件。1958 年 10 月，从化、佛冈两县法院合并时，下辖 8 个基层人民法庭；12 月，县公、检、法合并为政法公安部后，基层人民法庭撤销。1973 年 5 月 16 日，复设太平、江埔、城郊、良口、鳌头等 5 个基层人民法庭。1975 年，增设吕田人民法庭。1978 年，增设流溪河林场人民法庭。

二、教育文化医疗卫生发展良好

（一）教育发展曲折前进

从化的教育事业在中华人民共和国成立之前的发展比较缓慢，在中华人民共和国成立之后，教育事业得到了较大的发展。

1949 年底，县政府接管环城、吕田乡中心小学后，分别改为县立第一、第二小学。吕田乡中心小学的前身是尚义社学，它曾是从北吕田党组织活动地旧址。尚义社学是明清时期从化设的蒙学学堂，民国时期称"流溪学社"，中华人民共和国成立初期被命名为从化第二小学，后称吕田中心小学，学校于1953年迁出尚义社学原址。

1950年，各乡村纷纷兴办简易小学。1951年底，全县有小学290所，在校小学生发展到1.79万人。1952年上半年，县文教科调整小学布局，合并、压缩108所简易小学；同年下半年，县各级政府全面接管小学，县内民办小学全部改为公办小学，教育经费统一由政府拨给；每个行政区内设若干个学区，每个学区设中心小学一所。1952年，全县只有初级中学1所、学生530人，小学100所、学生1.76万人，教职工763人。1953年，全县对小学的班级设置、学校管理、教学质量和教师队伍进行整顿，取消县立小学，完善中心小学。至1954年，全县公立小学102所，其中完全小学42所，502个教学班，在校小学生1.65万人。1958年，全县贯彻公办、民办相结合的"两条腿走路"方针，各生产大队兴办民办小学。至1961年，全县有小学271所，教学班1053个，小学生3.21万人，其中民办小学164所，教学班298个，小学生6911人。1965年，全县增设公立小学33所，小学共计644所，教学班1539个，小学生6.66万人。1974年，全县所有小学均转为公办。1976年，全县小学214所，教学班1744个，在校学生5.89万人。

1978年，县恢复设置重点小学，各公社、场、镇复设中心小学，县内小学教学质量有所提高。

中华人民共和国成立后，从化的中学教育呈阶段性发展，大致可分为三个阶段。从中华人民共和国成立初至1965年，教育按部就班，稳定发展。而1966—1976年"文革"期间，中学数量剧增，就学人数虽然大大增多，然而受社会大环境影响，教学不正常，学生文化素质不尽如人意。1976年以后，教育布局得到调整，教育、教学秩序恢复正常，教学质量不断提高。1950—1985年，全县初中毕业生8.26万人，高中毕业生3.22万人。

1950年，温泉中学、从城中学、太平中学、县立简易师范学校合并为县联合中学，校址设在原从城中学（含从化中学）。是年，县里建立从化公学，培训干部和中小学师资。是年4—10月，中学校长利伟之被选为从化县第一届各界人代会常委会副主任。1950年1月至1951年8月，小学校长黄恩垣被选为从化县第二届各界人代会常委会副主任（后连任）。1952年，县教育部门接管学校，调整和建立区中心小学体制，重新确定各乡村小学校名。1950年，全县有县联合中学、良口中学2所中学，次年分别改称为县立第一、第二中学。1952年，县立第二中学并入县立第一中学。此后4年，全县仅有初级中学1所。

1956年，良口小学、太平小学、鳌头小学分别开设初中部，县立第一中学易名为从化中学，并开设高中部，全县中学生1.03万人。全县农村建立业余学校825所，有群众教师200多名，参加业余学校的群众3.75万人，县城建立机关幼儿园。1957年，从化县被韶关专区评为扫盲先进县。1958年，县委党校成立，县人委提出"大办初中，普及初中教育"的号召，良口、鳌头、太平3所小学的初中部升格为初级中学。全县中学增至4所，在校中学生共1654人，其中高中生154人。1958年6月，县教育局设立函授（业余）师范学校，并在太平、良口、吕田、城郊、鳌头分设5个函授站。全县430名未达到初等师范、中等师范学历的小学教师参加学习。函授学员以自学为主，由主办学校发给教材，并定期面授、考试。

1960年，全县举行扫盲大会考，2.1万人参加考试，1.57万人合格。是年，全县有中学6所、学生2924名，职业学校8所、学生771名，小学299所、学生3.2万名，幼儿园673班、幼儿

2.6 万人。是年 8 月，以吕田、江埔小学附设的初中部为基础，增设吕田、江埔 2 所初级中学。

1965 年，县劳动大学在九里步建成开课，招收学员 168 名，实行半农半读教育制度；在龙岗兴建温泉中学。至 1965 年，全县有完全中学 1 所，初级中学 5 所，在校学生 3058 人，其中高中学生 380 人。

1966 年，增设龙潭、神岗、温泉（今龙岗）3 所初级中学。1970 年，全县创办工业、农业、卫生、师范等 4 所专业学校，实行"社来社去"，教育、劳动、科学实验相结合。1970—1972 年，从化先后创办流溪河林场、横江、街口等 3 所中学。

1966—1976 年"文化大革命"期间，由于教育发展过快，又受到社会环境影响，教学质量明显下降。这一期间，全县初中毕业生 4.76 万人，高中毕业生 1.94 万人。

1978 年，县复设从化中学为重点中学，并增办江埔凤凰、神岗赤草、太平飞鹅、棋杆石塘等 4 所中学，教学质量开始恢复。

（二）医疗发展成果喜人

在医疗卫生方面，中华人民共和国成立前，从化县城开设卫生院负责医疗工作，当时的乡村医疗多数是以中草药治疗疾病，常见的烈性传染病有天花、鼠疫、霍乱病，急性传染病有麻疹、伤寒、痢疾、白喉等，慢性传染病有麻风、结核病，地方病有疟疾病、血丝虫病、地甲病（俗称大颈泡）、地氟病等。

中华人民共和国成立初期，县委、县政府结合抗美援朝运动，组织开展群众性爱国卫生运动，灭"四害"（即蚊、蝇、臭虫、鼠），改善城乡环境卫生。1950 年 4 月，县政府接管民国期间创办的卫生院（后称县人民医院），1952 年卫生院开办住院部，设病床 10 张，有医务人员 13 人。

中华人民共和国成立后，从化全县各区（公社）、镇建立的卫生院既是各地的医疗机构，又是指导各地卫生运动的管理机构。1952 年，县内建有太平、鳌头、石坑、良口、吕田等 5 个卫生所，共有卫生技术人员 26 人。但全县医疗卫生仍处于缺医少药状态。

1955 年，街口、太平、鳌头、龙潭、鸡笼岗、良口、吕田等圩、镇组织个体医药人员建立联合诊所，有中西医药人员 96 人，其中中医师（士）21 人，中药人员 32 人。

1958 年 10 月，各地以卫生所、联合诊所为基础成立英雄、东方红、鳌头、太平、良口、吕田等 6 个公社卫生院，有中西医药人员 132 人，开展中西医门诊、医疗妇幼保健和卫生防疫等工作。

吕田公社卫生院于 20 世纪 50 年代即可施行外科医疗手术。良口公社卫生院在 20 世纪 60 年代增设了外科手术业务，可施行阑尾切除、疝气等手术。至 1985 年，可开展外科手术的区级卫生院有吕田、良口、鳌头、太平、神岗、灌村等 6 所。

1968 年，吕田、良口、龙潭、鳌头、棋杆、神岗共 6 所卫生院吸收社会上的牙医，先后开设牙科。1974 年，鳌头卫生院设立五官科。1975 年，江埔、城郊等卫生院又先后设立牙科；至 1985年，吕田、太平 2 所卫生院先后把牙科改为五官科，医疗业务进一步扩大。

1965 年，吕田、良口卫生院先后设立检验室，开展常规检验。至 1973 年，全县各卫生院都先后设立检验室，其中鳌头、吕田等地卫生院开设部分项目的生化检验。1978 年以后，县内有 5所卫生院开设细菌培养项目，8 所卫生院开设生化检查。

1970 年后，县医药公司先后在街口、太平、鳌头、良口、吕田等地设立西药批发部及零售部，西药销售额迅增。1977 年，吕田公社卫生院设有心电图和超声波室。1978 年，鳌头、吕田、太平等 3 所卫生院开设胆囊造影检查。

从化吕田革命老区镇的医疗体系就是这样逐步建设起来的。在打造医疗体系的同时，吕田等地区也一次次战胜各种当地常见流行病，取得很好的战果。

疟疾病又称发冷病，主要分布在吕田、良口、流溪河林场等山多林茂的地区。中华人民共和国成立前，上述地区发病率超过85%，由于治疗不及时，不少患者肝脾肿大。1950—1985年，疟疾病发病6.2万人次，全县先后普查9.52万人次，普治4.67万人次。

由于中华人民共和国成立初期无防疟机构，防治措施落实不够，1953年，从化全县发生疟疾11724例，发病率为717.36/万，发病率较高的如吕田镇桂峰大队，疟原虫感染率为11.33%，恶性疟占45.84%，间日疟占50%，三日疟占4.16%，成人脾肿率占19.7%，7—12岁学生脾肿率占38%。县组织防治队普查2.54万人，发现病人1.17万人，阳性率达4599/10万。1953年，从化县人民政府组织县防疟队伍，开展普查普治工作，普查2.55万人，治疗1.17万人。1954年普查普治1.31万人。

1956年，吕田、良口被列为高疟区，广东省卫生厅在街口镇、江埔联星建立广东省疟疾病防治站，开展疟疾病的防治及流行病学的调查。该站驻有国内和苏联高级防治疟疾病专家。同年6月成立从化县卫生防疫站。为了开展灭疟工作，开办疟疾防治专业培训班，培训各级卫生技术人员、临时喷洒员949人。在依沙耶夫教授等苏联专家及省专家的指导下，1956年3月组成抗疟专业队，开展广泛的疟史调查及治疗，对全县30个生产大队以入户调查和诊病询问等方式，调查17.01万人，发现发病9051例，凡发现疟原虫者均用药物阿的平和百乐君进行系统治疗。

1957年，调查20多万人，发病3081例，使用阿的平、伯氨喹啉和乙氨嘧啶等药物进行抗疟治疗1.27万人次。1957年发病率比1956年下降47.07%。1958年，调查12个公社16.68万人，发病 5666 人，其中新发病 773 例，脾肿大最高 24.4%，最低 4.4%，均进行系统治疗，1958 年发病率比 1957 年下降 66.86%。村民和小学生的肝脾肿大率和原虫率分别从 1956 年的 56.8%、16% 下降至 19.4% 和零。1959 年，全县疟疾病发病 68 人，发病率降至 31.9/10 万。1963 年，疟疾病又一次大流行，当年普查，阳性率达 2605.2/10 万，全县普治 1.03 万人。同年，县卫生防疫站开展蚊类监测，组织专业灭蚊队 8 人下乡协助生产队卫生员，使用"六六六"粉和"敌敌畏"灭蚊。1956—1958 年连续三年共喷洒人房、牛房 200 多万平方米，受保护人口 30 多万人，全县发病率从 1953 年的 717.36/万下降至 1959 年的 1.82/万，基本达到省消灭疟疾的指标。

1963 年，由于当时放松了对疟疾的防治工作，对疟疾传染源根治不彻底，疟疾再度流行。从化全县发生疟疾 5948 例，发病率为 260.5/万，成为 1953 年后最大的一次发病流行，波及 8 个公社、1 个林场、149 个大队，流行区人口 13.37 万人。流行期间，有几个地区发病率较高：良口公社 143.13/万，流溪河林场 1292.72/万，吕田公社 684.94/万，太平公社 307.16/万。吕田公社东坑大队占 80%，鞍山大队占 80%，良口公社以南的大队占 70%。太平公社乌石大队、飞鹅大队、秋风大队等均占 50%，神岗公社的水槽大队、员洲岗大队、湖田大队、邓村大队均占 67%—80%，江埔公社锦联大队、上罗沙大队、下罗沙大队、高峰大队、凤凰大队等均占 70%。

1963 年，疟疾流行最先发现的病例是吕田公社东坑大队、太平公社乌石大队和神岗公社水槽大队，流行趋势由北向东南地区扩散，出现禾黄无人收割的状况，可见当年从化县疟疾流行的程度是多么严重，对人民健康和农业生产造成的危害是不可估量的。在县委、县政府的领导下，由县卫生主管部门、县卫生防疫站组织抗疟专业队伍，培训抗疟人员和药物喷洒员 8752 人，开展春、秋季节抗复发治疗和药物滞留喷洒工作。

1964 年，从化县卫生防疫站再次组织抗疟队伍，进一步培训各级技术人员和喷洒员 889 人，开始疟史调查和治疗，对 1963 年疟疾流行的 8 个公社和 1 个林场（总人口共 13 万人左右），调查 111334 人，发病 8065 例，其中复发病例 2117 例。使用伯氨喹啉和乙氨嘧啶治疗现症病人，并进行抗发病治疗。发病率从 1963 年的 260.5/万，下降到 1965 年的 11/万。流行区内采用 25% DDT 可湿性粉剂和"六六六"粉进行人房、牛栏滞留喷洒灭蚊工作，喷洒面积 1400 多万平方米，三年中受保护人口累计 60 万人。到 1967 年，喷洒民房 1126.64 万平方米。

通过三年来连续不断地进行反复查治，1964 年从化县消灭了恶性疟和三日疟，基本消灭了间日疟。1990 年，疟疾发病率由 1967 年的 1.23/万下降到 1/万以下，达到省基本消灭疟疾的标准。

除疟疾外，从化北部山区还流行地甲病（俗称大颈泡）。1975 年开始，县内进行积极防治，收到良好效果。当年县卫生防疫站在吕田公社莲麻等大队开展地甲病的普查普治。1976 年，县卫生防疫站在吕田卫生院举办地甲病防治学习班，培训防治骨干 22 人。1976—1977 年，全县普查 21 万人，发现地甲病患者 4910 人，发病率为 2.31%，其中吕田公社患病率为 10.4%，良口公社为 4.99%，流溪河林场为 14.2%，神岗三百洞为 12.4%。从 1979 年起，县卫生防疫站会同商业、供销部门，向全县供应万分之 0.5 的含碘食盐，对地甲病进行为期 5 年的普治，至 1981 年全县共供应含碘食盐 1066 吨。1982 年，县卫生防疫站在良口公社良平大队抽样检查，地甲病的患病率从 1976 年的 9.3% 降至 2.26%。

第五章
开启改革开放新探索

　　党的十一届三中全会后，从化紧跟时代步伐，开展拨乱反正、农业工业改革、全方位对外贸易、开发旅游产业拓宽经济发展等重要工作，随后又紧抓撤县设市的新机遇，迎来建设发展新时期。

第一节 革命老区的建设与发展

一、吕田革命老区的建设与发展

改革开放后，吕田革命老区的农业、林业、工业得到不断发展，形成新局面。在交通建设、旅游资源开发以及新农村建设事业等方面，吕田镇紧抓机遇，积极进取，取得显著成效，人民生活质量不断攀升。

（一）农业发展谱写新篇

1. 联产承包责任制打开老区农业发展新局面

在改革开放春风的吹拂下，吕田革命老区和全国一样，开始实行家庭联产承包责任制，打破"大锅饭"的集体经济，彻底解放农民禁锢的思想，让广大农民劳动致富。

吕田镇的农业以种植业为主，其中粮食以水稻为主。家庭联产承包责任制推广后，从化各种农副产品也逐步放开，农业生产建立起市场调节机制，放中有管，管放结合，促进产品流通。在此趋势下，吕田镇的经济作物种植面积逐渐增多。

1982年后，吕田镇积极响应中央及省、市各级指导政策，在家庭联产承包责任制的基础上，增大花生、蔬菜等经济作物种植面积。1983年，吕田镇的水稻播种面积2433.33公顷，产量9980吨，比1979年增加57.36%；花生种植面积79.6公顷，比1979年增加51.87公顷，产量增加到89吨；蔬菜种植面积57.33公顷，比 1979 年增加 23.47 公顷，产量 2042 吨，比 1979 年产量增加 289.69%。1990 年，吕田村民开始利用自然条件，发展种植反季节蔬菜，当年蔬菜种植面积增至 267.2 公顷，年产量 4002 吨。2004 年，吕田继续落实农村土地承包责任制，做好农村土地承包经营权证书的发放工作，完成全镇 21 个行政村 6217 户的经营权证书发放工作。当年全镇耕地面积 2180 公顷，水稻播种面积 2313.33 公顷，产量 1.11 万吨；蔬菜种植面积 1226.67 公顷，产量 2.94 万吨；花生种植面积 75.67 公顷，产量 248 吨。老区的农业发展迎来新局面。

2. "三高"农业推动老区农业产业化发展

1992 年，国务院作出发展"三高"农业①的决定。1993 年，从化县委、县政府《关于进一步加快农业和农村现代化建设若干问题的决定》提出，进一步调整和优化农业产业结构，以市场为导向，大力发展优质高效高产农业，并实行"谁投资、谁所有、谁得益"的原则。这一决定提高了农民的生产积极性，为撤县设市后的从化尤其是革命老区的"三高"农业发展奠定基础。

1993 年，吕田根据相关政策与当地实际，着力发展"三高"农业，其中种植优质茶 73.33 公顷，种植西贺圆、青刀豆、龙须菜等反季节蔬菜及大肉姜、巨峰葡萄共计 146.67 公顷。吕田镇委、镇政府始终把农业作为国民经济的基础，切实加强对农业和农村工作的领导，增加对农业的投入。1997 年，吕田开始大办无

---

① "三高"农业，即"高产、高质、高效"的农业，实质上是以科技要素与现代化物质要素投入替代对增加土地等传统资源投入的依赖，按照多级综合循环利用原理，最大限度地提高物质、能源的利用率和转化率，使之成为农业增长的主动性，进而获得预期的规模经济效益，最终以效益来检验和衡量农业发展的标准，进而达到经济效益、社会效益、生态效益的统一。

公害蔬菜种植基地，蔬菜生产由传统型向现代化、城郊型转变。吕田安山办起从玉菜场，新联村农民由稻农转型为菜农，全村种植各种蔬菜面积93.33公顷。2000年起，在一批农业龙头企业的牵引下，吕田镇的农业种植朝"公司＋基地＋农户"的生产模式不断发展。该镇创建100公顷水稻粮食创高产示范片、100公顷水果种植示范基地、新联村66.67公顷蔬菜点等，并积极开展技术示范指导工作，大力推广新的生产模式，推广蔬菜种植面积，举办各种科技培训班，推广良种良法，积极解决农产品的销路，全镇"三高"农业得到新发展，蔬菜常年种植面积达220公顷，水果种植面积达2933.34公顷。2000年吕田全镇农业总产值7340万元，粮食总产量1.01万吨，水果总产量8199吨，蔬菜总产量1.23万吨。2008年，吕田镇还加强特色产业发展，成功种植紫云英86.67公顷、油菜花100公顷，发展观光旅游农业。这一年吕田镇的农业总产值达1.65亿元。

除了传统种植产业，吕田的水果种植业和花卉产业也逐步发展壮大。20世纪90年代以来，吕田革命老区镇成为水果新产区。1994年，吕田镇水果种植面积突破万亩。此后，吕田的水果种植不断朝着规模化、产业化发展，形成一批水果种植基地。如吕田桂峰村办起产区规模达300公顷的桂峰水果基地，种植三华李；吕田安山村兴办起规模为40公顷的安山水果基地，种植枇杷和杨梅等。吕田的花卉种植以高山花卉为主。2000年，吕田缤纷花木场在吕田镇竹坑村创办，不仅解决当地近百名村民的就业问题，还为村民带来租地租金收入，并辐射带动吕田镇花卉产业发展壮大。

在农业发展新格局中，吕田镇出现了一批农业种植示范基地。吕田镇安山村是从化五大优质水稻示范区之一，从化吕田镇高山花卉基地是从化四大花卉示范基地之一，吕田塘田村粤旺菜场则是从化四大蔬菜场之一。吕田东升有机蔬菜生产基地在从化农业局的协助下，不断完善基地基础设施建设，实现农田标准化、加工工厂化、检测规范化、耕作机械化、技术现代化、环境生态化、经营产业化，综合生产能力全面提高，成为广州市十大蔬菜生产基地之一。桂峰村三华李基地、狮象村蔬菜基地、五和村沙糖桔基地等 12 个基地获得农业局审批的产地认证书。

吕田镇的农业发展也得到一批农产品加工、生产企业的助力。2002 年，广州华隆保鲜有限公司在吕中村兴办蔬菜种植基地，台商的美和畜牧养殖有限公司在狮象村落户，广州林业发展公司在联丰村建起菌类食品生产基地。2003 年 7 月，广州东升有机种植有限公司投资 300 万元，在水埔村狮象岩一带，建设有机食品生产示范基地，面积 100 公顷，从业人员 150 人，是广州市的有机食品生产示范基地。从化与各国驻穗商协会及兄弟贸促机构沟通，引荐巴西波尔马公司到从化市吕田镇合作投资养牛场。在这些企业的带动下，老区人民走上致富路。如广州华隆保鲜有限公司在吕中村与蔬菜种植大户合作租地 6.67 公顷种植蔬菜，还发放蔬菜种子给附近农户种植，并与农户签订合同以保护价收购。广州从化龙丰园果子食品厂在吕田镇设立的果脯加工厂，解决部分农户果子销售难的问题。从玉菜业公司在东联、东坑两村以"基地＋农户"的方式，带动 200 多户农户种植反季节蔬菜 100 公顷。

2012 年，吕田镇投入资金 1096 万元开展农建项目 6 个，惠及吕新、份田、莲麻、狮象、五和、联丰等 6 个村；培育申报安山村为观光休闲农业示范村；还新发展和坪蜂业、荣泰园艺、尖峰沙糖桔和新优蔬菜等一批专业合作社，新打造五和村金银花基地、吕新村淮山基地、吕中村蔬菜种植基地等多个较大型的种养基地，开展集约化种植，进一步提升农业生产效率。

3. "一村一品"加快老区农业结构调整

打造"一村一品"特色农产品，既具有地方特色、区域优势和较强的竞争力，也能加快老区农业结构调整的步伐，使老区的农业生产发展迎来新希望。

2006年，吕田镇内"一村一品"及无公害农作物产地、产品认证取得长足发展，农业总产值达1.36亿元，比2005年增长6.2%。2007年，吕田镇争取上级资金支持，继续大力支持"一村一品"专业生产，扶持腊味生产专业户成立专业经济合作社，安山村枇杷、份田村番薯、桂峰村三华李等获得从化"一村一品"授牌，扩大安山枇杷种植面积66.67公顷，并继续培育东联村佛手瓜、五和村沙糖桔、鱼洞村蜂蜜、新联村大芥菜等新特色产品专业生产。2008年，吕田镇继续加强特色产业培养，培育东联罗汉果、鱼洞蜂蜜等"一村一品"专业生产村；吕田大芥菜被评定为从化"一村一品"，直接增加当地农民纯收入200多万元。2009年，从化农业局对大芥菜以广州市从化一村一品农家乐发展有限公司作为经营主体，通过"公司＋基地＋农户"的经营模式，建立中心示范基地20公顷，辐射带动村民种植66.67公顷。吕田镇三村村还引进黑花生种植，成立专业合作社，并注册商标"花骄子"。三村村黑花生种植面积达到13.33公顷，为当地带来150万元的主导产业收入。

至2012年，吕田镇实现农业总产值2.63亿元。吕田镇打开农业发展新局面，农业产业布局基本形成南部以发展稀、优为主的绿化水果带；东部以发展旅游业和反季节蔬菜为主的绿色观光带；北部以有机农业、花卉种植为主的绿化产业带；西、北部以中草药种植为主的休闲观光农业产业带的发展格局。

（二）绿色革命带来机遇

1985年，广东省委、省政府作出"五年消灭荒山、十年绿化广东大地"的号召，在山区工作会议精神的指引下，吕田老区人民对农业生产和农村经济发展发生了思想、观念上的转变，老区的农业生产和农村经济发生根本性的变化。在众多决策指引下，吕田人民同心协力，艰苦奋斗，展开一场以消灭宜林荒山为主题的绿色革命，掀起以造林种果为中心的群众性开发生产热潮，振兴山区经济。

当时，吕田镇共有森林面积1.48万公顷，木材蓄积42.17万立方米，森林覆盖率50.18%，尚有宜林荒山4880公顷。经过努力拼搏，到1991年，从化获"全国造林绿化先进单位"称号，顺利通过省绿化达标验收组验收。1992年2月经省委、省政府批准，全县实现绿化达标，荣获省绿化达标"金杯奖"。这荣誉的获得，有吕田老区人民的一份功劳。1995年，从化市委、市政府在吕田部署种果规划，吕田、东明和良口北部山区在15°—25°坡度地带疏林种果，逐步发展成大型柿、梅等水果生产基地。

绿色革命为山区经济发展带来新的机遇，2007年3月，从化被广东省人民政府授予"林业生态县"称号。从化尤其是吕田革命老区人民在传统农业种植的基础上，拓宽农村经济发展的模式，既提高家庭经济收入，也为从化的山林保护作出贡献。

（三）工业企业提质增效

吕田镇作为山区镇，虽然工业发展受限于地理条件，但以建材行业和小水电业为主的乡镇工业企业在改革开放后开拓进取，成为老区经济新发展的动力。

1979年，吕田镇有社办农机厂、砖瓦厂、木器厂、粉厂、粮食加工厂、电厂、建筑队等集体企业，工业产值86万元。20世纪80年代初期，村办企业、个体私营企业逐步兴起。至1984年，吕田的村办和私营企业工业产值达290万元，占全镇工业产值40%。20世纪80年代后期，镇办、村办和私营企业有较大发展

（含小水电），联丰、安山、草埔等村逐步形成石料加工小工业园，石料加工成为吕田乡镇企业一大特色。1989 年，吕田全镇工农业产值 3600 多万元，其中工业产值占 46%，年创税利 100 多万元，出口创汇 367 万元。全镇四级企业 87 家，从业人员 2500 人，有安山石料厂、吕田水泥厂、长滩电站、青年电站等骨干企业。

20 世纪 90 年代，吕田镇的石料开采带动加工工厂的落地。1992 年，从化吕田双飞碳酸钙厂成立，开发、生产和销售重质碳酸钙、轻质碳酸钙、活化钙、透明粉等产品。1993 年，吕田全镇有水泥、石料、电力、木器加工、制茶等工业企业 118 家；全镇工农业总产值 7201 万元，其中工业总产值 4958 万元，占总产值的 68.85%。1993 年，吕田镇荣兴村由广州抽水蓄能电站水库移民集资建成的广州云星实业总公司，在房地产市场中获得较快发展，成为从化辖区内规模较大的综合性房地产开发企业。1995 年，吕田镇有瓷土开采企业 31 家，全年瓷土企业产值 1020 万元。当年 6 月，总投资为 2700 万元的华洋水泥厂在吕田草埔村建成投产，日产 200 吨，年产量 8 万—10 万吨，产品除满足当地的建筑行业需要外，还销往花都、广州等地，成为当时该镇建筑行业的支柱企业。至 2000 年，吕田安山、桂峰、塘田等村开办采矿场 4 家，铝选矿厂 3 家。2002 年，广州市银田化工材料有限公司在联丰开办地下采石场，大量生产高品位碳酸钙石料，加工成碳酸钙精细化工材料，日产 50 吨。2002 年末，吕田全镇石料加工企业有 45 家，产品有复粉、石米、花岗岩石板材、碳酸钙粉及精细化工材料。2005 年，石料复粉厂发展到 55 家，73 条生产线，年产值 1.54 亿元，占全镇工业产值 90.1%，占全镇经济总量 40%，产品占珠江三角洲销售量 1/3。

改革开放至 21 世纪初，吕田镇的水电站、水泥、采矿场以及石料开采、加工企业推动老区经济的发展，促进当地劳动力就业。

为支持从化地区生态保护发展，在科学发展观的指引下，吕田全镇工业企业开启一番调整。截至 2018 年，吕田镇关闭石材、石粉、陶瓷加工企业 77 家，年总产值 1155 万元。

虽然复粉、石米、水泥以及瓷土等企业逐步减少，但吕田镇通过引进的方式，从 2001 年起成功引进多类型企业，带动老区劳动力就业和经济的发展。如 2001 年引进塘基村富盈针织漂染厂、竹坑高山花卉种植、鱼洞电站、古田编织袋厂 4 家企业，总投资 1500 万元；2002 年成功引进台湾美晨实业有限公司，开办联丰工业园小区等，总投资 3000 万元；2003 年引进广州翔发精细木器制品厂、广州天源草生物科技有限公司等企业，投资额 600 多万元；2004 年通过投资服务中心的帮助，实现引资异地办厂 7 家；2005 年引进广州奇昱化工有限公司等工业项目 12 个，总投资额 1.79 亿元。至 2005 年，吕田全镇有工业企业 97 家，以水电、建材行业为主。当年全镇完成工业总产值 1.65 亿元，比 2004 年增长 16.58%。

（四）交通建设助民致富

从化地处山区，人口分散，大部分乡道呈"鱼骨状"或"树枝形"走向。吕田镇位于从化东北部山区，远离中心城区，交通建设的需求更为突出。1994 年撤县设市后，从化各级公路建设随之提上日程。在各级党委、政府的支持下，吕田镇的交通建设逐步得到改善，老区人民走上致富路。

1999 年，吕田镇投资 193 万元的吕桂公路横溪段水泥路 3.3 千米竣工使用。到 2001 年，吕田镇公路交通顺畅，国道 G105 线横贯吕田南北，其他基础配套设施完备，村村通水泥公路，镇内共有水泥公路 12 条。2003 年，吕田镇投入 98 万元改造狮象村慈坑社、莲麻村河洞社、吕新村黄水口社、份田村猪古窿社、吕中村镇围社的泥沙路 10.8 千米。在全镇 21 个行政村村道全部实现水泥硬底化后，吕田镇又开始自然村村道水泥硬底化建设。至2012年，全镇不断完善辖区内基础设施建设，完成村道建设61条，总长57.708千米，总投入资金2699.2万元，村、社道的管理和维护工作建设取得成效。

交通建设的不断完善，给吕田革命老区带来新变化。农产品能及时流通到市场，农民积极性大大提高，纷纷调整产品结构，大种蔬菜、瓜果，收入大幅增长，革命老区人民的生产、生活变化明显。如吕田镇鱼洞村，以前种植收入只靠毛竹、红柿等作物，蔬菜种植每户只有几分地，自产自销。2000年12月村道修好后，广州从玉菜业发展有限公司利用该村优越的地理条件，办起"公司＋农户"模式的无公害化蔬菜生产基地——从玉菜场鱼洞分场，种植无工业废水污染、无化肥催长、无农药灭虫的优质蔬菜。2001年底，鱼洞全村蔬菜种植面积由0.67公顷猛增到12公顷，占全村耕地总面积的57%。随着农产品价格的提高，老区人民的收入也有所增加。以前由于交通不便和信息滞后等问题，鱼洞村村民卖给菜贩子的蔬菜价格每斤比山外便宜四五毛钱。2001年交通改善后，村民们了解市场行情，到蔬菜收获季节，通过一个电话就能找到人上门收购，种植的蔬菜和水果卖出好价钱，年收入能达到2000年的两三倍。交通建设的发展还深刻改变了鱼洞村村民的观念和生活方式。位于吕田镇桂峰山半山腰的鱼洞村，距吕田圩15千米，是吕田镇较偏远的山村。该村对外沟通，世代唯靠一条人行小道，辖区内大大小小共101个弯。"一年难趁一场圩，三年难见一亲人"，是鱼洞村以前出门难的真实写照。2000年3月，市委书记率有关部门负责人到该村调查研究，提出修筑水泥村道的决定后，村民们纷纷为筑路解囊，全村68户289人，在一个多月内就捐资13万元，连17名出嫁女也自动回家捐资。2000年底，鱼洞村村道竣工，路基宽6米，水泥路面宽4米，长6.9

千米，共有 101 个弯道，人们称其为"101 弯的村道"。修好村道后，鱼洞村半年时间就有 17 户农民嫁娶，过去该村姑娘千方百计嫁出山区，现在已有平原地区的姑娘嫁到山里来。

在轰轰烈烈的村道建设过程中，老区人民继续发扬艰苦奋斗、无私奉献的老区革命精神，展现出新时期从化人的精神风貌，凝聚成鼓舞从化人民为幸福生活不断开拓进取的"村道精神"。随着村道建设的不断完善，老区人民在致富路上的步伐也越走越稳，越走越坚定。

（五）旅游开发逐步成型

1992 年，从化县委、县政府作出"以旅游为龙头的经济发展战略"决定。在省、市及从化各级单位的相关战略决策引导下，吕田革命老区镇开始在当地开发自然风景、人文景观以及特产美食等旅游资源，谱写老区旅游产业新篇章。

1. 自然风景资源开发

吕田镇内名山岩洞甚多，吕田人曾推出"吕田佳八景"，即桂峰山、三角山、鸡枕山、马鞍山、君子嶂、独角嘴、狮象岩、钟鼓岩等。其中，桂峰山、三角山和鸡枕山为海拔千米以上的高山，鸡枕山位于良口辖区。这些名山岩洞各有特色，经过开发宣传，至 2008 年逐步成为从化生态旅游和运动休闲旅游的绝佳去处，吸引各类登山运动爱好者前往，也承办起全国群众登山健身大会等一些大型赛事，推动当地经济发展。

水电站也是吕田独具特色的旅游资源。位于吕田小杉村的抽水蓄能电厂游览区，拥有亚洲大型抽水蓄能电厂工程，装机 240 万千瓦。游览区内有上下落差达 500 米的两座水库，上水库海拔 800 多米，四面环山，有如天池，云雾飘绕在青山绿水之间，如同仙境；下水库水面广阔，碧波荡漾，库中小岛上筑有亭台楼阁。在上下水库之间，沿蜿蜒的盘山公路驾车登山，山林美景可尽收眼底，蔚为壮观。游览区自 1996 年对外开放后，每年吸引数万人前往旅游度假。此外，吕田继续开发一批新的旅游项目，如小杉生态旅游村、响水峡漂流度假区等项目。2007 年 1 月，经广东省人民政府批准同意在吕田镇广州抽水蓄能电站的上水库建立陈禾洞省级自然保护区，这是广州地区第一个省级自然保护区。该保护区东邻龙门县、增城区，南与白云区接壤，西与花都区、清远市相连，北接佛冈县、新丰县，地处大珠三角经济圈，属于广州"北优"发展战略的重要组成部分。保护区规划总面积 7054.36 公顷，其中核心区面积 2039.06 公顷，森林覆盖率 94.69%，是亚热带常绿阔叶林保存较为完整的林区之一。区内物种起源古老，成分复杂，同时也是珍稀野生动植物基因库。2008 年，吕田镇借助抽水蓄能电厂游览区得天独厚的资源优势，投资 50 万元，进一步进行小杉生态旅游村项目建设，修编小杉乡村旅游总体规划和可行性研究分析。2009 年，响水峡景区已在广州地区具有一定知名度，吸引大批游客。

2. 人文景观资源开发

20 世纪 50 年代开始，从化辖区内陆续发现新石器时代以来的古遗址，有桂峰山、狮象、白庙沟、社迳坑、后龙山、龟咀码头、龟咀红砂岩石场、县城墙遗址、海螺滩、吕田岗等处，出土一批青铜、石器。其中有不少古遗址在吕田镇内。1980 年，吕田吕中村村民在高顶湾山山脚取土挖出大批青铜器，还有鸡首鼓形壶、铜斧、铜钺、铜温酒壶、铜豆等，经鉴定，属秦汉时物品。1982 年，白庙沟遗址陆续发现一些新石器晚期的石斧、石锛、双肩石斧以及印纹陶片等。当年在吕田中学背后的海螺山还出土了两把青铜剑及陶碗、陶杯等一批战国时期物品。在距海螺山 1000 米处的岗顶山山丘地表发现铜斧和陶纺轮，经鉴定，铜斧为秦汉时物品，陶纺轮为宋元时期物品，周围土表散布各种印纹陶片和大量砺石。1984 年，吕田狮象村社迳坑遗址发现一石质刮削器，经分析鉴定为新石器更晚期的工具。1990 年起，吕田桂峰山山麓西谷一低矮坡地陆续出土各类型的新石器前期物品，如石斧、石锛、石凿和砺石等，大小、规格、形状不一。2003 年，从化吕田狮象山村东南边发现约 4000 年前的新石器遗址，表明当地 4000 年前即有人类活动。广州市考古研究所的专家称该遗址"新石器时代、青铜时代、战国秦汉、唐宋各个时期绵延不断，是一部难得的完整的地书"。此外，吕田镇小杉村还有明清两代的开矿遗址。

这些文化遗址是吕田乃至从化重要的考察观光旅游资源，正逐渐受到关注。2006 年，吕田镇政府投资兴建广州市桂峰山古人类遗址森林公园。该公园占地面积 680 公顷，总投资 6500 万元，已投资 18 万元。当年吕田镇编制《广州市桂峰山古人类遗址森林公园总体规划》，完成公园的总体规划。

3. 特色美食资源开发

吕田美食特产历来为从化乃至珠三角地区的人们所喜爱。吕田大芥菜、苦笋、高山番薯、鹰嘴桃、三华李、枇杷、蓝莓等绿色蔬果备受消费者喜爱，绿色名优农产品成为吸引游客的新亮点。

吕田大芥菜得益于吕田特殊的煤沙土质和昼夜温差极大的气候环境，植株有普通芥菜的三倍之大，菜质鲜嫩，入口丝毫不苦，爽甜嫩滑。吕田苦笋质地脆嫩，清香微苦，回甜滑口，苦笋炒肉、客家咸菜炒苦笋、苦笋炖排骨、苦笋煲、干煸苦笋、苦笋酿肉等等，是吕田当地特色农家菜。高山番薯产于山清水秀的吕田、良口等镇，因种植地海拔较高，光照充足，昼夜温差大，番薯特别香甜，品种有紫花心、鸡蛋黄、粉黄等，个大浓甜、粉香可口。2008 年，从化农业推广中心引入鹰嘴桃到吕田镇吕中村试种，2013 年开始进入丰产期。吕田鹰嘴桃味道爽脆清甜，桃香浓郁，并有淡淡的蜂蜜味，因外形酷似鹰嘴而得名。吕田桂峰村和良口镇联溪（下溪、溪头、锦村）盛产的三华李，果实外披白粉，如裹薄纱，清甜多汁，爽脆可口。吕田镇安山村栽培枇杷历史悠久，该地昼夜温差大，气候对枇杷生长更为适宜，长出的枇杷皮薄、肉厚、汁多，品质极佳。吕田镇吕中村还有蓝莓场，种植面积8.67公顷，育有7个蓝莓品种。

2005年，吕田特色菜吕田大肉、桂峰酿豆腐入选"从化五道菜"。吕田高山腊味、腐竹、桂峰茶、莲麻头酒等农副产品也名声在外。这些享誉珠三角的吕田美食，每年吸引不少游客前往品尝、采购。

2008年，吕田镇小杉村还作为休闲型农家乐旅游点的代表，成为从化打造"百里农家乐旅游圈"的重要组成部分。2012年，吕田镇组织举办第八届美食节，吸引游客8.2万多人次，销售总额近167万元；吕田镇还注重发展高端商务和生态旅游，当年8月，广州市响水峡生态旅游开发有限公司开发的第二条漂流线路"古影奇石冰河激流漂"营业，蝴蝶谷森林公园和生命谷养生保健度假区等项目扎实推进，狮象村、小杉村和塘田村古田社3个旅游村的规划和建设也有序推进。2012年，吕田镇全年吸引游客144.01万人次，实现旅游收入4.75亿元，分别比2011年增长21.8%和19.4%。随着各类旅游资源开发的逐步成型，吕田革命老区的生态旅游知名度、经济新发展不断得到提升。

（六）新农村建设大力推进

按照中央新农村建设的"二十字"（生产发展、生活宽裕、乡风文明、村容整洁、管理民主）方针，从化提出"从2006年开始，计划用五年左右的时间，把从化95%以上的农村基本建成生态文明村"的奋斗目标，稳步推进以"五改五有"（"五改"是改水、改厕、改排污、改巷道、改牲畜栏；"五有"是有宣传阅报栏、有小公园、有垃圾屋、有文化小广场、有篮球场。）为主要内容的生态文明村建设工作，把创建生态文明村作为顺应广大农民群众需求、为农民办实事做好事的民心工程，作为推动农村社会全面进步的基础工程，作为营造农村良好投资创业环境的形象工程，作为更新农民的思想观念、改进生活方式的素质工程和执政为民、造福于民的德政工程，因地制宜、实事求是地采取切实有效的措施推进生态文明村创建工作。以吕田为代表的一批革命老区镇在生态文明村建设中迎来新变化，老区人民的生活质量显著提升。

1. 生态文明村建设取得成效

2006 年，吕田镇积极开展生态文明村建设活动，共申报生态文明村创建点 22 个，按照"五改五有"要求和标准，重点抓好改水、改厕、改巷道、改排污排水和人畜分离等工作，建设小广场、小公园、篮球场等健身设施。东坑生态示范村建设通过上级部门的验收，东联生态示范村等一批示范村创建也有序展开。

2007—2012 年，吕田镇扎实推进生态文明村创建工作。2007 年投入资金 120 万元，建成公厕 9 间，全镇创建点改水入户 100%，改造破旧危房 2000 平方米，铺设硬底化村巷道 1.44 万平方米，迁建猪牛舍 30 间，修筑排污渠 8508 米，群众义务投工 1800 个，建成篮球场 10 个，生态小公园 3 个，垃圾屋 6 间，宣传栏 10 个。小杉村完成编制生态文明村规划。2006 年动工的 10 个生态文明村全部通过市的验收。吕田还积极扶持完善示范点的各种配套设施，向广东省、广州市申请为卫生村，进一步促进新农村的建设。桂峰、小杉两个村被广州市确定为建设社会主义新农村的试点村。至 2009 年，全镇累计建成生态文明村 17 个，坪地村太平社、坪地村坪地社、东坑村步星社等按照"五改五有"要求和标准投入建设。2010 年，吕田镇先后投资 35 万元，对新联村罗水楼社、鱼洞村一社和草埔村孙屋社进行山区乡村特色的社会主义新农村建设。2011 年，吕田镇全年投入资金 30 万元，建设桂峰村、三村村、竹坑村、塘基村、鱼洞村 5 个村的篮球场及乒乓球场设施，并通过验收。2012 年，吕田镇为做好生态文明村建设，先后开展乡村环境综合整治活动 10 次，投资 40 余万元购买街道环卫垃圾清理车 1 台；集中绿化镇主要道路两侧，与商家落实门前"三包"责任制，建立卫生清理长效机制。当年吕田镇还完成塘田、安山、草埔、东坑、坪地等 5 个村的改水工程，完成鱼洞、小杉、新联、莲麻等 4 个村的改水工程申报工作，基本完成投入 340 多万元的狮象村集中供水工程。吕田镇第一期 79 个农村生活污水治理设施站点，惠及 14 个行政村，大部分达到标准正常运行。全年有 9 个村获得新农村建设批复，分别是五和村、塘田村、桂峰村、竹坑村、三村村、吕中村、份田村、塘基村、联丰村，投入资金合计 140 万元。此外，吕田着力抓好狮象村、小杉村和塘田村古田社 3 个旅游村的建设，结合农村危破房改造，做好旅游村的规划工作，致力于将这 3 个村打造成在珠三角知名的旅游村。

吕田镇各村还积极开展乡规民约制定工作，先后制定《邓氏乡规民约》（1982 年）、《小杉村规民约》（1990 年）、《竹坑村村规民约》（1995 年）、《吕田社区村（居）民约》（2002 年）等，为社会主义新农村精神文明建设奠定基础，营造和谐安宁的乡村社会氛围。

2. 新农村建设涌现典型

吕田革命老区镇响应号召，积极投入到社会主义新农村建设中，在生态文明村创建、卫生村创建、旅游村建设等各个方面工作显成效，涌现出狮象村、鱼洞新村等新农村建设的典型代表。

狮象村建设。吕田镇狮象村行政区域面积 2936.84 公顷，其中林地 2492.75 公顷，占村总面积的 84.88%；耕地 204.94 公顷，占村总面积的 6.98%；园地 88.14 公顷，占村总面积的 3%；水域 72.92 公顷，占村总面积的 2.48%；村建设用地 60.97 公顷，占村总面积的 2.08%；其他地类面积 17.12 公顷，占村总面积 0.58%。狮象村四面群山环绕，村庄坐落在山边平地，呈东西向的带状，有优美的山、林、田自然环境和古老特色的民居建筑，乡村氛围静谧、祥和；村内有大片耕地，能利用成为村庄的农家景观之一；村中有数个池塘和多条用于灌溉的水渠，总体景观较好。

2009 年，借助秀美的自然环境和地处广州响水峡漂流度假区出口处的优势，狮象村被从化市委、市政府列入乡村游建设单位。当年 10 月，狮象旅游村建设工作启动，全面进入村庄整治工程阶段。随后，狮象村陆续完成旅游通道、鱼塘观光亭建设和餐饮一条街规划等工作。2010 年 8 月，狮象村成功申报广州市新农村建设示范点，由星河湾集团捐资 1.19 亿元援建。2012 年，狮象村被纳入广州市首批名村建设名单。名镇名村创建工作是广州市委、市政府提出的 2012 年重点工作之一，要求"一年见成效，两年达目标"。当年吕田镇狮象村新农村建设全年投资 2500 万元，投入 340 多万元的狮象村集中供水工程基本完成，上围社、西门社、东门社建成入住。新农村住房建设完成后，星河湾集团在捐建款中安排经济发展基金 3000 万—4000 万元用于成立产业公司，发展当地畜禽养殖、苗圃种植及旅游业，当地村民积极参与培训，以提高素质，为星河湾集团优先供应各地星河湾酒店餐饮原材料产品。村民保护林木生态环境意识也得到提高，家庭使用由基金的收入供应给村每户每月的煤气（两个月三瓶/户）。

社会主义新农村建设以来，狮象村村民的就业、收入和生活水平都迈上新台阶。狮象村在被帮扶前村集体收入为 2 万元，贫困户54户、165人。经过帮扶，2012年，村集体收入为56.1万元，其中通过帮扶为村增收47.1万元，在从化各村中位列第二。有劳动能力的26户贫困户中已全部实现脱贫，人均增收5300元。2013年初，吕田镇21个贫困村村集体收入已全部达到10万元以上，平均达到20.3万元，平均增加17万元。

鱼洞新村建设。吕田镇鱼洞村世代唯靠一条人行小道连通外界，辖区内大大小小共101个弯。2000年12月，在从化市委、市政府带领的村道建设中，鱼洞村"101弯的村道"竣工。2002年，从化市拨出25万元投入鱼洞新村建设，确保该项老区建设示范工程进展顺利。当年7月开始，鱼洞新村由广州市规划局作为样板新农村试点进行规划设计建设。2004年，吕田镇鱼洞新村样板工程通过广州市城乡建设委员会考评小组的验收，建成楼房27幢，建筑面积4530平方米，共投资400万元。如今，鱼洞新村的房前屋后均实现水泥硬底化，村民生活质量跃上新台阶。

3. "三级联创"① 有效推进

在"三级联创"活动中，加快发展步伐是一个重点任务。从化各村都把推进农村"三化"（工业化、城镇化、农业产业化）作为破解从化"三农"问题的重要途径，深入研究推进农村工业化、城镇化和农业产业化进程中存在的突出矛盾，摸清情况，找准问题，理清思路，通过加大农业和农村经济结构调整力度来推进农村工业化，通过支持龙头企业实施现代农业，推进农业产业化经营，从而推动农村经济的发展，多渠道增加农民收入。

---

① 农村党的建设"三级联创"活动，是指在县、乡镇和村三级党组织中，开展的以"五个好"村党组织、乡镇党委和农村基层组织建设先进县为主要内容的创建活动。创建村党组织和乡镇党委"五个好"目标要求：一是领导班子好，二是党员干部队伍好，三是工作机制好，四是小康建设业绩好，五是农民群众反映好。

作为主要发展绿色生态农业的山区镇，吕田镇以 2007 年被广东省绿色名镇推介委员会授予"广东省绿色名镇"称号为契机，不断推进该镇的农业生产。2007 年，吕田镇全镇粮食作物平均亩产 330 千克，比 2006 年增长 4.76%；粮食作物总产量 1.46 万吨，比 2006 年增长 14.64%；其中水稻总产量 1.35 万吨，比 2006 年增长 15.38%；农民收入比 2006 年同期增收 8%，人民生活水平不断提高。当年吕田镇积极向上级申报支农资金，不断加强农业基础设施建设，改善农业生产条件。镇政府共投入 30 万元用于农田水利设施的整治和建设。同时，共向上级部门申报立项的山区镇基础设施建设、中低产田改造、"一村一品"等项目 10 个，资金达 1660 万元。批准新联村、安山村、水埔村、塘基村、三村村农田水利基础设施建设项目共 819 万元。完成竹坑村低质田改造 15.33 公顷，荒地、未利用土地开发耕地 20 多公顷；完成水埔、狮象耕地整理开发项目的申报测量工作。吕田镇还积极抓好农业现代化示范基地和农业龙头企业的建设，继续推广种植反季节农作物，打造农业生态品牌，发展保护性耕作和观光等特色农业。

2008 年，吕田镇注重培育和打造"三级联创"活动先进典型，发挥示范村党支部的带动作用，推进联创活动。争取广州市、从化市基层办的大力支持，投入资金 20 万元，对联丰村、桂峰村、吕中村、坪地村等 4 个村的办公楼进行维修，推进村级组织活动场所建设。此外，吕田镇还争取上级的支持，对集体收入低于 8 万元的村进行补贴；抓好"十百千万"干部下基层驻农村工作，着力解决农村经济社会发展的重点、难点问题；做好农村党员干部现代远程教育工作，完善 23 个村（居）的终端接收站点建设，开展教育培训和主题实践活动。"三级联创"活动的稳步开展推动吕田镇基层各方面的发展。

（七）卫生镇村创建取得成效

吕田革命老区镇扎实推进省、市卫生镇村创建工作，取得明显成效。2007 年，吕田镇顺利通过广东省两年一次的省卫生镇（先进）的复查验收工作，获评广东省卫生先进镇。在建设生态文明村的基础上，吕田镇积极参加广东省和广州市卫生村的评选工作，小杉邱屋社、坪地村高围社、塘田村古田社、狮象村上围社、水埔村墩头社等 5 个村获评广州市卫生村。

2008 年，吕田镇投资 16 万元对市政基础设施进行改造，圩镇街道新添置果皮垃圾箱 100 个，此外在抓好除"四害"工作，开展防控登革热的爱国卫生专项行动，推进城乡保洁工程，抓好卫生村建设等方面也取得一定成效，新联司马弟社、东坑下大步社、小杉塘边社和横份社等创建成为广州市卫生村，当年吕田全镇有广州市卫生村 8 个。

2009 年，吕田镇投入 12 万元，改造镇、村卫生基础设施，城乡清洁工作连续 4 个季度考核优秀，吕田镇以东联村、竹坑村、新联村为重点，推进农村改厕工作；份田村份段社、草埔村孙屋社创建成为广州市卫生村。年末，吕田全镇有省卫生村 2 个，广州市卫生村 10 个。

2010 年，吕田镇投入近 25 万元，对镇、村环卫设备设施进行改造、更新和垃圾填埋场的征地补偿，多次开展专项卫生行动，有序地推进城乡清洁工程工作。至年末，坪地村吉兴社被评为广州市卫生村。

2012 年，吕田镇投入 49 万元，对辖区内环卫设备设施进行改造、更新，新购垃圾运输车 1 辆，在安山村长塘、暖水塘以及桂峰村陈洞、黄泥塘兴建垃圾屋 5 间，购置保洁车、垃圾桶、果皮箱等环卫工具一批，整治垃圾填埋场 1 个，修缮镇社区公厕。当年该镇广东省卫生村新增 3 个，分别为小杉丘屋社、坪地村高围社、坪地村吉兴社；广州市卫生村增至 15 个，新增吕中村树下社、吕中村荷一社、塘田村何屋社、塘田村旱一社 4 个村。

（八）社会事业迎来发展

自改革开放以来，吕田镇的教育、体育科技文化、医疗卫生、社会保障等各项社会事业不断完善，老区人民的生活质量得到切实的保障。

教育质量逐年提升。2006 年，吕田镇成人文化技术学校通过广州市示范乡镇成人文化技术学校的评估验收，吕田中学通过广州市一级学校的评估验收。2007 年，吕田镇调整学校布局，将原来 2 所初级中学撤并为 1 所，21 所小学撤并为 4 所，分教点 8 处，幼儿园 1 所，在校中学生 1697 人，小学生 3190 人，幼儿入园率 100%，全镇有教职工 294 人。镇属 4 所小学达到省规范化学校的标准。当年 10 月，吕田镇获"广东省教育强镇"称号。2008 年，吕田继续完善"创强"各项工作，吕田中学被从化市政府授予"从化市创建广东省教育强市先进单位"称号，12 名人员分别被授予"从化市创建广东省教育强市功臣""从化市创建广东省教育强市先进工作者"和"从化市创建广东省教育强市表扬奖"称号。2009 年以来，吕田镇加大改造学校的供水管网、学校围墙、安全视频监控工程等方面的财政投入，还划拨配套资金对农村被撤并小学的学生实行交通费和生活费补贴，开展教师节慰问表彰等工作。随着政府及社会各界对老区教育事业的关注和投入力度的增大，吕田镇的教育质量逐年提升。

体育科技文化不断丰富。自 2001 年起，吕田镇每年举行"七一杯"篮球赛、乒乓球赛等，极大地调动了群众的体育运动积极性。为推动科教文卫体事业的发展，吕田镇组织参加从化市第 9 届运动会暨大学生运动会、"市长杯"广州市羽毛球系列大赛和乒乓球百姓系列和谐赛以及各类篮球比赛等体育活动，不仅丰富了干部群众的体育运动生活，还为吕田争得多个奖项。传统舞狮贺新春竞技表演、美食节、老区文艺节目汇演"走进革命老区吕田文艺演出"、越秀区艺术团送戏下乡、构建和谐新农村、山歌对唱表演唱、象棋赛等多彩的文艺表演和比赛活动也极大丰富了群众的文化生活。新农村建设以来，吕田镇在文化基础设施、文化宣传等方面的投入不断加大，取得不少硕果。2007年在全省文化站评估定级中，吕田镇文化站获评一级文化站。吕田小杉居委会成为从化首批"农家书屋"工程建设试点之一，场地、设备、管理人员等得到落实，文化信息共享工程实现市图书馆与吕田镇文化站基础服务点的挂牌与资源共享。2008年，吕田镇撰写《吕田镇改革开放三十年纪实》，编辑出版《红色吕田》一书，加大对改革开放30周年成果的宣传。2010年，吕田镇实现"一乡一站，一村一室"的建设目标，建成文化室24个、农家书屋23个，设有宣传栏、图书阅览室、电视、订阅报刊，供村民享受文化生活和文化娱乐。吕田镇在抓好村级文化室及"农家书屋"的建设、维护和管理工作的同时，不断加大基层公共文化服务体系建设力度。2012年，吕田镇投入19万元为中小学新增图书1500册，新配书橱15个，新建村级体育场所5个及配备篮球架、乒乓球台等体育健身相关设施和器材，丰富群众的业余文化生活。科技活动方面，2008年以来吕田镇每年都举办多期形式多样的农民培训班，提升农户种植技术，还获得科技方面的相关荣誉。如2009年，从化市吕田镇科学技术委员会与广州东升有机种植有限公司合作的有机蔬菜的病虫害综合防治技术获得从化市2007—2008年度科学技术进步奖；吕田镇政府农办主任巢金红获2007—2008年度科学技术先进工作者。

医疗卫生不断发展。1979年12月，根据卫生部与世界卫生组织协议，在广东省从化县建立中国第一个世界卫生组织初级卫生保健（PHC）合作中心。该合作中心建立以来，通过国际讲习班、研讨会，各种合作项目活动，以及国内外同行的来访和合作中心派员出访等交流活动，学习好经验，紧跟卫生工作尤其是初级卫生保健工作的发展新趋势，从化的卫生事业得到很大的促进，医疗质量不断提高，防治力量大大加强，业务获得新进展，医疗卫生机构得到充实和发展，三级医疗卫生网①得到不断巩固和发展。此后，吕田镇的医疗卫生事业逐步迈入发展新阶段。2001年，吕田镇有卫生院 1 所，村医疗站 16 个，医技人员共 70 人，成立了婚检中心。2003 年后，吕田镇多次投入资金改善医院和村级卫生站基础设施，推进农村初级卫生保健工作，推进村级卫生站建设及升级改造等工作。至 2012 年，吕田镇医疗卫生工作得到较快发展。全镇有一个功能齐备的医院，并在偏远山区东明片区和人口相对集中的草埔片区设有分院。在新型农村合作医疗方面，至 2012 年，吕田镇农村合作医疗参合率达到 101.67%。吕田革命老区镇基本实现一般性小病不出村，重病有镇、市二级医院做保障的医疗制度。

社会保障不断完善。新农村建设以来，吕田镇政府不断加大资金投入，同时借助各级单位的帮扶支持，完成了敬老院住宿楼、生态文化广场、街道路灯、农网全面改造等系列工程建设。2011年，广州市委、市政府安排农村太阳能路灯 3334 盏，作扶贫项目给老区镇、村、社安装了道路灯照明，总长 19.8 千米，投资 5000多万元。在合景泰富集团的帮扶下，吕田镇新建吕田敬老院，用地面积 0.67 公顷，总建筑面积 4355 平方米，配有 100 个床位和老人康复设施、电梯、太阳能热水器、无障碍通道等先进设备。在广州市荔湾区对口帮扶下，吕田镇综合服务中心、文体活动中

---

① 即以县、乡、村为主的三级医疗保健架构。

心、社区服务中心（公租楼），以及市政路、设备用房、绿化铺装等一批项目建设完成并交付使用，极大地改变了镇容镇貌。此外，吕田镇争取资金对残疾人开展各项免费资助活动，改善残疾人生活状况。在拥军优抚工作方面，拨出专项经费开展"八一"各种座谈会和慰问活动，支持优抚对象家庭进行危困房改造，对特困有病的优抚对象发放治病补助款，落实中央对退伍军人的5条政策。

二、其他革命老区村的建设与发展

（一）旅游产业开发

从化旅游资源丰富，除了吕田革命老区镇，其他革命老区村也积极开发当地自然、人文、美食等资源，形成相关旅游产业，带动革命老区村经济发展。

1. 钱岗古村落成从化旅游新景点

革命老区村钱岗古村已有800多年历史，是保存较为完整的广府民居的典型代表，其村内的广裕祠在2003年获得联合国教科文组织亚太地区文化遗产保护奖第一名"杰出项目奖"。借助这些文化资源，革命老区村的古村落正逐步成为从化旅游的新景点。

从化为进一步促进农村改革发展，2008年提出打造从化"百里农家乐旅游圈"，实现农民增收致富目标，促使从化"百里农家乐旅游圈"与从化大旅游格局融为一体，成为从化旅游的新亮点。钱岗村被打造成为怀旧型农家乐旅游点的代表，充分利用古村落效应，引发都市人怀旧情怀。游客穿行在钱岗古村之中，既能体验古村落的宁静，也能了解革命老区村人民的抗日事迹，接受历史熏陶。2008年，钱岗村被授予"省级旅游特色村镇"称号。2010年，钱岗村荣获"广东省旅游特色村"称号，获得广州市首批10家"特色乡村旅游点"荣誉称号。

2．溪头村成从化乡村游典型

2006 年，国家旅游局将旅游主题定为"乡村旅游年"，并制定"新农村、新旅游、新体验、新风尚"的鲜明口号。作为拥有独特优势的山区生态城市，从化紧抓新契机，大力推动乡村旅游的发展，为农民的增收致富带来希望。革命老区村溪头村与广州日报报业集团携手共建城乡文明，结束溪头村 200 多年没有路灯的历史。此后，溪头村将特色资源与市场运作相结合，围绕探寻流溪河源头、推广特色农产品做文章，成为从化乡村游的典型。

结合溪头村优越的自然资源环境和多年来打下的基础，2008 年，从化市委、市政府把该村列为重点建设的生态旅游村之一，经过宣传发动，逐步"让世界认识溪头，让溪头走向世界"。村民们还抓住三华李这"一村一品"农业发展新契机，结合乡村旅游，大量种植三华李，形成总面积达 400 多公顷的三华李园，每年春天李花绽放时，吸引不少游人接踵而来。当年，溪头村被授予"省级旅游特色村镇"称号。2009 年 1 月 23 日，"李花绽雪，溪头乡约"2009 年从化良口李花节暨"数传媒"杯摄影大赛活动在溪头村拉开帷幕，日接待游客达到 4000 多人次。乡村游的发展，不仅使直接从事乡村旅游的农户增加收入，还有力地带动特色农产品、旅游产品的生产和销售，拓宽当地农民就业和增收的渠道。溪头村内小有名气的餐饮店在李花节期间便可收入 2 万多元，一些餐馆李花节期间每天收入能达到 2000 多元。2010 年，溪头村获得"广州最美的乡村"第一名，"广东省旅游特色村"，广州市首批 10 家"特色乡村旅游点"，首批广州市观光休闲农业示范村等称号。昔日的革命老区村在乡村旅游发展建设中焕发出新活力。

（二）"一村一品"特色种植

2005 年，从化进一步优化农业产业结构，大力发展优质、特色农产品的"一村一品"种植，革命老区村利用当地种植优势积极申报"一村一品"。

革命老区村钱岗村就是首批 19 个"一村一品"专业生产村之一。钱岗糯米糍荔枝种植历史已有 200 多年，面积 133.33 公顷，涉及农户 200 多户，年产值 700 多万元。该产区所产的钱岗糯米糍荔枝果型大，单果重 24 克以上，色泽大红，果型美观，皮较厚而裂果少，果肉白蜡色略透明，肉厚爽滑，焦核率特高。钱岗糯米糍荔枝及其干果享誉国内外市场，曾获"2002 年度广州市名优农产品"称号，主要销往珠三角、华中、华东以及欧美、东南亚等市场。2010 年，钱岗村建成"糯米糍""一村一品"科普示范基地，钱岗糯米糍荔枝获得国家地理标志产品保护。太平镇以钱岗糯米糍荔枝成为"国家地理标志产品"为契机，举办 2010 太平荔枝节暨钱岗糯米糍荔枝品鉴会和钱岗糯米糍荔枝国家地理标志产品保护商标启用仪式，大力宣传太平镇农产品生产优势、地域优势，着力构筑农产品销售平台。革命老区村的"一村一品"特色种植成为推动从化农村农业产业化、特色化发展的一股重要力量。

（三）广州市文明村建设

2005 年底，从化在全市农村开展以"五改五有"为主要内容的生态文明村创建活动，村容村貌焕然一新。2006 年，从化颁布实施《关于创建生态文明村试点工作实施意见》《从化市生态文明村创建工作实施方案》等意见和方案，为从化农村创建生态文明村试点工作提供有力的指引。太平镇钱岗村、良口镇溪头村等革命老区村积极参与村庄改造、环境整治，广泛开展农村文明创建活动，乡村生活条件、农民生活质量得到不断提高。

2006 年，太平镇在钱岗村开展创建广州市文明示范村活动，完成 33 个自然村的生态文明村建设项目申报工作。良口镇全面开展生态文明村建设工作，溪头、锦村等革命老区村的建设工程开始动工。2007 年，太平镇钱岗村、吕田镇小杉村、良口镇溪头村等革命老区村完成编制生态文明村规划。2011 年 3 月，良口镇溪头村被评为广州市文明村。创建广州市文明村的系列活动，为革命老区村的村庄环境和村民生活带来深刻的改变。

第二节 全区的建设与发展

一、拨乱反正调整恢复

中共十一届三中全会后，从化开展拨乱反正工作，根据中央关于平反冤假错案的精神对"文化大革命"中处理的案件进行复查。

1978 年 2 月开始，从化县委召开落实干部政策会议，县委常委召开扩大会议讨论全县落实干部政策，成立落实政策小组，抽调一批专门工作人员，下设落实干部政策办公室和社会上人员落实政策办公室，加强对落实政策的领导，对"文化大革命"和历史上的冤假错案进行复查纠正。

对"文化大革命"期间的政策进行系列调整和恢复工作。改革开放初期，从化全县人民公社、镇和县属单位撤销革命委员会或革命领导小组，恢复"文化大革命"前原单位的称谓。撤销在"文化大革命"中硬性统一全县圩期的规定，恢复各圩镇传统圩期；取消用于"路线教育"的5%农业附加税。1980 年 9 月 16—21 日举行的从化县第七届人民代表大会第一次会议决定撤销县革命委员会，复称县人民政府，同时设立县人民代表大会常务委员会，选举县人大、县政府和法院、检察院领导成员。1981 年，从化还开展地名普查工作，重新核定全县的地名，把在"文化大革命"中随意乱改的地名恢复原名。

二、农业生产全面发展

（一）率先开展家庭联产承包责任制探索

在 1978 年春夏之间，从化人民发扬敢为天下先的精神，开始家庭联产承包责任制的初期探索，为广州市乃至全省推行农村家庭联产承包责任制提供借鉴。

1977 年，从化农民人均纯收入 84 元，人均月口粮分配 40 多斤，农业经济发展单一。为了更好地调动农民的生产积极性，大胆尝试打破平均主义的不合理制度，中共从化县委农村部印发《邓村大队社员劳动定额管理办法》的通知，向各公社党委、大队党支部推行邓村大队"五定一奖"（即定劳动、定地段、定成本、定工分、定产量和超产奖励）社员劳动定额管理办法。这一做法得到时任广东省委书记习仲勋的肯定。[①]

1978 年秋，神岗公社格塘大队仅有 17 户人家的芝麻糊生产队，将全队 8 公顷水田分到户，实行联产到劳（劳力）生产责任制，结果晚稻获得增产，平均每人每月分配口粮 20 千克，当年摘掉吃粮靠返销的帽子。此后，从化农村出现各种形式的生产责任制探索，早稻实行以队为基础的"五定一奖"生产责任制的有 374 个队，晚造增至 378 个队；全县在晚造还有 519 个队，分别实行"田园管理到组或到人，联系产量""定产到田、管理到劳、超产奖励""田间管理到人、环节评比、奖罚工分"等生产责任制。1978 年冬，从化县江埔公社禾仓大队迎福里生产队和凤院大队黄一、黄二等 3 个生产队已经实行"包产量、包成本、包报酬、包上调、增产节约归己"的家庭联产承包责任制。

[①] 《人民日报》理论部编：《思想纵横》（2018 年卷），中国方正出版社 2019 年版，第 135 页。

政策落实效果坚定了广东省委在全省推广"五定一奖"生产责任制的想法。1978年底，广东省委就实行"五定一奖"的生产责任制，广泛征求地、市、县的意见。1979年2月4日，中共广东省委批转省委农村工作部《关于建立"五定一奖"生产责任制问题的意见》，要求按照中共十一届三中全会的精神，在坚持生产资料统一支配，生产计划制定和重大措施统一决定，劳动力分配、财产处理和产品分配由生产队统一进行的大前提下，各地农田生产可以普遍实行"五定一奖"生产责任制。

1980年9月，中共中央发出《关于进一步加强和完善农业生产责任制的几个问题》，强调在坚持集体经济的基础上，实行专业承包联产计酬责任制；边远山区和贫困落后地区，长期"吃粮靠返销，生产靠贷款，生活靠救济"的生产队，可以包产到户；一般地区，不要搞包产到户。当年10月底，从化全县农村普遍实行家庭联产承包责任制，放宽对社员自留地、家庭副业和集市贸易的限制，发展多种经营。到1983年，从化全县2691个生产队全部以户为单位实行家庭联产承包责任制，全县农业体制改革基本实现。

1985年开始，从化县委、县政府在农村推进家庭联产承包责任制基础上，不断深化农村改革，完善和提升家庭联产承包责任制，发展"两户一体"（专业户、重点户、经济联合体），引导农村适度规模经营进行开发性生产，向第二、三产业进军，促进农业持续发展。家庭联产承包责任制推行以来，从化农业总产值迅速增长，至2012年，从化农业总产值35.77亿元，比1978年的农业总产值2.84亿元增加了32.93亿元。

（二）积极推进"三高"农业发展

发展"三高"农业，是山区农村摆脱贫困、走向富裕的科学之路。从化的地形、气候特征适宜种植业和养殖业的发展，这为从化发展"三高"农业奠定基础。撤县设市后，从化根据当地优势，结合省、市各级会议和文件精神，在稳定粮食生产的同时，积极发展"三高"农业，因地制宜大力推广蔬菜、花卉、水果的种植，使从化的农业产业化得到初步发展。

1993 年，从化吕田等地开始着力发展"三高"农业，主要种植蔬菜。至 2012 年，从化的蔬菜复种面积 1.87 万公顷，总产量 62 万吨，年总产值 10 亿元以上。在确保蔬菜自给自足的基础上，每年有 45 万吨蔬菜产品供应广州及珠三角地区，占全年蔬菜总产量的 75%。

从化在 1978 年江埔公社锦二大队引进种植桃花后，开始形成花卉种植的局面。至 1994 年，从化的花卉种植面积 20 公顷，以小规模家庭式分散种植为主，主要分布在江埔，小部分分布在街口、良口等地。1999 年初，从化花卉业进入新的发展阶段，吸引外地花卉企业进驻从化，全市花卉种植面积达到 40 多公顷，分布地点、品种都有所增加，相继涌现出一批花卉专业村、专业基地和专业企业，如江埔锦二村形成桃花专业村，种植桃花、菊花、银柳等，年产值达 600 万元。此后，从化市友生园林有限公司的城郊西和村月季切花基地、鳌头鹿田村苗木生产基地以及穗南花木场等相继创办。2004 年底，从化的花卉种植面积增至 530.67 公顷，初步形成以鲜切花、高山温带花卉和绿化苗木为主体的生产格局，花卉生产进入发展阶段。2011 年，从化的花卉种植面积 1506.67 公顷，总产值 2760 万元。

从化的山区地理环境适合热带、亚热带和温带水果生长，辖区内主要种植的水果品种有荔枝、柑桔、李（早李、三华李）、大红柿、龙眼、青梅、桃、黄皮、草莓、芒果、香蕉、菠萝、人心果、番石榴、番木瓜、火龙果等。20 世纪 90 年代开始，从化兴起土地开发热潮，耕山种果，水果生产逐步向专业化、规模化、产业化、标准化发展，各地相继出现连片种植优质水果热潮，种植面积以年过万亩的速度增长。至 2011 年，从化的水果种植面积达 2.55 万公顷，产量达 7.75 万吨。

"三高"农业的发展，使从化的农业产业化初现端倪，农业生产和农村经济向规模化、产业化方向稳步发展。

（三）精准开拓现代化农业发展新格局

从化除了发展"三高"农业，还通过推进"一村一品"特色农业种植，大力扶持培育农业龙头企业等方式，精准开拓具有从化特色的现代化农业发展新格局。

1. "一村一品"的特色农业种植

2005 年以来，从化进一步对农业产业结构展开调整，加大对"一村一品"工作的宣传推广力度。从化市政府在全市各镇街组织开展"一村一品"的申报与评审工作，以此推动和鼓励具有市场竞争力农产品的生产与科研，不断提高农业产业化、规模化和集约化水平，实现农业增效、农民增收。

2005 年 12 月 9 日，从化市委、市政府召开首批农业"一村一品"授牌仪式现场会，为太平镇共星村等 19 个专业生产村和水厅桂味等 10 个农产品品牌授牌。2006 年，从化农业局挖掘培育发展特色农业"一村一品"20 个品种，有 38 个行政村，涉及面积 6000 多公顷。被评定为"一村一品"的产品，市场价格和经济效益都明显提升，如钱岗的糯米糍荔枝、温泉镇新南双壳槐枝荔枝，卖价普遍比其他同品种提高 0.4—0.6 元/千克。"一村一品"推出市场后，实现"面积增、产量增、价格增、农民收入增"四个"增"，有效促进和推动从化农业增效及农村经济发展，成为促进农民增收的亮点。当年 8 月，从化农业局开展第二批农业"一村一品"专业生产村的申报及评定工作，评出第二批农业"一村一品"专业村 18 个，品种 10 个，总面积 3333.33 公顷。

2007 年，从化落实"一村一品"与农业龙头企业"联姻"活动，推进"公司＋基地＋标准化＋农户＋订单"的一体化经营模式，引进现代农业装备、农业机械装备，进一步促使"一村一品"实现四个"增"。从化还打造"一村一品"乡村生态休闲观光游，抓好"一村一品"专业村标准化生产和品牌建设，制定特色作物地方生产标准，完成从化 18 个品种 31 个村的产地认定和 14 个品种 21 个村的产品认证。至 2011 年，从化"一村一品"发展到 20 个品种、40 个村，获评省名牌农产品 12 个。

2. 农业龙头企业的扶持培育

早在 1997 年，中共从化市委、从化市人民政府印发《关于推进农业产业化若干问题的决定》，提出大力扶持培育发展各种类型的农业产业化龙头企业。以"扶大""扶强""扶优"为原则，扶持培育一批基础雄厚、辐射面广、带动能力强、科技含量高、开拓能力强的农产品生产、加工、销售和科技开发等的农业产业化龙头企业。

2004 年，从化全市各龙头企业累计生产与销售各类农产品达 3.62 万吨，实现总产值 3236 万元，服务涉及农户 3.2 万户。至 2005 年，从化共引进农业企业 80 多家，建立专业协会或合作社 10 个，农业龙头企业增至 11 家。从化市农业局还扶持和培育一批科技含量高、经济效益好、带动农户多的农产品加工、出口外销型等农业加工龙头企业，如佳荔公司、珍奇味公司、友生公司以及华隆公司等。从化充分发挥发展现代农业的区位优势，出台《关于扶持农业产业化经营龙头企业的意见》，加大农业项目招商引资力度，有针对性地对国家、广东省、广州市确定的农业龙头企业给予政策扶持。除大力发展优质、特色农产品的"一村一品"种植，引导优势农产品生产走向基地化、规模化和标准化，提高农业产业化水平外，从化还引导农业龙头企业发展"订单农业"，对农业、农民开展帮扶。广州市从玉菜业有限公司、从化市清香农产有限公司、华隆果菜保鲜有限公司等农业龙头企业落实挂钩94个行政村，带动4.8万户农户，增加农民工资性收入1345万元。据2006年对广州市级以上的13家龙头企业年度考评统计，实现年总产值达6.62亿元，销售总收入6.26亿元，创利税3493.6万元，出口创汇870万美元。至2008年12月，从化辖区内共有21家农业企业被认定为从化市农业龙头企业，其中包含有国家农业产业化重点龙头企业1家，省级农业产业化龙头企业2家，广州市农业龙头企业13家。在从化农业产业发展的过程中，农业部门高度重视，引进公司注册不在从化的广州市级以上的农业龙头企业5家，在从化创建原料生产基地及初加工基地，有效补充从化在农业生产基地建设及产品收购加工方面的不足。至2011年，从化各级农业龙头企业达50家，农业龙头企业辐射带动能力不断提高。广州市珍奇味食品有限公司被农业部等八部委认定为国家重点龙头企业。2011年，荔泉公司的妃子笑"七丝软粘米"、清香公司清香"白菜干"获2011年广东省名牌产品。全年各企业生产、收购、加工、销售农产品12.9万吨，实现年销售总收入12.31亿元，创利税1.1亿元，出口创汇4850万美元，带动当地农户6.7万户，辐射带动面积1.53万公顷，增加农民经济总收入3亿元，招收当地农民工3823人，增加农民工资性收入6881万元。

农业龙头企业的发展壮大推动从化农业产业化、农产品高质量的发展。2008年，从化新申报无公害农产品产地认定与产品认证（产地、产品一体化）8个，面积432公顷；全市注册"一村一品"农产品商标15个，无偿授权30个村使用。2010年，从化完成农村土地承包经营权流转2866.67公顷；规划面积2000公顷的万花园被纳入农业部、广东省共建的"珠三角国家级现代农业园区"发展计划，建成国内首个获得国际认可的"无规定马属动物疫病区"。2011 年，从化建成无公害农（畜）产品基地 135 个，完成无公害农产品产地认定 1.03 万公顷、无公害农产品认证 57 个、绿色产品和有机产品认证 6 个。至 2012 年，从化农业龙头企业、农民专业合作社和专业协会不断发展，万花园落户花卉企业 36 家，现代都市农业初具规模。

改革开放以来，从化农业因地制宜、因势利导，借助家庭联产承包责任制的落实推广，以及"三高"农业、特色农业产业的布局，呈现出现代化、产业化的发展新局面，随着农产品加工创业基地和生态荔枝蜜基地的认定，逐步开拓出具有从化特色的现代化农业发展新格局。2012 年，从化全年完成农业总产值 35.77 亿元，增长 4.1%，增速位于广州市区（县级市）首位。

三、工业生产稳步推进

（一）企业改革转制取得成效

改革开放初期，从化在工业上实行一系列改革。推行厂长（经理）负责制和厂长（经理）任期目标承包经营责任制，下放企业生产经营自主权，引进资金和先进技术、设备，增强企业的活力和市场竞争力，工业生产比重不断增加，成为从化经济的主体。

1. 工业企业调整生产获得新发展

1979 年，从化的工业企业主要为农业服务，产品按计划生产，外向型产品较少。1980 年，从化县经济委员会（简称县经委）成立，根据"调整、改革、整顿、提高"的国民经济八字方针开展企业整改，加强与省市工业单位的联营与合作，引进资金技术，对一批工业企业的生产结构和产品结构进行调整并取得成效。

通过调整生产，从化工业企业迎来新的发展机遇。从化县农机二厂转产金属家具，后自主成功研发防火门产品，又改为广州防火门厂，专营生产钢质防火门，成为广东最早生产防火门的专业厂家。当时广州防火门厂研制生产的防火门，经公安部四川消防科学研究所按国际标准 ISO－3008 试验合格，填补华南地区防火门生产的一项空白，产品畅销全国 10 多个省市和地区。此外，县造纸厂改为中药加工厂，县农机一厂转产空调配件，县选矿厂转产为县大理石厂，城郊农机厂转为钢窗厂。1984 年，从化对下放县管理的广州拖拉机厂、广州第四棉纺织厂、广州第二合成纤维厂实行以产定销，面向市场，调整产品。1985 年，从化有 81 家本地企业与广州等地 30 个单位横向协作，18 家企业成为省市企业的配件定点厂。

2. 工业企业率先实行经济责任制扭亏为盈

1981 年，从化县属集体工业企业率先实行经济责任制，自主经营，自负盈亏，承包上缴税费。1982 年，从化国营企业实行厂长（经理）负责制，具体包括 4 种责任包干形式：其一，确定基数，比例分成，超额增提，亏损不补，实行的有酒厂、微生物厂、印刷厂、砖厂、木器厂 5 家；其二，下达任务，全额分成，亏损不补，实行的有金属家具厂、松香厂、烟丝厂、瓷厂、水泥厂、汽车修配厂、107 矿、选矿厂、农机一厂、食品厂、矿产公司共 11 家；其三，定额补贴，超亏不补，压亏留用，实行的有氮肥厂 1 家；其四，定额补贴，超亏不补，压亏分成，实行的有造纸厂 1 家。当年，从化企业经济效益好转，全系统工业产值 1614 万元，比 1981 年增长 5%，全部企业盈亏相抵后盈利 9 万元，实现历年首次扭亏为盈。1983 年，从化全县工业企业开展经济管理体制改革，建立和完善经济责任制，扩大企业自主权。1984 年，亏损减到 3 家，盈亏相抵后净盈利 114 万元。

3. 厂长任期内承包经营责任制推动企业技改投资

1987年，县经委企业实行集体承包责任制，任期从1987年1月至1990年12月，由县经委与厂长（经理）签订企业发展的8项指标，其中7项［工业总产值、实现利润、实现税金、技改（引进）投资额、职工福利设施投资额、全员培训人数、新项目投资额］制定4年发展累计指标，1项为计量达标和企业升级目标。其间，系统内企业大规模的技改投资有广州第二合成纤维厂新厂和5000吨生产线建设，广州四棉厂新建3万锭环锭纺生产线，轻工业公司与广州珠江啤酒厂联营建从化分装厂，果品厂转产虫草鸡精系列产品等。1992年，实行第二轮承包责任制，针对上一轮承包出现的不足，如负盈不负亏、成本核算不合理、短期行为等问题，对承包的目标、内容、考核作出修改和完善，县水泥厂、松香厂推行集体抵押承包，县瓷厂由省陶瓷公司承包，碧泉宾馆由外商承包。1992年，县经委系统工业产值4.36亿元，全部企业利润盈亏相抵后净盈利316万元。

4. 一业为主、多种经营促进从化工业发展

20世纪80年代后期至90年代初，从化国营工业发展进入鼎盛时期，县经委、外经、外贸等各部门通过开展各种联营引进资金和新技术、新项目，开展多种经营，工业得到较快发展。

20世纪80年代开始，从化工业部门各单位根据自身的经营优势和县内经济发展的需求，开拓新经营项目，实行一业为主、多种经营，县经委属下各厂兴办贸易公司、商场，建立起自营销售队伍。1982年，县经委工业供销公司在温泉开办广州市工业产品展销部，后扩建为碧泉宾馆。县二轻工业公司开办二轻工业品商场，批发零售广州市二轻系统生产的电风扇、电饭锅、洗衣机等名牌产品。县经委成立工业设计室，后又成立县第五建筑工程公司，参与厂房、楼房的建筑设计，承接各类工业、民用建筑工

程。1985 年，从远公司开办商场、广播电视服务公司、农业银行代办储蓄所、中国银行联发储蓄所、从化街口城市信用合作社。县经济技术开发总公司与街口镇联星村联合成立区河东房地产公司，进入房地产开发经营。20 世纪 90 年代，县二轻局、经济协作办公室也开办房地产开发公司，经济协作办公室属下的从化实业开发公司在城区中心原展览馆地段开发建设中心城区第一个大型商住小区——荔香村；二轻泰珍皮衣厂在府前路开办泰珍酒楼，穗从石油化工联营公司成立，开办穗从加油站。

5. 国企解困转制工作取得新突破

20 世纪 80 年代末至 90 年代初，从化国营工业投资大型技改项目、开拓第三产业得到快速增长，资金主要靠增加国家银行和街口城市信用社、农村合作基金会的贷款投入，部分来自社会融资机构的拆借资金。企业普遍处于负债高、经营机制不活、历史包袱重、效益低下的状况，除防火门厂、珠江啤酒从化分装厂外，大部分企业未能实现效益的快速增长，不少企业因产品缺乏竞争力而亏损。

自 1993 年起，从化一批老企业先后停产。1998 年，从化市政府推进公有企业产权制度改革，市经委根据企业的实际情况，按"一企一策"的办法，采取破产重组、产权转让、股份制改造等形式，引进外资、民营资金，推进企业转制。2000 年底，从化市经委纳入改革的 40 家国营企业转制面达 95%，全系统累计增资 2.74 亿元，减债 7.6 亿元，安置职工 3917 人；商业、外经、外贸等部门所办工业企业和企业局、二轻局属下的集体企业也同步进行体制改革。2001 年，从化成立市经贸局，负责企业转制工作，通过实施企业产权制度改革、安置职工、清理（核销）不良债务等方式，推动国有、集体企业转制。2005 年，从化基本完成公有企业转制工作，实现资产、债务处理和人员安置"三落实"。

（二）工业企业迎来新发展

撤县设市后，在从化市委、市政府的大力扶持下，从化的工业企业迎来稳定高速的发展，成为从化市域经济发展的重要动力之一。

1994 年，从化工业总产值达 28 亿元，比 1993 年增长 46.6%，其中乡镇企业工业产值 18 亿元，增长 85.6%。1995 年，从化工业总产值达 48.55 亿元，年均递增 42.2%，其中乡镇工业总产值达 31 亿元，占全市工业总产值的 64%，年均递增 60%。从化初步建立起食品、化纤、建材、机电、化工、服装、制药等多门类的工业体系。至 1998 年，占全市工业总产值 83% 的乡镇工业保持高速发展势头，增幅达 24.05%（1990 年不变价）。随后，从化出台一系列加快工业发展的政策，全面引进和发展各类工业企业，工业规模迅速扩大。同时，从化围绕"工业强市"战略，不断推进新型工业化进程，摩托车制造业、化妆品、工艺品、食品和药品等"一业四品"支柱产业稳步发展。龙头骨干企业带动效应明显增强，形成以外商、港澳台商企业和股份制企业为主体的工业经济发展格局。2008 年，从化工业总产值完成 291.05 亿元，比 1978 年增长 522.09 倍。至 2012 年，从化工业总产值已达到 497.71 亿元，比 2008 年增长 71%。

（三）经济开发区建设助力经济

20 世纪 80 年代，从化创建广州从化经济开发区，此后逐步开发出广东从化经济开发区高技术产业园、广东从化经济开发区明珠工业园等一批产业园区，为从化经济发展带来新动力。

广州从化经济开发区创建于 1987 年 8 月，是从化改革开放的窗口，属广东省级经济开发区，控规覆盖面积 52.26 平方千米，重点发展生物医药、新材料、新能源、汽车及零部件、智能家电、机电制造、电子信息、现代物流产业等。2009 年，从化经济开发区获评为中国最具投资价值开发区。园区下辖高技术产业园和明珠工业园。

作为从化成熟的招商载体，广东从化经济开发区高技术产业园以其日臻成熟的投资环境，优质高效的管家式服务，丰厚的投资回报率，吸引众多海内外客商投资合作。先后吸引联合利华、雅芳等世界500强企业投资落户，产业集聚发展初成规模，形成以生物医药、智能装备、精细化工和绿色食品制造等主导产业为主体的现代产业体系。至2012年末，该园区有企业约100家，其中日用化妆品、生物制药、机械制造、食品加工为四大主导产业，有世界500强企业4家（联合利华、美国雅芳、阿斯利康、拜尔斯托夫）。全年产业园实现工业总产值135.72亿元，比2011年增长21.5%；财政一般预算收入13616.4万元，下降0.79%；完成固定资产投资7.91亿元，增长4.1%；实际利用外资5000万美元，增长142.6%；出口总值20421万美元，增长5.56%；上缴税收（不包含免抵调库数）39267.15万元，增长2.05%。

设立于2002年11月的广东从化经济开发区明珠工业园是广州从化经济开发区下辖的另一园区，也是从化区最大的产业发展平台，曾先后被评为广州市重点建设项目、广州市"退二"产业承接基地、广州市中小企业创业基地、广州市战略性新兴产业（新能源）基地、广东省重点建设预备项目、国家汽车及零部件出口基地广州从化基地、国家第一批分布式光伏发电示范区、"广州光谷"光稀土专业集聚区和广州市第一批先进制造业工业集聚发展示范平台、和谐中国·十大最具发展潜力园区，被商务部、科技部联合认定为国家科技兴贸创新基地（是广东省第二家、广州市唯一一家国家级科技兴贸创新基地），被认定为第四批省市共建循环经济产业基地。

2012年末，园区有企业135家，有世界500强企业4家（广汽日野、阿尔斯通、日立冷机和日立压缩机），已初步形成汽车摩托车、日用化工、新材料、家电四大产业集群，园区重点发展产业是汽车摩托车、家电、日用化工、机械制造、新材料、新能源、现代物流七大产业。2012 年，明珠工业园实现地区生产总值（GDP）25.11 亿元，比 2011 年增长 16.7%；固定资产 13.3 亿元，增长 17.9%；工业总产值 133.49 亿元，增长 23.8%；实际利用外资 4100 万美元，增长 7.89%；外贸出口总值 4.37 亿美元，增长 6.19%；商品销售总额（批发业）91.3 亿元，增长 33.7%；公共财政预算收入 9094 万元，增长 28.7%；财税收入 5.29 亿元，增长 20.78%。

四、商贸发展成效显著

（一）多种形式搞活招商引资

改革开放以来，从化抓住各种有利时机，运用多种形式，扩大对外宣传，促进招商工作。1992 年起，从化每年在当地或香港举办荔枝节、春茗座谈会各一次，积极参与广州市在香港举办的招商活动，每项重大活动都邀请外商参加，介绍从化经济发展和投资环境情况，加深外商对从化市的了解，增强外商投资信心。

1992 年 7 月 13—25 日，从化举行"92 从化荔枝节"庆典暨 20 项工程竣工剪彩和奠基仪式。荔枝节期间，从化签订三资企业①合同和意向书 67 项，合同总投资额 6.57 亿美元，利用外来资金 5.48 亿美元。1993 年从化荔枝节期间，从化与外商签订各种招商合同和协议 77 项，投资总额为 7.19 亿美元，合同利用外来资金 6.93 亿美元。2006 年从化荔枝节期间，从化新签投资项目

---

①　三资企业即在中国境内设立的中外合资经营企业、中外合作经营企业、外商独资经营企业三类外商投资企业。

16 个，总投资额为 26.27 亿元。

除了荔枝节，通过举办中国老龄产业国际论坛、首届中国老年产品博览会、从化医药产业发展论坛、摩托车产业基地推介会以及随广州市政府代表团赴德、日招商等大型招商推介活动，从化全市对外开放、招商引资，投资环境、服务水平进一步提升，区域合作进一步深化。

从化还抓住撤县设市的机会，对捐资和投资有突出贡献的外来商人授予"从化市荣誉市民"称号（首批 8 人），以此表示对投资者的欢迎和爱护，并激励后来者。1994 年，广州工艺从化人造花厂还被广州市政府授予 1993 年度外商投资企业金鸡奖。随着对外开放的扩大和知名度的提高，从化的外商投资越来越多，投资领域越来越广泛，对外贸易不断发展扩大。从化还对全市所有的空置厂房和闲置土地进行全面的调查摸底，造册登记，为开展新一轮的招商活动建立资料档案；通过广东有线电视台的《招商视窗》栏目和《人民日报》（海外版）对从化投资环境作专题报道，还通过海外中介机构介绍从化的环境和项目，加强对外宣传；积极参与各种招商活动，如首次组织策划赴台招商，就签订项目协议 10 个，合同利用外来资金 2250 万美元。2001 年，从化市被广州市政府评为外贸出口、加工贸易出口、一般贸易出口、外商投资出口和利用外资统计 5 项先进单位。2012 年，从化新引进港澳台资、外资企业 27 家，全年实现实际利用港澳台资、外资 2.23 亿美元，完成年度计划的 125%，增长 7.5%。

（二）对外贸易奠定外向型经济发展方向

1973 年从化县就已成立外贸局，发展对外贸易。至 1978 年，从化对外贸易商品出口累计总值为 781.6 万元，平均年出口值为 131.3 万元。改革开放后，从化抓住机遇，全方位地发展对外贸易。出口商品货源增加，从原来单一的农副土特产，逐步发展到工艺、轻工、纺织等品种。从化外贸部门根据出口计划，实行多种渠道、多种形式组织出口商品货源。既在从化范围内组织货源，又在辖区外实行跨地区组织货源，还建立一批由各专业公司直接投资，或与国营、或与集体、或与农户等联办的出口商品生产基地。先后成立粮油食品、土产、轻工业品、纺织品、医药保健品、五金矿产、化工机械、畜产、工艺品等进出口专业公司和贸易从化公司、外贸信托公司。20 世纪 80—90 年代，从化加紧组建各工业系统和各镇的进出口经营企业。结合实际制定一系列激励出口的政策、措施，从资金、物资、技术等方面扶持出口，为外贸出口提供宽松的环境。创造条件加紧建立外贸出口商品生产基地和培养出口骨干企业，为外贸出口提供充足的货源。从化不断深化外贸企业内部改革，转换经营机制，开展多种经营，发展工贸结合，增强企业活力，对外贸易取得长足发展。1979—1985 年，从化对外贸易商品出口累计总值为 7203.9 万元，年平均出口值1029 万元。出口商品中工业品比例逐年增大，工业品出口比例由1973 年的 10.6% 增加到 1985 年的 27.7%。

1992 年开始，随着港澳台商、外商投资企业的不断进入，从化加工贸易出口迅速发展。1992 年上半年，从化利用港澳台资、外资的增长速度名列广州市各县、区之首。从化新签引进港澳台资、外资项目 56 个，平均 3 天多引进一个。合同利用港澳台资、外资 4791 万美元，实际利用港澳台资、外资 811 万美元，分别比1991 年同期增长 955.3% 和 333.7%。港澳台商、外商投入 100 万美元以上的大中项目就占 6 成。港澳台商、外商在从化办起的三资企业和港澳台资企业、"三来一补"（即来料加工、来件装配、来样加工和补偿贸易）企业达 200 多家，外向型企业总产值占从化工业总产值 40%，成为从化经济的重要支柱之一。至 1993 年，从化加工贸易出口总值增至 3246 万美元，比 1988 年增长 26 倍。

当年，从化外贸出口收购额达到 1.09 亿元，比 1992 年增长22.62%。1980—1993 年，在世界经济和国际市场复杂多变的大环境下，从化外贸出口收购总值仍保持增长，年均增长幅度为28%。1993 年，从化在全省 48 个贫困山区县中率先摘掉贫困县的帽子。

此后，从化又因势利导，及时把利用外资、港澳台资项目由加工型逐步引导到土地开发、房地产开发、农业开发和交通、能源等基础设施建设及发展第三产业上来，使利用外资、港澳台资工作向全方位发展。至"八五"计划期末（1995 年），从化全市出口总值达 1.08 亿美元，年均递增 83.8%；实际利用外资、港澳台资 1 亿美元，三资企业、港澳台资企业达 435 家，其工业总产值和外贸出口总值分别占全市的 23.8% 和 69%。外向型经济初具规模，对外开放格局逐渐形成。1997 年，从化中外合资合作及"三来一补"企业发展到 77 家。外向型经济从"三来一补"的初级阶段逐步向高技术含量的方向发展。同年，从化外商、港澳台商投资企业达 93 家，其中日本丰田日野汽车、法国阿海珐电气两家世界 500 强企业以及万力轮胎、海霸王食品、镇泰玩具、万宝电器等一批质量较高、规模较大的企业相继落户从化。1998 年，从化外贸出口总额（海关数据）为 2.081 亿美元，比 1997 年增长21.41%，实际利用外资、港澳台资为 5042 万美元，加工贸易出口总值 2.03 亿美元，首次突破亿元大关，比 1993 年增长 6.2 倍。2012 年末，从化实现外贸出口总值已达 18.64 亿美元，增长0.1%。完成境外投资项目（"走出去"）6 个，投资总额 1100 万美元。

五、交通建设不断完善

改革开放后，从化先后投资近 10 亿元扩建和改造公路，提高公路等级，辖区内国道、省道、县道、乡（村）道以及专用公路五级道路建设不断完善，助推从化旅游业及城乡发展。

（一）国道开通促进旅游业发展

1994年，经过4次改造成为省一级公路的国道G105线广从一级公路开通。广州至从化的交通状况得到极大的改善，到从化旅游观光、疗养度假的中外宾客纷至沓来，当年从化接待的游客达129万人次，旅游业收入达2.15亿元，占第三产业产值的35%，旅游人数和总收入分别比1993年增长4.9%和8.6%。

1995年7月，国道G106线从化段改造工程完工，改造后的国道G106线路基宽32米，水泥路面宽30米。1998年8月，西瓜地至花都水尾路段按二级公路标准进行改造，2001年6月完工，改造后里程缩至14.3千米，路基宽12—16米，水泥路面宽9米。2004年，国道G106线从化辖区内长24.1千米。纵贯东西的国道，为从化带来更多的发展机遇。

（二）省、县道改造升级联动城乡发展

改革开放以来，从化辖区的省道、县道改造升级有序进行。1979年，从化辖区内有省道4条，分别为省道S1908线、S1913线、S1959线、S1909线，初步打通城乡的联系。20世纪90年代，从化辖区内的省道改造为水泥路面。至2004年，从化辖区内省道增至5条，共长87.3千米，同时分别改了名称。省道S1908线改称省道S118线（广州—四会，简称广四线）从化段，1979年的县道X3152线经过升级改造后改称省道S256线（从化—虎门，简称从虎线）从化段，省道S1913线改称为省道S353线（龙门—塘广坳，简称龙塘线）从化段，省道S1959线改称为省道S354线（良口—四会地豆，简称良地线）从化段，省道S1909线改称为省道S355线（永汉—鳌头，简称永鳌线）从化段。省道S355线从化段由大尖山茶场，经灌村石坑、大桥迳、新沙朗与国

道 G105 线重复，再由街口小海经棋杆至西瓜地，接国道 G106 线，全长 42.5 千米（其中石坑至新沙塱接国道 G105 线路段长 14.3 千米，于 1998 年改造为二级公路）。这些省道成了从化城乡经济发展的动脉，推动城乡协调发展。

从 1990 年起，从化开始对县道进行改造或扩建。至 2001 年 7 月，5 条县道实现水泥路面化，总长 114.5 千米，分别为县道 X262 线（吕田—新丰沙田）、县道 X285 线（神岗—棋杆）、县道 X286 线（街口—人和）、县道 X287 线（良口—东明）和县道 X301 线（牛步迳—大桥迳）。县道拓宽、水泥路面化的升级改造，使从化尤其是吕田革命老区镇的交通条件得到改善，各镇村的经济随着道路的改善而发展，引进的投资项目也有所增加。

（三）村道硬底化在全省率先实现

1999 年 8 月，为解决辖区内乡道大多是沙土混合路面的情况，从化市委、市政府提出用三四年时间，完成全市行政村公路硬底化改造。从化召开全市村道建设动员大会，对实现"村村通"的决心坚定。时任从化市委提出要求，村道建设有四个"不管"，即不管山有多高、不管路有多远、不管村有多穷、不管人有多少，百分之百完成村道建设任务。2001 年 12 月 29 日，良口达溪村公路最后一板水泥路合龙，宣布从化 223 个行政村、总长 579 千米的行政村村道硬底化工程全面竣工。从化的行政村公路硬底化建设比原计划提前一年多时间完成，在全省山区县（市）中率先实现村村通水泥路。2003 年，工程质量验收工作全部完成。2003 年，针对从化自然村村道绝大部分为沙土路的情况，当年 3 月，从化市委、市政府成立自然村村道建设指挥部，提出用 5 年时间，完成全市 889 千米自然村村道的建设，要求铺水泥路面宽 4 米，路基宽 5.5 米。至 2008 年底，从化自然村村道硬底化工程全部竣工并完成验收。

撤县设市以来，从化各级的交通建设联通了城乡，给从化农村、农业和农民生活带来极大的变化，也促进城乡协调发展，推动从化经济的新发展。

六、旅游资源建设方兴未艾

从化的旅游资源丰富，自然景观多姿多彩，开发旅游资源有利于促进旅游业的新发展。随着自然旅游资源的不断开发，旅游度假区建设步伐的加快，从化美食资源的开发也提上日程，成为从化旅游经济的新亮点。

（一）各类旅游资源开发

从化水力资源丰富，有大小水电站 100 多座，电站造型各异，有的在山中，有的在河畔，有的在水库坝下，站站有景。1983 年，从化在流溪河水库区建立流溪河国家森林公园，是中国首批森林公园之一。1986 年竣工开园以来，流溪河国家森林公园已接待来自 30 多个国家和地区的中外游客 50 多万人次。1985 年底，从化北回归线公园建成，成为从化重要的旅游资源。

1993 年，从化提出"从化兴旅游、旅游兴从化"的"龙头"战略决策。1994 年，经省、市有关单位领导、专家、学者共同审定的《从化旅游发展总体规划》，将从化分为 13 个旅游风景区，分别是：龙潭世外桃园景区、从化温泉旅游度假疗养风景区、新从化温泉旅游风景区、风云岭娱乐城、狮岭百果迷宫游览区、流溪河国家森林公园游览区、广州抽水蓄能电站游览区、云台山宗教文化游览区、狮象岩游览区、大岭山原始森林风景区、美芝灵影视世界游览区、国际一级方程式赛车场游览区、北回归线科学公园游览区。撤县设市后，从化辖区内各类旅游资源的建设开发，使旅游业水平不断提高。2009 年，从化全年接待各类游客 754.72 万人次，旅游总收入 25.74 亿元，分别增长 49.2% 和 54.2%。温泉养生谷、从都·国际商务会议中心、亚运马术场、响水峡原生态景区、崴格诗温泉庄园等一批旅游项目在从化建设。通过系列旅游推介活动，"温泉之都，生态从化"的影响力和知名度进一步提升。从化先后获得"中国文化生态旅游示范地""中国最佳旅游度假胜地""中国优秀生态旅游城市"和"广东省国民旅游休闲计划示范市"等荣誉称号。从化发挥温泉、森林、马场等品牌优势，强化旅游产业规划，策划建设一批温泉养生、绿道休闲、森林度假、商务会议等旅游精品，完善综合旅游服务体系，推动旅游产业高端化、国际化发展。

2011年，从化先后荣获"广东省旅游强市""全国休闲农业与乡村旅游示范市""全国最具魅力乡村旅游目的地""国际绿色生态旅游目的地"称号，经济综合发展实力跃居全省67个县（市）第二名，县域旅游综合竞争力居全省十强首位。2012年，在全国休闲农业创意精品推介活动中南赛区和全国总决赛中，从化市观光休闲农业经营企业和休闲农产品加工流通企业制作的休闲农业创意作品，代表广东省参赛，分别获一金一银和一金两银一优秀。至2012年末，从化共建有休闲农业与乡村旅游景点30多个，从事餐饮、住宿的乡村农庄300多个，从业人员近2万人。其中国家AAA旅游景区3个、星级农家乐63家（其中广州市星级农家乐23家）、观光农业园示范点25个、旅游特色村3个、观光休闲农业示范村3个，沿流溪河和国道G105线为主轴的养生文化与休闲农业旅游带建成。2012年，从化现代旅游业竞争力继续提高，全年接待旅游人数1457.47万人次，旅游总收入52.57亿元，分别增长19.4%和22.2%，旅游竞争力在全国188个县（市）中排名第八，县域旅游综合竞争力连续两年蝉联全省67个县（县级市）第一名。

（二）开发"从化五道菜"

为配合广州市创"中国最佳餐饮旅游城市"活动，打响"农家美食在从化"的餐饮品牌，推出从化美食名牌，从化市委、市政府领导在考察调研时，萌生开发"从化五道菜"的念头。"从化五道菜"既有"五福临门""五谷丰登"的吉祥寓意，又方便易记，同时也为各餐馆留有推出自身特色菜的余地。

2005 年，"从化五道菜"评选活动拉开帷幕。评选活动以"崇尚饮食健康，凸现田园本色"为宗旨，以本土、特色、非季节性和易普及推广为评选标准，充分挖掘地道农家美食文化，打造"农家美食选从化"和"食在广州，味在从化"的饮食新理念、新格局，提高从化旅游知名度和美誉度，同时通过打造饮食品牌，促进从化农副产品生产、加工和销售，全面带动从化旅游经济和农业经济的发展。经过严格的三轮评选品鉴，"从化五道菜"诞生，分别为吕田大肉、流溪大鱼头、泥火焗走地鸡、香叶乌鬃鹅、桂峰酿豆腐。

在 2005 年的广州国际旅游文化节味之素美食技艺大赛展台赛中，"从化五道菜"凭借农家特色鲜明、设计独具匠心、文化内涵丰富的优势，在省内外 40 多家参展单位中脱颖而出，获得金奖。这为"从化五道菜"的宣传带来良好的开端。经过精心策划包装，传统农家菜从此登上大雅之堂。在"旅游旺市"战略的推动下，从化旅游餐饮业发展迅猛，据地税部门统计，仅 2005 年上半年，从化餐饮业的税收就高达 2.8 亿元。借助"从化五道菜"的推广，从化实现通过发展特色农家饮食带动广大农村种养业的发展，促进农副产品的生产、加工和销售，增加农民收入，为建设社会主义新农村事业提供有力支持的目标。

2006 年，在广州举行的第十届广州（国际）美食节上，从化市旅游协会参展的"从化五道菜"展台继续夺得金奖，成功卫冕，并获得组委会颁发的"美食展台奖"。此外，还邀请国内知名烹饪大师联合从化市经贸、食品监督等部门在从化范围内开展第二批"从化五道菜"推荐接待单位申报评审活动，组织厨师再次进行"从化五道菜"烹饪技能培训，对参评企业从餐厅环境布置、厨房卫生、菜品质量、服务、创意等几大方面进行全面考核，经评选，广东温泉宾馆等15家宾馆酒楼被推荐为接待单位。"从化五道菜"品牌的规范化建设，还带动从化以"一村一品"为亮点的土特产加工和销售。"从化五道菜"的开发不仅带来从化旅游业尤其是乡村旅游的兴旺，还推动从化各镇村农业、种养业的健康发展。

七、新农村建设焕发活力

2005年10月8日，中共十六届五中全会通过《中共中央关于制定国民经济和社会发展第十一个五年规划的建议》，提出要按照"生产发展、生活宽裕、乡风文明、村容整洁、管理民主"的要求，扎实推进社会主义新农村建设。2006年，从化召开全市农村工作暨建设社会主义新农村动员大会，对农业和农村工作作了部署，对推进社会主义新农村建设进行全面动员。按照"农民生活甜美、农村环境优美、乡村风尚醇美、城乡互动和美"的目标，从化致力于抓好"新农村、中心镇、山区镇"项目建设，改善农村人居和生态环境，提高农村文化、教育、卫生保障水平，建设幸福美丽乡村，营造良好农村人居环境和生态环境，促进城乡人民生活互动。至2012年，从化落实广州市社会主义新农村建设项目214个，有180个村进行不同方式、不同程度的整治和改造，农村人居环境面貌明显改观，给广大农民群众带来实惠。

（一）省、市卫生镇村及文明示范村创建获得成效

从化的新农村建设有着良好的基础。2001年，从化广泛开展

创建文明城市、卫生城市、文明示范镇以及社会公德、职业道德、家庭美德等思想道德教育活动，城市文明程度和市民文明素质得到提高。在政府引导和各方协力下，从化的卫生城市、镇、村三级建设取得显著成效，2002 年继续评为省卫生先进城市，2004 年被评为省卫生城市，温泉、吕田镇为省卫生先进镇。

2006 年，从化以创建生态文明村为契机，积极开展创建省、市卫生村的活动。在各镇、街 29 个自然村中开展创建生态文明示范村的基础上，提出在每个村委会中优选 1 个自然村或经济社作为创建单位，从化爱国卫生运动委员会办公室配合各村做好改水、改厕和垃圾屋的建设。在当年内，从化吕田镇小杉丘屋村、坪地高围村、温泉镇宣星村、石坑红田村、桃莲猿啼岭村、鳌头镇高平上芦村、街口街石潭村、江埔街鹊塑上一村、城郊街茂新村、良口镇梅树村、乐明水口围村、长流杨围村等 12 个村被评为广州市卫生村。太平镇三百洞村、鳌头镇高平上芦村、楼星杉田村、温泉镇宣星村、石坑红田村、桃莲猿啼岭村、江埔街鹊塑上一村被评为广东省卫生村。至 2006 年末，从化有广州市卫生村 15 个，广东省卫生村 7 个，已立项创建生态文明示范村 218 个。在原有创建的基础上，从化争取省和广州市环保局农村小康环保行动（生态）建设专项资金 162 万元，支持街口街大凹村、良口乐明村和少沙村、温泉镇桃莲村俊晖林果园、吕田镇小杉村共 5 个生态示范村、园的环境硬件建设，完成太平镇汾水村、鳌头镇中心村、吕田镇塘口村 3 个村的生态规划编制工作。2007 年，从化完成 111 个生态文明村创建工作，惠及农户 1.27 万户、5.14 万人，第二批 197 个创建点全面启动，农村人居环境明显改善，年末从化被广东省委、省政府授予"广东省文明城市"称号。2008 年，从化建设生态文明村 480 个，已建成和在建的生态文明村覆盖经济社 782 个，占全市经济社总数 28.3%，惠及农户 4.29 万户，人口 17.24 万人；结合生态文明村建设，从化推进省、广州市卫生村创建活动，分别新增广东省卫生村 12 个①，广州市卫生村 26 个②。2009 年，从化新创建生态文明村 150 个、省卫生村 8 个、广州市卫生村 22 个，村容村貌整治和村庄规划得到加强。2010 年，鳌头镇生态文明村建设深入推进，完成生态文明村建设并通过市验收 34 个，其中水西村获"广州市文明示范村"称号。2011 年，从化组织开展第六批广州市文明示范村创建工作和从化市 40 个文明示范村的创建活动，其中城郊街西和村、江埔街鹊塱村、温泉镇密石村、太平镇钟楼村创建为广州市第六批文明示范村。2012 年，从化有生态文明村创建点（自然村或经济社）48 个，惠及农户 1.1 万户，人口 3.99 万人；继续组织开展第七批广州市文明示范村和从化市 40 个文明示范村创建活动；江埔街锦一村、温泉镇石南村、太平镇连塘村入选广州市第七批文明示范村；锦一村长田社和山下村上一社、上二社被评为广东省卫生村。当年从化完成 7 个点的新农村建设项目③；完成 2011 年（第五批）

---

① 分别是：吕田镇小杉村丘屋社、坪地村高围社；良口镇胜塘村五社；温泉镇南平村、桃莲村龙田社；鳌头镇西向村大卜社、洲洞村洲峰社；城郊街大夫田村、光辉田心村；江埔街禾睦村；街口街赤草村店头村、城南村。

② 分别是：吕田镇东坑村下大步社、新联村司马弟社、小杉村塘边、横份社；良口镇溪头村、下溪村万角社；温泉镇龙岗村石桥社、平岗村尚平社、金鸡社；太平镇银林村郭屋社、钟楼村金中社、元洲岗村黄洞社、上塘村潭庄社、木棉村龟咀社；鳌头镇帝田村大田社、横岭村一社、南楼村铺锦社、黄茅村永安社、新围村西瓜地社、月荣村东方红社；城郊街小坑村二社、四社，向阳村六社，西和村一社，北星村；江埔街鹊塱村大星社、下罗村忠信社；街口街雄锋村六社，城郊村二社、二十社。

③ 分别是：2010 年申报的上罗村、下罗村、禾仓村和 2011 年申报的凤一村、凤二村、鹊塱村、锦三村。

立项的生态文明村 7 个点①的项目建设。

（二）乡村民主建设规范有序

2006 年 3 月，从化村务公开和民主管理工作及表彰会议上明确指出，推进村务公开和民主管理是巩固党在农村执政基础的必然要求，是构建社会主义和谐社会的现实需要，是深化农村改革、促进农村发展的重要保障，是促进农村基层组织建设和干部队伍建设的有效途径。此后，从化各镇（街）、村加大工作力度，把村务公开和民主管理工作不断推向深入：着眼于农村工作大局，把推进村务公开和民主管理与促进农村改革发展稳定有机结合起来；着眼于维护农民群众的切身利益，认真解决群众最关心的问题；着眼于充分发挥农民群众的主体作用，广泛动员农民群众参与村务公开和民主管理；着眼于推进村务公开和民主管理的规范化及程序化，在加强制度建设上下功夫。

从化在推行民主管理的过程中，各村设立"一事一议"制度，让全体村民享有管理本村经济社会文化事业权利。各镇村抓好村务、政务、财务公开工作，不断完善村民"一事一议"自治机制，加强和改进农村社会管理。如在农村财务管理上，2008 年以来，吕田镇推行"村账镇代记、社账村代记"制度，通过不断地全面规范农村财务管理，健全制度，明确会计职责，规范农村财务管理。加强对各村会计基础工作的检查监督，把农村会计基础工作纳入法制化轨道。各村设立财务公开栏，明确财务公开日。农村财务管理日益规范化。

2011 年，按照省、广州市的要求，从化 221 个村、44 个社区提前完成第五届村委会和第四届居委会"两委"换届选举工作，

---

① 分别是：凤二村榄树新村、凤院村格坑下埔社、上罗村石岗社、凤一村陈屋社、禾仓村白楼一二社、锦一村饭岭社和江埔村四至七社。

共选出新一届村委会成员 1030 人，社区居委会成员 290 人，换届选举工作走在全省前列，实现"三满意"，即党委政府满意、干部满意、群众满意，受到省、广州市的肯定。

（三）"三级联创"党建工作扎实推进

开展"三级联创"活动，是深入贯彻落实党的十六届六中全会精神，巩固和发展农村先进教育活动成果，加强和改进农村党的建设，将农村党的建设与农村改革发展紧密结合起来的一种有效形式，是落实党建工作责任制、实现农村基层组织建设整体推进、常抓不懈的一个有效机制。通过系列深化"三级联创"活动，从化的农村党建工作扎实推进，取得成效。

1. 政府引领，形成示范作用

2007 年，从化各镇（街）全面铺开农村基层党组织建设先进市和创建"五个好"镇（街）党（工）委、"五个好"村党组织活动。在政府引领下，从化各镇（街）的二三级联创活动涌出许多示范村。如太平镇邓村党支部在开展"从化新农村建设三级联创"活动中，立足实际，紧扣"五个好"目标，带领广大党员干部和群众齐心协力兴村，锐意进取致富，改善村容村貌。村党支部把坚持服务群众的宗旨贯穿于党建工作的始终，以人为本，着重建设好"农村剩余劳动力转移"和"计生'三优'"两个服务阵地。该村聘请教授到田头授课，为村民举办 6 期实用技术培训班，培训达 100 人次，积极牵线搭桥，解决近 100 个富余劳动力就业；为计生对象提供优质服务，计生工作走在前列。该村在党支部的引领下，整合网络资源，不断加快电信、移动为主的信息化工程建设进程，实现村通电话；通过与移动公司合作，完成农村信息化建设，为农民致富提供"千里眼"和"顺风耳"。邓村"两委"成员还经常进农户、到田头，了解农民所思、所虑、所盼，注重与老党员、老干部、致富能手、困难户进行联系，了解他们的困难和问题，掌握全村工作的热点、难点问题。

2009 年，从化还创新"一工程四机制"① 的农村党建新载体。在深化"三级联创"活动方面，通过自愿申报、专家评审、实地考察、研究决定、实施公示等环节，选出领导班子好、经济社会各项事业发展有较好基础、具有较大发展空间和潜力的 8 个村作为重点创建村②。从化组织市属有关职能部门对重点创建村进行政策扶持、资金扶持、项目扶持。至年末，从化 31 个职能单位扶持资金投入 4000 多万元，266 个创建项目全部推进。为巩固从化市市直相关职能部门、镇（街）、村党的建设"三级联创"活动成果，结合实际，从化环保局向广州市环保局申请从化市"三级联创"活动生态先进村示范工程建设资金，申请到专项补助资金 28 万元，分别补助街口街团星村、江埔街和睦村、城郊街大夫田村、鳌头镇桥头村、吕田镇新联村、温泉镇宣星村、良口镇赤树村等 7 个村各 4 万元，用以改善农村人居环境。当年，吕田镇继续开展"三级联创"活动，争取 29 个市直有关职能部门支持，将新联村创建为"生态文明建设排头兵"示范村。

2. 制度建设，推动党组织运行规范化

在"三级联创"活动中，从化逐步建立起领导责任制度、督促检查制度、信息报送情况通报制度、考核评比制度等制度。通过制度建设，有效地推动各级党组织运行规范化。如太平镇邓村坚持推行村务民主听证会制度，每季度向全村党员、村民代表和

① "一工程四机制"即农村党建"三级联创"活动，创建"生态文明建设排头兵"先进村示范工程，建立农村干部任职公开承诺机制、农村干部成长机制、党内帮扶困难党员机制、农民全面培训机制。

② 第一批重点创建村分别是吕田镇新联村、太平镇邓村、街口街团星村、城郊街大夫田村、江埔街和睦村、温泉镇宣星村、良口镇赤树村以及鳌头镇桥头村。

广大群众公开该村工作进展情况，公开群众关心的热点和难点问题，以公开促进各项工作的公正、公平和公道。针对工作中暴露出的薄弱环节，邓村进一步加强村级组织配套制度建设，建立健全村级组织议事规则、党务公开制度、村级财务公开制度、村务公开制度、目标责任制度、利民承诺制度、民主管理制度、党员干部联户帮扶制度、党员教育培训制度、党内组织生活制度等制度，使村级组织运行规范化。

3. 队伍建设，带动村民共同致富

为使"三级联创"活动效果能持续发展，从化把加强党员干部队伍的建设，提高党员干部带头致富能力作为关键环节。各镇（街）把退伍军人、大中专生及村致富能手等一批年纪较轻，文化素质较高，掌握多门致富技术，有经济头脑，乐于为民办事，甘于奉献的经济能人选入村级"两委"班子。通过开展知识讲座、播放电教片、请技术人员到村作指导以及发放实用致富技能小册子等途径，进一步拓宽党员培训渠道，帮助他们学技术、长见识、转思路，提高科技致富意识和能力，逐步建立一支素质优良、数量充足的农村基层后备人才队伍。如太平镇邓村在农民党员和致富能人中开展一帮一"结对子"活动，党员帮带致富能人中的先进分子在政治上进步，致富能人帮带党员提高致富本领。该村党员和致富能人共结对子10多对，通过结对帮带，致富能人发展为党员的有2人，党员成为致富带头人的有5人。村党支部还组织党员、致富能人与贫困户开展二帮一"结对子"活动，以党员为桥梁纽带，为致富能人和贫困户牵线搭桥，教育引导致富能人不忘乡亲，共同发展，教育引导贫困户鼓足信心，脱离贫困。党员和致富能人共同为贫困户确定致富目标，进行精神、物质帮扶，共结对帮扶贫困户20多户。

从化通过开展"三级联创"活动，把市、镇（街）、村三级党组织的建设联在一起，目标联在一起，任务联在一起，奖惩联在一起，实行市带镇促村，一级抓一级，一级带一级，层层抓落实的党建责任网络。从化农村基层党组织的创造力、凝聚力和战斗力不断增强，农村经济社会稳步发展，建设社会主义新农村的步伐也不断加快，"生产发展、生活宽裕、乡风文明、村容整洁、管理民主"的农村新景象正慢慢呈现。

第六章

砥砺奋进新征程

　　中共十八大，开启了中国特色社会主义新时代。党的十八大以来，广东省、广州市、从化区三级党委和政府不断加大支持力度，加快革命老区发展步伐，推动老区人民和从化全区人民一道，推进全面脱贫与乡村振兴有效衔接，牢牢把握粤港澳大湾区建设机遇，围绕打造特色小镇的供给侧改革创新主题，加强聚焦产业、生态、文化、组织、人才等领域的关键环节，逐步形成高质量乡村全面振兴新格局，踏上全面小康新征程。

革命老区小康新阶段

一、吕田老区的建设与发展

（一）精确帮扶激发动力

吕田作为革命老区镇，继承艰苦奋斗的革命传统，活用 40 年扶贫开发工作经验，积极配合各方落实扶贫措施，分别在解决基础设施建设"五难"（行路难、读书难、饮水难、看病难、照明难）问题，完善社会公共服务，推进老区村美化建设，以及帮助老区人民脱贫致富方面实现扶贫事业发展的"四个加快"（加快基础设施建设、加快公共服务事业发展、加快美丽乡村规划建设步伐、加快人民脱贫致富的步伐），并于 2011 年成为广州新扶贫运动样本。

2012 年起，吕田继往开来，紧跟时代步伐，实施新一轮农村扶贫开发工作方案，全面推进贫困村和贫困户扶贫工作，精确定位扶贫方向，将扶贫方式逐步由"输血式"向"造血式"转变，合力攻坚，激发老区脱贫内生动力，为改善贫困地区生产生活条件，发展社会事业，提高社会保障水平贡献力量。

1. 基础设施扶贫

针对泥砖房改建问题，2013 年 12 月，黄迳村 177 套二层联排混凝土框架结构楼房全部竣工并交付村民使用，从根本上改变村民世代居住泥砖房的历史。2014 年，由广州市星河湾集团于 2011

年扶贫规划建设的别墅 207 套，已在张村大伙村全部落成并提供入住。2015 年 7 月，胜塘围村新建村屋 555 套全部建成入住。2013 年贫困户总数 305 户，2016 年经核查为 278 户，且已基本达到脱贫标准，群众生产生活条件明显改善。

针对其他基础公共设施建设，2014 年，高陂头村得到广州"双到"（规划到户、责任到人）扶贫资金支持，在全村安装路灯，铺砌好巷道和农田水利排洪道等设施。先后开展新幼儿园、敬老院、医院住院楼和 3 座扶贫桥梁建设；治安视频监控二期建设、8 个行政村便民服务直通车、塘基村连接三村村桥梁建设；推进东坑村综合文体活动中心重建和莲麻村三二社新农村市政设施等项目建设。16 个贫困村上报的 70 个民生工程公益项目有序推进。2015 年，老区加快推进塘基村连接三村村桥梁、东坑村综合文体活动中心、莲麻村三二社新农村市政设施等建设工程。村级项目方面，全镇开展扶贫公益建设项目 128 个，总投入资金 880 万元，其中 38 个项目已验收。2016 年 6 月，广州市政府侨务办公室领导赴小杉村指导扶贫工作。经过两轮帮扶，该村集体经济收入已增加到 33 万元，贫困户家庭人均纯收入增加到 1 万元以上，完成村道硬底化、安全饮水设施、路灯、农田水利设施、村文化广场、环境卫生设施等大型公共基础设施建设及住房改造、新型农村合作医疗、新型农村养老保险等多项民生扶贫项目。扶贫工作成效显著，受到当地干群一致好评。

2. 教育帮扶

广州市荔湾区作为对口帮扶从化吕田镇的责任单位，长期突出关注教育扶贫，扶贫先扶智，2013 年 7 月启动新一轮扶贫开发工作以来，多次组织各类机关事业单位、社会团体和企业家到吕田镇内中小学进行捐资助学，累计捐助钱物达 50 多万元。

2014 年，吕田镇第三小学 170 位师生收到东莞市邦达有限公司、东莞市乐邦实业有限公司、广东红棉乐器有限公司等企业的联合爱心捐赠。从化吕田镇第三小学坐落在距离吕田镇镇政府20多千米的山村，学生家庭多数比较贫穷，学校教学条件较为艰苦，师资力量缺乏。为此，荔湾区派驻吕田镇扶贫工作组牵头组织"情暖山区，爱聚吕田"活动，为师生每人捐献校服一套、学生每人书包一个，价值总计6万多元。2015年，荔湾区教育局和荔湾区派驻吕田镇扶贫工作组，到安山镇泰小学参加帮扶教学设施移交仪式。工作组采取"横向到底、纵向到边"的扶贫方式，力求在"效率"上达到目的，加强多方交流，结合学校实际情况，在软件方面给予帮助，让教育扶贫资金切实落到实处，从学校长远发展考虑，使吕田教育水平再上一个新台阶。

3．产业帮扶

在引进扶贫产业园建设项目方面，2015年8月，与广东穗星电缆实业有限公司签订扶贫厂房租赁合同，使21条贫困村拥有长期、稳定的租金作为集体经济收入，改善贫困村村民的生活水平。2011年7月，通过扶贫政策取得3.33公顷建设用地指标，并异地安排在高技术产业园内。在2.73公顷工业用地中，1.33公顷用地使用权由吕田镇为帮扶贫困村脱贫专门成立的公司——广州市田源企业管理有限公司通过招拍挂方式购买，用于建设扶贫厂房及相关配套设施，建成后出租给广东穗星电缆实业有限公司，租期为20年。租期内所产生的租金将用于吕田镇贫困村增加集体经济收入以实现脱贫。另外1.4公顷工业用地使用权由广东穗星电缆实业有限公司通过招拍挂方式购买自用。该厂房相关配套设施已于2015年3月竣工验收。

在发展种植业方面，2013年，中国民主建国会广州市委员会在桂峰村建设石斛种植扶贫基地。该基地的建设投产不仅给租地农民直接带来租金收入，还直接带动当地富余劳动力就业。基地充分利用桂峰山区空气清新、水质纯净的优势，以优质的石斛产品吸引、留住游客，通过"引入带走"的方式，强化精准扶贫效果，促进当地经济社会发展。在民建广州市委员会的大力帮助下，该村附近村社就业达 800 多人次，成为农业观光旅游"一带一路"示范基地。2015 年 11 月 26 日，该村广州市丛园农业有限公司举行广州市统一战线同心经济志愿服务队扶贫基地揭牌暨荔湾区扶贫合作项目签约仪式。公司的铁皮石斛种植项目也是由荔湾区检察院、吕田新联村及广州市丛园农业有限公司共建的一个对口帮扶村集体经济开发项目，是立足当地实际、发展特色种植的有力尝试。

4. 就业帮扶

2013 年 7 月，吕田镇莲麻村被纳入广州市农村扶贫工作范围。之后，莲麻的贫困现象得到一定程度的缓解，但村集体经济出路不多、村民就业渠道狭窄、可持续发展能力不强等问题始终未能解决，扶贫成果的巩固面临较大压力。2015 年底开始，从化实施特色小镇发展战略，以绿色旅游为特色的莲麻小镇进入发展的快车道。莲麻小镇把酒类产业作为支柱产业打造。经过招商引资，作为首批进驻莲麻小镇的企业——莲麻酒业公司成立，率先引进酿酒设备，提供技术培训，建立起莲麻头酒的品质和标准，还成立百家酒坊，采用"分散制作、集中管理、质量监控"方式，与当地酒铺合作经营。2016 年，广州华夏职业学院租赁改造乡间民宿华夏莲舍，保留传统客家围屋泥砖墙、灰瓦面的建筑特点，让民宿成为莲麻小镇的"网红"。截至 2017 年，莲麻村开设特色民宿、酒馆酒铺、头酒作坊、手炒茶铺以及豆腐坊等特色店铺达 83 家。莲麻小镇经营产业项目的增多，拓宽了村民就地创业和就业渠道，莲麻小镇向"农业强、农村美、农民富"的目标又迈进一步。2017 年 6 月，驻吕田的帮扶单位还联合村委会，在莲麻小镇引进广州汉源新材股份有限公司的莲麻会务中心和天源长寿村矿泉水厂等项目，提高村集体收入，解决村民就业问题。

（二）特色小镇优化崛起

1. 莲麻村：广州特色小镇的典范

2017 年，从化首批特色小镇建设有序推进。莲麻小镇是广州首个特色小镇。其依托传统文化和红色文化，重点打造生态旅游、红色革命文化、客家民俗体验及特色酒文化等主题产业。

莲麻小镇位于从化区吕田镇，森林覆盖面积达到 89%，有着得天独厚的生态优势，流溪河北源头莲麻河贯穿整个村落，水资源丰富。村内还有千年古道、百年客家围屋、黄沙坑革命旧址（东江纵队遗址）等自然人文景观。莲麻村的黄沙坑是东江纵队的主要活动区域，黄沙坑革命旧址位于客家围屋内，是重要的爱国主义教育基地和革命传统教育基地。

2016 年实施特色小镇发展战略以来，莲麻小镇发挥资源优势，聚力发展民宿、酒坊、酒铺、酒馆、炒茶铺和豆腐作坊等特色产业，先后开办标准民宿 24 家、酒坊酒铺酒馆 30 家、养蜂园 30 家、炒茶铺 6 家、豆腐作坊 3 家、凉粉铺 1 家，带动 94 户农民增收致富。是年，小镇集体收入达到 51 万元，农民人均收入达到了 20610 元。

2017 年，吕田按照从化区委有关精神，以如何有效带动村民增收致富为工作的出发点和落脚点，加快实现"农村美、农民富、农业强"的目标，发挥党建引领作用，推动莲麻小镇从粗放式建设向精细化发展转变，提升小镇酒文化主题内涵，出台惠民政策，促进一批民宿、酒馆、酒铺、酒坊建成开业，以产业带动就业增收。莲麻村完成村容村貌升级改造，各项配套完善任务持续对标优化。

2018 年 1 月 19 日，莲麻小镇获评广东十大明星小镇。[①] 小镇所在村落，实现村集体收入 88 万元、农民人均收入 3.1 万元，比 2014 年分别增长 450% 和 163%。告别贫困的同时，莲麻小镇走上一条"绿水青山就是金山银山"的绿色发展道路，成为广州从化打造特色小镇的一个典范。

2. 古田村：文创小镇"全域乡村风景化"[②]

古田特色小镇位于塘田村，毗邻安山村。该小镇的规划，采取新思路，吸纳各类关联元素，针对特色小镇核心内涵进行创新性规划实践，着重体现为"全域乡村风景化"，通过不同乡村风景化元素的组合，打造乡土特色场景，使物质元素共同组成非物质文化的载体，贯彻"生态农业为载体，乡村旅游为主导，精品人居为目标，文化创意为灵魂"的产业联动发展策略。

古田镇通过村民会议成立古田小镇议事小组，以资源入股方式，引进公司共同负责小镇建设过程和建成后的运营及管理，创新走出一条"政府引导、村民参与、企业运营、产业带动"的可持续发展模式。2017 年，广州市委领导前来调研规划建设推进情况，重点对古田村鸡枕山地区规划建设登山健身步道提出前瞻性建议。小镇所在的村落将依托塘田砂糖桔的发展基础，逐步实现农业生产转型、优化、升级，并结合世外葡萄园和响水峡旅游区两大品牌，打造成全国生态文化旅游农业示范村。

3. 份田村：质朴乡居生活

份田小镇位于吕田镇份田村中部，涵盖份段社和份田社，其中份段社拥有林地 286.87 公顷、耕地 27.67 公顷，份田社拥有林

---

① 《从化年鉴 2019》，广东经济出版社 2019 年版，第 37 页。
② 苏彦：《广州古田：全域乡村风景化》，《城乡建设》2017 年第 1 期，第 65—66 页。

地 106. 67 公顷、耕地 15. 67 公顷。小镇周边生态环境优美，保留有完好的传统客家围屋特色建筑群，拥有独特的客家宗族居住文化，适合打造质朴的乡居生活。

2017 年 9 月 30 日，份田小镇项目举行开工奠基仪式。之后，小镇在祠堂设立全国第一个祠堂书店——巢屋书店，以祠堂为中心，打造回归匠心手作的商业街，咖啡厅、小酒馆等商业休闲场地林立。其间，村民的农作物、农产品、手作工艺品如竹篮等，都在此处销售。2018 年 3 月，为加快份田小镇建设工作，份田村成立小镇建设工作领导小组，抽调人员专门负责日常工作。2018 年 12 月，吕田镇召开评估会，原则同意份田小镇人居环境整理工程可行性研究报告。

4. 安山村：香蜜小镇获评广东十佳最美果园

香蜜小镇位于吕田镇安山村，面积 17. 01 平方千米，盛产枇杷、沙糖桔等水果，四季鸟语花香，其传统美食吕田大肉为"从化五道菜"之一。2018 年，依托安山村优美的自然生态环境，吕田老区打造集美食、养生于一体的特色乡村休闲旅游小镇——香蜜小镇。

建设首期，以优化香蜜山生态果庄为主。果庄总面积 253. 33 公顷，种植水果 106. 67 公顷，地理位置优越，风景独秀，花果飘香，经过 18 年经营发展，为老区生态产业增值创收。2018 年，果庄在广东省农业农村厅举办的"广东最美田园"评选活动中，荣获"广东十佳最美果园"称号。香蜜小镇后期整体建设陆续进行。

5. 小杉村：特色小镇建设品质正在提升

吕田镇小杉村地处流溪河畔、小杉水库边，距从化区中心城区 70 千米，距镇中心 11 千米；村域面积 13.5 平方千米，共有 14 个经济社，总人口 1500 人。该村主要种植早李、三华李、砂糖桔、生姜、竹子等。广州蓄能发电厂坐落于此，环境优美，树木苍翠。山间有400多年前明朝人开挖的银铁矿石遗址，广州（从化吕田）连接惠州（龙门铁岗）的千年古道绵延三四千米。

2018年，小杉村深入开展村庄深化改造规划，大力推进基础设施建设、农村人居环境改造等工作，共完成25个移民工程及规划项目，投入1573万元，提升小杉村村容村貌，为乡村振兴奠定基础。2018年底，引进吾香美地（广州）文化旅游投资有限公司，着力构建美丽乡村特色产业体系，结合农业观光、美食文化，延伸产业链，提升小杉小镇建设品质。

（三）各类产业增值收益

1. 生态产业前景广阔

广州吕田蓝莓谷位于从化吕田镇吕新村旺水口，是由广州康达农业有限公司于2012年开辟的数百亩蓝莓种植基地。它与浙江师范大学建立了良好的技术合作关系，并成为浙江师范大学驻广州蓝莓科技基地，有雄厚的技术力量，具备较强的产品研发及农业科技成果转化能力。通过多年试种，在引进的蓝莓品系中，成功筛选出5个适合广州种植的优良品种进行示范推广，为产出优良蓝莓果奠定坚实基础。吕田蓝莓谷种植基地从建设到创收，受到区镇两级领导和农业局、科技局等职能部门，以及蓝莓培育专家的高度重视和充分肯定。广州康达农业有限公司引进专业技术人员，经过2年试种、6年栽培，于2016年在培育基地成功实现蓝莓规模化种植。2016年，广州康达农业有限公司开始对外销售蓝莓，由于是首年挂果，产量有限，只有2吨，售价却高达100元/斤左右，经济效益可观。吕新村试种蓝莓，两年就成功实现规模化种植，并且产生良好的经济效益，吸引当地一些有意种植蓝莓的种植户前来取经并且购买种苗试种，起到示范带动作用，也凸显种植蓝莓这一特色产业的美好发展前景。同年，吕田蓝莓谷又向农民加租 6.67 公顷山地，用于扩大种植蓝莓的规模。

香蜜山生态果庄位于广州北部生态核心区——从化吕田镇安山村，占地面积 253.33 公顷，成立于 1999 年。通过多年的努力，果庄获得"广州市观光休闲农业示范园""从化市一村一品枇杷示范基地""从化市观光农业园示范点""从化四星农家乐""从化市水果标准化示范园"等荣誉称号。2016 年 11 月，获得"广州市科学技术普及基地"称号。2016 年，从化区农业机械化管理中心建立水果种植节水喷灌示范点 3.33 公顷，引导水果种植户使用农业机械化作业，减轻劳动强度，提升全区农产品质量；推进扶持合作社建设工作，至 2016 年末，完成 7 家合作社的基础设施工程，并进行验收。2017 年被评为广州市农业龙头企业，并于同年获得葡萄、猕猴桃、枇杷三种水果国家绿色食品认证。2018 年，香蜜枇杷荣获农业农村部颁发的绿色食品证书。香蜜山生态果庄坚持发展生态农业，开发不同特色的主题休闲活动满足游客体验农业、回归自然的心理需求。公司通过农业生产、观光旅游相结合方式，有效地提升资源的利用效率和公司产值，增加农村劳动力就业机会，实现农业增效、农民增收，改变传统农业生产方式和产品销售方式，实现农业多项多次增值。

2. 吕田头酒产业规模化

吕田头酒不仅在从化广受欢迎，在珠三角地区也有一定市场。因为货真、价实、耐喝，又可以制作各种浸酒，许多游客到吕田都会整桶买走。吕田镇还通过各种渠道，将吕田头酒销往云南、湖北，乃至越南等国外。

中华人民共和国成立后，吕田头酒产业得到进一步发展，特别是改革开放后，小酒业、小作坊如雨后春笋般蓬勃发展。但也曾出现无法管、无人管的混乱局面。党的十八大以来，政府有关部门加大管理力度，加强对吕田头酒行业的引导，使吕田小酒坊更加健康地发展。在政府的有力引导下，吕田70家酒作坊采用行业标准化酿制生产，制定统一口味标准，月生产白酒5万千克以上，做到产销两旺。其中一批酒作坊升级改造，获得相关许可证件，使头酒行业具备一定的产业基础。2016年，吕田颐悦泉头酒坊获得广东省食品生产加工小作坊登记证，成为吕田首家"有证"头酒作坊，对从化其他白酒作坊起到示范引领作用。

2018年9月1日，广东省企业创新发展协会发布由吕田20家单位联合广州市中标品牌研究院共同起草了《蒸馏酒及其配制酒通用技术规范》团体标准，标志着吕田老区头酒产业技术形成标准。2018年11月23日，从化吕田酒业协会成立揭牌仪式暨20个酒坊展览会举行，标志吕田头酒的发展迈上新台阶。

3. "马匹产业"赋能经济增长点

早在2010年，从化亚运马术比赛的成功举行，极大提高全区旅游资源和生态资源的品牌知名度和影响力。[①] 自2015年起，从化动工建设世界级马术训练中心，标志着从化最具特色的产业——"马场经济"开始发挥品牌优势。在其带动下，产业链随之延伸至距离从化马场25千米外的安山村。广州市从化食品企业有限公司在安山村租下26.67公顷土地用作种植基地，种植基地的员工每日负责将包括300斤的秕草、燕麦草和200斤胡萝卜在内的共计500斤新鲜草料经过处理后供应至从化马场。此做法不仅盘活革命老区村的土地资源，带动村民就业致富，还形成一定规模的马草料种植供给基地。

2017年，《深化粤港澳合作，推进大湾区建设框架协议》发

---

① 潘建国：《2013广州服务业发展报告》，暨南大学出版社2013年版，第116页。

布，为大湾区发展马匹运动提供更加清晰的发展路径。在此框架下，香港赛马会与内地不断加强在马匹、饲草饲料等进出境检验检疫和通关方面的合作，促进马匹运动及马匹产业更加持续与系统地发展，并策划组织一系列国家级甚至国际级马术表演、竞赛活动，一致推动马术培训、马术旅游等涉马产业的发展，主动加强与相关产业龙头企业及行业协会的项目投资合作，计划落户一批现代马业重点项目。于是，香港赛马会从化马匹训练中心于2018年8月落成启用。作为粤港合作和粤港澳大湾区发展的重要项目，从化马场一直备受国际关注。它是中国内地首个、全球第53个获得国际认可的无规定马属动物疫病区，是国内大型国际标准赛马场，填补了国内不能举办国际马术赛事的空白，开创了举办国际马术赛事范本。

安山村马草料种植供给基地能够成为从化马场产业的"补给站"，从化马场能够为从化带来新业态与经济增长点，是穗港两地抢抓粤港澳大湾区发展机遇、实现规则对接，以及对"先行先试"的广东经验进行创新践行的结果。

4. 旅游产业兴旺发达

旅游产业分两条路线，一条为红色教育路线。黄沙坑革命旧址是吕田老区红色革命旅游路线点之中共塘基背党支部旧址。该地以保留原址风貌为原则，展示众多珍贵历史图片和实物，融入场景与多媒体，按照黄沙坑—吕田—从化的顺序，回顾了东江纵队在从化的战斗历程，再现抗日战争、解放战争时代背景之下，从化人民积极参与革命，为救亡图存作出的杰出贡献，以此树立以乡村为主体的红色革命旅游教育基地的标杆。经过多年建设与开发，2016年9月30日，由广州警备区党委委托从化区人武部建设的黄沙坑革命旧址揭牌开放，作为爱国主义教育基地和革命传统教育基地，弘扬老区红色革命精神。2017年8月，在村民大力支持下，在原有基础上对场地进行扩建，并按照修旧如旧的原则进行修复。2018 年 5—7 月，从化区博物馆对其进行升级改造，更改展陈内容为东江纵队在从化、吕田革命老区历史、从化革命历史三大板块，更换展览摆设物品为有关东江纵队、从化革命相关文物的复制品，提升室外红色氛围，增加群组雕塑制作，深化"不忘初心、牢记使命"主题。

巢德麟小楼位于吕田镇塘基村喉咙山下，是吕田老区红色革命旅游路线点之东江纵队从化大队活动基地。2000 年 1 月由中共吕田镇委员会认定为革命传统教育基地；2005 年 11 月由吕田镇人民政府认定为吕田镇中小学校爱国主义教育基地、广州华夏职业学院思想政治理论教育实践基地；2007 年 7 月，由从化认定为从化市爱国主义教育基地；2016 年 12 月，由中共广州市委党史研究室评定为广州市中共党史教育基地。

另一条为绿色休闲路线。位于广州北部古驿道旁的村落——吕田镇莲麻村，是绿色文体休闲旅游的好去处。区域内包括十里画廊瓜田、阡陌花海，与千年古驿道遥相呼应，村落被打造成集历史文化价值、休闲农业观光于一体的亮点项目。广州华夏职业学院在其中一间百年客家围龙屋，建设从化首个大学生艺术旅馆。该旅馆已于 2017 年 7 月 1 日试营业。

吕田老区还在大力推进小杉村、狮象村和塘田村古田社 3 个旅游村建设。小杉村被广州市城乡建设委员会和广州市旅游局确定为 2006 年广州市重点推动和发展农业旅游（乡村游）单位；狮象村被从化市委、市政府列入 2009 年乡村游建设单位，开发乡村体验、观光、乡村漂流等项目，打造"狮象八景"新名片。

（四）生态环境治理有方

1. 陈禾洞省级自然保护区管护

从化陈禾洞省级自然保护区位于革命老区镇吕田，是广州地区首个省级自然保护区。2007 年 1 月，经广东省人民政府批准，同意建立省级自然保护区。自然保护区规划面积 7054.36 公顷，森林覆盖率为 94.69%，共有维管植物 1355 种。其中，野生植物 1149 种，占广东省野生植物 7055 种的 16.29%；栽培植物 206 种，珍稀濒危植物较为丰富。自 2016 年以来，从化对陈禾洞省级自然保护区进行生态科研并维护提升。

2016 年 6 月至 2018 年 6 月，广东从化陈禾洞省级自然保护区管理处联合广州林芳生态科技有限公司，设立"从化陈禾洞省级自然保护区动植物本底资源调查"项目，对保护区珍稀濒危及特有植物资源进行初步调查，为准确掌握吕田陈禾洞自然保护区动植物资源本底情况，正确评价保护区动植物资源状况，进一步加强野生动植物资源保护奠定科学基础。

2017 年 1 月，陈禾洞省级自然保护区管理处申报实施"广东从化陈禾洞省级自然保护区生物多样性监测"生态科研项目。2017 年 7 月 5 日，尖峰岭国家级森林生态站承担其生物多样性监测技术服务项目，并按照相关的技术规范设立成长期监测的固定样地，便于对其保护成效进行科学评估，为其可持续发展提供决策依据和科技支撑。

2018 年 10 月 15 日，广州市林业和园林局在从化陈禾洞省级自然保护区组织召开"广东从化陈禾洞省级自然保护区生物多样性监测"项目验收会，认为该项目已完成既定任务和指标，一致同意通过验收；12 月 10 日，广州市野生动植物保护区管理办公室组织相关学科专家和相关单位在华南植物园召开"从化陈禾洞省级自然保护区动植物本底资源调查"项目验收会，一致同意通过验收。

2. 人居环境整治掀起热潮

2016 年，广东省印发《关于加快农村人居环境综合整治建设美丽乡村三年行动计划》，提出力争到 2018 年粤东西北地区完成 80%、珠三角地区基本完成全部自然村环境综合整治任务。党的十九大以来，吕田革命老区与全省市各乡村一道，紧紧围绕实现从化"更干净、更整洁、更平安、更有序"的环境整治目标，掀起环境综合整治热潮。

吕田镇于 2017 年投资 1500 万元，推进 31 个农村人居环境项目整治，于 2017 年底顺利完工项目 11 个，投资 340 万元进行垃圾压缩站建设。这些重大项目的顺利推进和逐步落地，使吕田镇的旅居环境得到进一步改善，发展后劲进一步增强。经过努力，2017 年，莲麻村被住建部评为全国环境整治示范村，极大提升吕田老区各村人居环境整治的积极性。

2018 年，吕田镇趁热打铁，先后在辖区内开展涉苯系物、多环芳烃类专项检查行动以及餐饮企业环保专项检查行动，并开展"回头看"工作，跟踪落实存在环保问题的整治情况。该次整治共出动 20 人次、执法车 3 辆次；整治沿线乱拉挂 8 宗，违规户外广告牌 7 宗，清理乱堆放及卫生死角 14 处，营造干净、美丽的老区环境。吕田中队还组织人员对国道 G105 线古田路口、思水源农庄旁及大广高速地派出口沥青堆积进行清理，出动执法人员 15 人次，执法车辆 4 辆次，挖掘机 1 台次，运输车辆 1 班次，清理乱堆放沙石、沥青 4 处。2018 年 9 月，整治活动深入基层、扎根教育领域，从培养祖国未来接班人的环保意识着手，吕田中学在校内组织开展"小手拉大手，共建美丽吕田"人居环境整治动员活动，动员师生、家长积极行动起来，带动全家参与清洁家园，积极参与和维护人居环境，助力美丽宜居吕田建设。

（五）老区文明新风频传

1. 以"新时代文明实践活动"加强文化阵地建设

2017 年 8 月，从化区围绕弘扬传统文化、普及科普文化、倡导生态文化的主题，在革命老区吕田镇莲麻村华夏莲舍率先举行"文化农家·文明小镇"志愿服务走进莲麻暨乡村旅游诚信守法经营专题培训班，结合特色小镇建设大力弘扬诚信文化，提升从化特色小镇的文明程度。11月，从化首个农村大舞台在全国文明村莲麻村挂牌揭幕。从化以此为起点，推动全区农村大舞台建设，为农村开展文艺活动提供场所，让农民足不出村即可欣赏多姿多彩的文艺演出。莲麻大舞台在莲麻小镇揭幕，体现从化文艺文化扎根乡土的坚定信念。

为适应一系列"新时代文明实践活动"的开展，老区文化阵地的建设也逐步深入。2018年6月，广州首个村级文明实践站在莲麻村挂牌，莲麻村新时代文明实践站充分发挥阵地作用，推进从化新时代文明实践中心试点工作。

2. 以主题节庆活动推广乡土特色文化

在莲麻村举行的"文化农家·文明小镇"文艺志愿服务活动，以志愿服务为抓手，整合传统文化资源，进一步拓展"文化农家·文明小镇"系列活动范围，吸引外来文化消费人群，推动文化进农家、文化美农家、文化富农家工作，不断夯实乡村精神文明建设。

广州国际美食节从化分会场活动暨第十三届吕田美食节于2018年1月1日在吕田莲麻特色小镇圆满落下帷幕。此次节庆活动成功打造"食在广州、乐在从化"的城市名片，充分展现从化健康养生的乡村特色美食和生态美丽小镇文化，大力推广宣传从化美食文化，提升从化美食与旅游文化产业品牌。

2018年10月，吕田镇政府主办的2018年从化首届酒文化嘉年华在莲麻小镇举行。活动以推广区级非物质文化遗产吕田头酒为宗旨，深挖吕田头酒文化内涵，通过举行10年原浆头酒开坛仪式及开展专家品评、进行古法烹牛、重现古代"摔碗酒"等，用文艺的形式，向外界打开了解吕田酿酒文化的窗口，促进吕田头酒的民俗文化可持续发展。

2018 年 12 月，第十四届从化吕田美食节暨"绿色名镇·广州吕田"摄影大赛在莲麻小镇开幕。美食节以"乡村振兴·筑梦吕田"为主题，通过开展群众性文化活动，设置成果展示区、互动游戏区、本土美食区、特产区、中华美食区、农户临时摆卖区、舞台表演区，深入挖掘吕田镇特色饮食文化内涵，展示吕田镇多年创建特色小镇的建设成果，推动深化乡村振兴战略，让更多游客了解和领略从化各具特色的乡村文化。

3. 树立典型人物弘扬文明乡风

在老区的文明建设发展过程中，出现一些崇文重教的典型人物。

潘桂林，吕田中学副校长，扎根乡村教学二十余载，手持粉笔，与讲台为伴，用诚挚的态度、炽热的血汗，教育了一批又一批山区学生。1995 年夏，他从师范学校毕业来到吕田中学。艰辛的生活和工作环境并没有动摇他扎根山区教书育人的决心。作为一名共产党员，他克己奉公，穿着朴素，饮食简单，自觉做到不铺张、不浪费。2013 年以来，潘桂林获得包括"全国五一劳动奖章"在内的一系列荣誉。2015 年 4 月，潘桂林荣获中共中央、国务院颁发的全国先进工作者证书，这也是从化首个获得"全国先进工作者"荣誉称号的教师。

"山区好教师"何路珍，是吕田镇第三小学，也是吕田老区方圆十几公里内唯一的一名小学女教师。2000 年 7 月，何路珍从广州市第二师范学校毕业来到从化吕田老区，先后在石明小学、吕田镇第三小学任教，坚守乡村教育近 20 年。在教育生涯中，她对学生日常起居悉心照料。2012 年，她主动承担三年级英语教学任务，利用 4 年时间摸索教学方式，使所带班级的英语成绩在从化名列前茅。为了不耽误教学，孩子出生4个多月后，何路珍就把他交给亲人照顾。她坚守教育的情怀和大公无私的精神，感染周边乡村教师，也受到老区群众的赞扬。2015年，何路珍成为"第六届广州市道德模范评选候选人"，为老区教育作贡献，展现出师者的道德风范，成为道德教化的楷模，成为乡村文明建设的榜样。

（六）基层党建与时俱进

1. 政治思想教育凝聚民心民智

党的十八大以来，老区镇吕田坚持全面落实党建主体责任，积极开展党的群众路线教育实践活动、"三严三实"专题教育，推进"两学一做"学习教育常态化制度化，提高基层治理水平，强化基层战斗堡垒作用，以思想政治建设为抓手，通过多形式多层次，组织学习党的十八大和历届全会精神、党的十九大精神及习近平总书记系列讲话精神，增强党员干部的政治意识、大局意识、核心意识和看齐意识，提升党员干部的工作能力。

2014年，吕田召开深入开展党的群众路线教育实践活动动员大会，启动吕田镇党的群众路线教育实践活动。吕田镇教育实践活动的主要目的是，着力解决领导机关、领导班子和领导干部在"四风"方面的突出问题，同时从群众最关心、最迫切的问题入手，着力解决关系群众切身利益的问题，解决群众身边的不正之风问题，把改进之风成效落实到基层。2015年，革命老区村三村村党支部与广州市民政局机关党委开展结对共建活动，座谈交流"三严三实"专题教育的学习体会。

同时开展来自区、镇等基层组工干部和学校、医院等一线人员所组建的基层党员干部群众教育活动，依托民主法治议事大厅，打造"一所一站"教育阵地，建立新时代农民讲习所，深入配合从化办好"新时代讲习轻骑兵"送学送志送智上山下乡进村入户活动。吕田23个村（居）全面建成民主法治议事大厅，3个特色小镇逐步建成新时代农民讲习所或讲习轻骑兵工作站。

2018年4月18日，从化区委为"新时代讲习轻骑兵"授旗，为讲习员代表颁发聘书。该项活动凝聚民心民智，为乡村振兴夯实思想根基。2018年6月，广州首场"新时代文明传习站"传习活动在莲麻村委会大楼举行，讲述莲麻小镇建设的故事。驻村干部带头学习生态文明建设的重要论述，区委宣传部有关负责人作"永远跟党走"的主题讲座，吕田中学学生代表进行诗歌朗诵。该平台将党的群众路线教育、"讲习轻骑兵"模式和文明乡风建设充分融合起来，有效组织农村党员群众深入学习习近平新时代中国特色社会主义思想，同时持续开展移风易俗等乡村文明振兴行动，发挥基层党建在新时代思想教育阵地上的切实效果。

2. "领导干部驻点联系群众"新制度成效显著

深入推进"领导干部驻点普遍直接联系群众"制度，以基层治理为抓手，有效提升基层党组织的战斗堡垒作用，践行群众路线，解决基层治理源头性问题，为群众排忧解难。2015年，每逢周三，吕田镇党政领导班子成员分别带领驻点团队进村入户，与当地群众面对面沟通，宣传政策措施、法律法规，倾听民声民意，现场办公解决难题，大力开展领导干部驻点普遍直接联系群众工作，确保领导干部有充足时间到基层去，到群众中去，使领导干部驻点普遍直接联系群众工作制度常态化、见实效。该工作是党的群众路线教育实践活动在党的制度建设上的延续，有利于进一步增强领导干部与基层群众的联系，了解群众的所思所想所盼，及时改进自身工作，意义重大。吕田镇结合上级要求及镇情民意，制定《吕田镇领导干部驻点普遍直接联系群众制度的实施意见》，并严格按照要求有序推进这项工作。

吕田将所辖的23个村（居）按地理位置分为东、南、西、北、中五个片区，由该镇 14 名党政班子作为驻片领导，每个片区安排两三名领导，每个领导驻点一二个村（居），每个村（居）有一个固定的驻点团队，驻点团队成员包括镇干部及驻镇机关单位人员，每个村（居）各有一名镇驻点联络员与一名村（居）辅助联络员，镇驻点联络员由镇相关部门负责人担任，村（居）辅助联络员由村（居）"两委"干部担任，以便工作的开展与联络。吕田镇还将该制度与"两代表一委员"联系接访制度、领导干部下访、领导干部包案制度、日常包村工作等模式有机结合起来。一方面到群众家里了解掌握问题，另一方面主动到田间地头考察，和群众直接交流，关心村居民情，解决村居难题。同时，20 个驻镇机关单位加入驻点团队，这些驻点机关单位每次都有效利用下村驻点的机会，宣传相关政策规定，或将需要办理事项材料直接带入村居，方便群众办理相关手续。

经过深入实践，以包括吕田在内的其他镇（街）为考察对象所撰写的《从化区推行领导干部驻点联系群众制度调研报告》，为总结推广基层党建先进实践提供了新的制度成果、经验和理论参考价值，荣获广州市党建学会 2015 年度优秀调研成果一等奖。

3. 仁里集开创"基层党建+互联网"新模式

2016 年，按创建区农村基层治理和党建先进示范点的标准，吕田镇莲麻村率先启动"仁里集+"基层社会治理和农村党建大数据库平台建设，建成廉政文化建设基地，全面提升莲麻党支部的基层战斗能力和社会管理水平，探索莲麻村通过"仁里集+"基层社会治理和农村党建工作试点，加强网格化管理，加强村民群众思想觉悟意识，培训教育遵守村规民约的管理模式。除了村民参与，游客也可以通过"仁里集"享受网络服务。

在这一农村党建新载体的引领下，作为生态旅游村的莲麻小镇，自 2016 年国庆节开放以来，吸引游客超过 10 万人次，带动当地消费及农民增收 533 万元，形成从闭塞贫困到开放美丽的"莲麻模式"。截至 2017 年，莲麻村在"仁里集"上的注册用户已达 1401 人，基本实现"家家在网中，户户见干部"的乡村治理新格局。截至 2018 年，"仁里集"智能治理云平台已经为民办实事 172 件，解决投诉咨询案件 297 条，有效解决群众诉求 454 件，已经成为党群挂钩联系服务的重要阵地，是健全村民自我服务与政府公共服务、社会公益服务有效衔接的基层综合服务管理平台。

吕田镇利用互联网技术作为新形势下党的执政能力建设的创新延伸，以创新治理方式推进乡村治理智能化、科学化，使党建工作从分割走向联合、党建管理从模糊走向精确，全面提升农村"五位一体"建设水平，为提升党政融合新效能提供强大动力保障。

4. 民主法治领域的"枫桥经验"从化版

"枫桥经验"是 20 世纪 60 年代初，浙江省绍兴市诸暨县枫桥镇干部群众所提出的"发动和依靠群众，坚持矛盾不上交，就地解决"等做法，是全国政法战线一个典型的民主法治案例。之后，"枫桥经验"得到不断发展，形成在社会治理中实行坚持党建引领，坚持人民主体，坚持自治、法治、德治融合，坚持人防、物防、技防、心防并举，坚持共建共享等具有新时代特色的法治新模式。

吕田镇莲麻村在建设全省乡村振兴示范点的良好机遇下，充分发挥党建引领作用，以综治中心为枢纽，积极推动完善矛盾纠纷多元化解机制建设，大力推进莲麻村平安建设，依靠群众预防纠纷，化解矛盾，维护稳定，促进发展，在民主法制领域打造"枫桥经验"的从化模板。该机制妥善解决农村基层发展中出现的问题，化解各类矛盾纠纷，形成人民调解、行政调解、司法调解"三位一体"的多元调解体系，为从化的革命老区法制发展提供有益借鉴。莲麻村刑事治安案件发案率、立案率双下降，矛盾纠纷、公共安全事件连年下降。2018 年 1—9 月，莲麻村刑事治安警情共 8 宗，比 2017 年下降 50%。

通过党建引领与基层治理相融合，吕田的民主和法制建设不断改善。2014 年 4 月，吕田法庭获最高人民法院授予"全国法院法庭工作先进集体"称号。2017 年 11 月，莲麻村先后获评广东省文明村、全国文明村，2018 年 8 月获评第七批全国民主法治示范村（社区）。

（七）人才引培先试先行

党的十八大以来，党中央对艰苦边远地区和基层一线人才工作高度重视，积极促进各类人才到艰苦边远地区和基层一线干事创业，取得明显成效。吕田革命老区镇借中央政策的春风，先试先行，结合自身实际，推动人才工作改头换面，通过培养村干部带头致富、加强本地新型农民职业化教育、吸引有志青年与专家学者到乡创业等多种人才引进培养途径，形成具有地方特色和区域竞争力的人才制度优势，激发各类人才干事创业热情。

1. 注重培养基层党政带头人

吕田镇加强乡村干部队伍建设，注重村级党组织主要负责人的培养和选拔，加强对驻村干部、大学生村干部、乡村技术员等人员的培养和管理，充分发挥他们的优势和特长。如莲麻村先后发挥村干部专业特长，帮助村民规划开设全村第一间民宿——北源之家，并把当地自产自销的绿色食材作为北源之家一大卖点，碰到客人想买莲麻特产，会第一时间让村民把自家的禽畜和蔬菜拿到北源之家卖给有需要的客人，通过这种方式让村民增收，实现先富带后富。2016 年国庆黄金周，莲麻小镇客似云来，实现了开门红，而北源之家营业额也创新高。

2. 加强新型农民职业化培养

吕田镇根据农民实际，灵活采取专题授课、网络教学、电视讲座、技术交流、现场答疑等多种形式开展培训工作提升农民职业技能，培育一批懂技术、会经营、善管理、有文化的高素质新型职业农民①，大力推动农民终身教育体系，进一步提高农民文化素养和思想素质，增强农民群众参与美丽乡村建设、管理和经营的积极性。

建设莲麻特色小镇期间，村委会成立的广州北景源旅游开发有限公司，在2017年国庆节后已开始运营，村委及旅游公司聘请村民作为莲麻小镇的保洁员、保安、导游及电瓶车司机，全方位进行乡村游管理运营；依托"互联网＋"的信息优势，对村民进行专门的电脑操作培训，利用互联网运营商搭建民宿客栈预定平台。

2017年11月，吕田镇创业青年在从化电商产业园参加由从化区关心下一代工作委员会举办的"为乡村振兴战略培养优秀创业青年"第27期农村青年培训（提高）主题班，介绍"农旅结合发展休闲农业与乡村旅游"的经验体会，并与城郊街的青年农民进行交流座谈。该活动旨在促进农村青年的农民经验技术交流，使他们开阔视野，转变传统的农业观念，利用科技创新农业发展模式，不断总结经验教训，在乡村振兴之路上走得更远。

2018年4月，为全力推进乡村振兴人才振兴战略，推动习近平新时代中国特色社会主义思想在从化基层落地生根、结出丰硕成果，从化区委组织部牵头在莲麻村村委会二楼开展新时代农民

---

①　新型职业农民是赋予现代农民的一种新的概念性称谓，指具有科学文化素质、掌握现代农业生产技能、具备一定经营管理能力，以农业生产、经营或服务作为主要职业，居住在农村或集镇的从业人员。

文化技术讲座，采用"大讲堂"式授课与"拉家常"式交流相结合的方式，与莲麻村果树种植户近 40 人展开座谈交流。讲解人动员大家鼓足干劲，学懂弄通，把本村农业做强做大，并为他们颁发"习近平新时代中国特色社会主义思想"摘要手册；向莲麻村村民说明如何培育三华李、沙糖桔、鹰嘴桃等果树，以及种植、病菌防治等各种相关的管理技术，并与村民代表互动，现场解答群众种植上遇到的问题。

3. 培育"时代新人"助力从化发展

首先，从化区团委积极联合广州华夏职业学院团委，围绕乡村振兴战略，充分发挥团员青年学生的志愿力量，助力革命老区发展振兴。

2016 年，将莲麻村中一社的围屋群租赁下来，打造华夏莲舍民宿，成为莲麻小镇建设一大亮点；投资 600 多万元，遵循朴素自然的设计理念，对莲麻小镇旧建筑进行内部改造建设，建设大学生艺术旅馆，将其打造成大学生写生实训基地，派出学生运营，为大学生提供创新创业的实践机会。学生培训当地村民从事服务工作，带动当地居民就业，促进当地经济发展，提升莲麻小镇乡村游的竞争力。学院还定点服务有"小延安"之美称的塘基村，助力该村人居环境整治、文明乡风宣讲。通过志愿下乡服务项目联动性服务，共同建设校地共青团合作平台，保障在活动环节上实现良好效果，不断拓展服务领域，改进服务质量，充分发挥志愿服务在提升实现乡村振兴水平方面的能动性；联合从化区团委，利用课余、周末时间，组织广大青年大学生志愿者，协助村委会制定提升村民素质教育方案，以农村留守儿童、困难家庭学生、老人为主要服务对象，积极开展环保知识宣讲讲座、村民民宿旅游接待的培训、村民文化素质的调研、学生志愿者到家一对一帮扶等志愿服务活动。

其次，充分发挥信息技术人才的作用，创新发展农村电商行业。依靠 IT 专业技术人才，成立以软硬件研究开发和系统开发为经营主体的公司，专门服务从化本土群众，并于 2015 年，培育、支持一大批 IT 人才进驻从化电商产业园，协助产业园管理园内的创新创业孵化基地；成立从化区农村电子商务行业协会，聚集人才，引入农村淘宝，强化电子技术基础，整合农村资源，为发展农村电商的构筑条件；发动电商人才走访农村，与农民交换想法，形成调研报告汇报给相关职能部门，作为农村电商发展改革的参考。

农村淘宝吕田镇桂峰村服务站的运营，是一个典型的成功案例。服务站于 2016 年 3 月落成以后，助力该村种植的主要果蔬品种三华李、大红柿上线热卖。2017 年 5 月，服务站工作人员又利用农村淘宝平台，让三华李实现网络推广销售，通过微信平台宣传推介和淘宝网店销售双管齐下；利用一个月时间售出三华李6000 多斤。2018 年，桂峰村淘宝服务站与从化邮政局达成合作，新增现代物流服务，使三华李销路进一步拓宽，上线当日收到800 多张订单，经半个月时间，销售出近 5 万斤。三华李的电商销售模式，让更多游客了解桂峰村，不少游客趁周末等假期驾车前来体验采摘、游玩的乐趣。

2016 年底，从化荣获阿里巴巴集团颁发的"广东省最佳县域"称号。农村电商产业园的农村淘宝服务已打通 103 条村。园区成立不到一年，农村电商的发展水平在全省多个县域名列前茅，成为广东农村电商发展的一个标杆。经过 3 年的不断摸索，IT 人才不断继续创新销售渠道，并于 2018 年底，让吕田镇桂峰村加入国家信息进村入户工程的载体——益农信息社，成立广州市首个益农信息社示范点，打通数字农村"最后一公里"，将村民的特色农产品大红柿晒成柿干，通过电商平台销往全国各地。农村电商的发展，既方便老区村民购物，也让农产品"走出去"，增加村民收入，带旺乡村旅游。

4. 吸引青年人回乡创业

莲麻村是广东省实施振兴乡村战略的示范点。村里没有开发生态旅游业之前，只有老人家和小孩留在村里，年轻人都在外打工。村委会决定召集村里年轻人返乡，为其提供工作岗位，或鼓励其自主创业，助推乡村建设发展。

2015 年，莲麻特色小镇把酒类产业作为支柱产业打造。许多青年人趁着老区打造旅游特色小镇、创业环境广阔无限的良好机遇，回乡创业，学习继承祖辈的酿酒技艺，并通过自身的销售经验，经营酒坊。在政府协助下，许多酒坊办理了相关证照，经过招商引资，借助莲麻酒业公司销售平台出售米酒。此后，莲麻村还将继续扩大酒坊规模，计划在村里兴建微型酒类博物馆，通过宣传莲麻村酒文化，带动村镇酿酒行业的发展。

另一批有志青年，则引领吕田老区多元综合的乡村发展模式。他们大学毕业之后，放弃城市高薪工作返乡创业，利用所学知识，带领村民在家门口寻找致富路。如成立"思乡源"花生专业合作社，与当地妇女一起种植黑花生特色产品。2017 年，在此基础上创办"小桥人家"乡村体验基地，打造寓教于乐的乡村田园综合体；与从化区关心下一代工作委员会共同创办从化唯一一个留守儿童之家示范点，辅导村里孩子做作业，并举办各种课外活动；计划建设特色民宿、引进种植水果新品种。在广大从化女同胞发挥人才力量，共同建设美丽乡村的努力下，2018 年 8 月，从化被确定为广东省"乡村振兴巾帼行动"先行点。

5. 聘请学者专家助推老区产业现代化发展

在乡村振兴战略的推动下，老区农村不断掀起创新创业的热潮。从化的农产品种植技术团队在北方考察期间，看到红枣种植，萌生"北枣南种"的念头，后找到钻研"北果南种"，并对种植红枣有着深厚造诣的专家，请其通过新技术的研发，在广东首家红枣培育基地——从化吕田联丰村花田喜事，成功实现红枣当年种植当年挂果，且达到一年挂三次果的佳绩，让革命老区在改革开放以来农业现代化的发展出现新变化。

从化聘请国际植物生物技术联合会（IAPB）相关学者作为顾问，对蓝莓谷种植基地进行指导。经过两年试种，2014 年，吕田被认为在地理上更有种植优势，同样品种的蓝莓树，在吕田种植的生长更为旺盛、成熟期更早（浙江种植的蓝莓 5 月上旬左右才开始成熟，而吕田的在 4 月下旬左右即能成熟上市，提前 10 多天）。另外，种植以鲜食为主的高丛蓝莓更具经济价值。在专家学者的研究和建议下，将蓝莓种在吕田革命老区，选取高丛蓝莓为种植品种，无疑为当地蓝莓的产销争取到更大的采摘销售利润空间。

二、其他老区村的建设与发展

革命老区是党和人民军队的根，中央、省、市各级政府都非常重视老区的建设与发展，始终为老区的发展和老区人民生活的改善给予帮助。自党的十八大以后，除了吕田老区镇，从化其他革命老区村也在国家乡村全面振兴发展的宏伟时代背景下，纷纷发挥自身独特优势，因地制宜，在产业、生态、文化、基层治理与人才引进培养等方面，不断出新出彩。

（一）锦村东南茶花香

阿婆六茶花小镇位于广州市从化区良口镇锦村东南，四面环山，是广州地区居住位置海拔最高的村庄，可达 700 多米，其中阿婆六山高 954 米，为广州第十二高峰。因山势变化，村庄形成了溪流、瀑布、水潭等多种水文景观。独特的山水孕育着具有团结奋进精神的客家人，同时也创造了独特的从化客家文化。村庄现有 2 座古祠堂、2 处古民居和 1 处古树群等历史古迹①。村庄种植茶花历史悠久，小镇的花卉种植还辅以木兰、杜鹃、玉堂春等，已形成集花卉观赏、研究于一体的特色产业。

阿婆六茶花小镇自 2017 年开始建设，以"一河十一区"为核心，打造云南山茶园、茶梅园、农耕文化园等，努力把小镇片区打造成广州北部旅游片区重要节点和辐射粤北及珠三角地区重要的乡村旅游目的地，通过对民居外立面整饰、环境卫生、污水处理升级改造、道路升级改造，完善公共配套设施和观景台建设等工程。村容村貌日新月异，到处是乡村振兴带来的欣欣向荣景象。

茶花小镇管理上以政府为指导，企业及村民合作的全新模式进行运作。革命老区村锦村的刘屋社、彭屋社与企业达成合作，统一经营管理茶花小镇内各项产业，主要有民宿、茶花品种销售及品种培育销售等经济收入，形成企业与村共建共治共享的格局，推动特色产业的可持续发展。至 2018 年，阿婆六茶花小镇完成 2017 年续建项目 10 个，9 个项目已出图纸预算，待项目调整手续审批后开展立项财评，打造茶花谷园区，茶花谷一期停车场、云茶园及入口广场等项目建设有序推进，建设进度 95％。

高山之上，茶花飘香。由国际茶花协会古树保育委员会主办、广东阿婆六生态农业发展有限公司承办的 2019 年中国从化国际山茶协会古山茶保育大会在此召开，良口镇借此进一步汇聚国际人才和智慧，加快引进与特色小镇相契合的产业，赋予乡村振兴新动能。

---

① 部分数据与表述来自良口镇政府提供的《良口革命老镇村资料·工作亮点和特色》（内部资料），2019 年 7 月，第 1—2 页。

（二）"荔枝"带动乡村游

从化出产的荔枝素来闻名于众，产生的经济效益优良。从化"以荔为媒""以荔会友"，凭借2018年南方荔枝产业研究院落户从化荔枝文化博览园的契机，研究荔枝产业融合发展、创新销售模式，启动中国国际荔枝产业大会，举办首届荔枝定制嘉年华系列活动，在从化革命老区钱岗村广裕祠周边选取100棵优质荔枝树作为公益定制荔枝林，把荔枝产业作为实施特色农业"走出去"战略的重要抓手。

随着钱岗古村特色农产品荔枝的热销，以广裕祠为中心的周边特色旅游项目也被带热。广裕祠曾在2003年获得过联合国教科文组织亚太地区文化遗产保护杰出项目奖第一名，并在2006年被列入第六批全国重点文物保护单位。祠堂保留有明清以来不同时代的特色，被专家称为建筑的"断代史"和"活标本"。

在广州市文化广电旅游局主办的广州文旅大讲堂夏季大会举行现场首发的16条粤港澳大湾区历史文化游径系列——"城市主题游"精品线路中，作为"钱岗生态回归情怀步径"的首站，北回归线标志塔、广裕祠也成为从化"全域大旅游"的重要节点。

从良口荔枝文化博览园释放出的荔枝产业红利，也带动近邻老区的乡村旅游。每年7月左右，溪头村的荔枝新鲜出炉，周边的荔枝果乐园又迎来一番火热景象，也带动溪头村旅游业。

溪头村地处良口镇东部，也是革命老区村。2008年和2014年，溪头村分别被区市两级政府纳入从化生态文明村和广州美丽乡村创建点，全面建设提升该村的基础设施建设，并因地制宜，科学谋划，全力推进该村乡村生态旅游事业发展，并一举夺得广州12个"最美乡村"第一名的称号，被誉为"广东省最美丽的乡村"。

溪头村原是良口镇一个封闭、落后、偏远的普通小山村，村里没有修建公路之前，从良口镇政府进入到村内，短短二三十千米路程开车就要花费 2 个多小时。该村大力发展乡村旅游业后，以旅游产业带动当地发展，经济实力不断攀升。当地农民也乘乡村振兴建设这股"东风"，开起农家旅馆、农家餐馆和销售绿色农产品，许多靠耕种和外出务工的村民都发家致富。

在荔枝以及旅游产业的带动下，溪头村的其他绿色农产品的销售样式和路径也在丰富发展。作为广东省著名的三华李村，该村出产的三华李果肉为玫瑰红色，爽脆多汁，甜中带酸，带有蜜味，成熟时的三华李表皮还罩有一层白色果粉，深受游人的喜爱。每年 11 月，沙糖桔又开始大量产出。溪头村出品的沙糖桔个小味甜，价廉物美，既是盆中一景，又是鲜美水果。旅游产业和绿色农产品两辆马车并驾齐驱，使溪头村从一个贫穷落后的小山村，变成如今欣欣向荣、热闹繁华的著名景区。

（三）河道治理显成效

在革命老区掀起农村人居环境综合整治热潮的同时，另一股生态治理潮流——"河长制"负责之下的河道治理工作，也配合着发挥作用。这项工作改善水生态，解决水问题，做活水文章，实现老区农村人居环境与水环境逐步向好。

良口流溪河一级支流共 13 条，总长度 108.22 千米，流经温塘肚管理区、锦村村、溪头村等革命老区村周边。2016 年以前，五指山水曾因上游偏远地区零散分布农家乐，无污水管网到达，仅靠其自身多级化粪池处理污水，城镇个别住户污水收集不充分，良新村农家小夫餐厅、仓前片区暂无农村生活污水处理设施等原因，导致出现Ⅲ类水质。

为进一步提升流溪河水质，从化严格落实"河长制"，各级河长定期巡河，填写巡查台账，接听监督电话，坚持"挂图作战"方式，对摸查发现的Ⅲ类水质一级支流沿岸污染源涉及的相关镇，根据河涌实际污染情况，编制详细整治方案，逐一上图标识，并对农家乐、畜禽养殖场、民宿、汕湛高速公路惠清项目施工员工聚集点、从都污水治理点等各类污染源进行细致摸查，对污染情况作出更加全面的掌握，为治水工作奠定坚实基础。

2017 年，良口镇争取财政资金 298 万元，对五指山水沿线的市政排水管网进行修复、管道清疏以及完善镇区流溪河片区、新泉自来水公司片区、旅游服务中心片区三大片区污水支管网建设，实现镇区河道两岸污水全收集，使河道水质得到明显提升。经深入整治，包括五指山水在内的 3 条一级支流水质总体良好，基本稳定在 II 类水质，为从化生态文明建设发展再添新光彩。

（四）让文化资源"活起来"

2015 年之后，以太平革命老区村钱岗村为中心的区域，陆续举办"太阳转身的地方，文化创新的起点"等以从化竹文化、服饰文化为主题的北回归线文化系列活动，到 2018 年 6 月，形成了颇具规模的从化北回归线生态旅游文化节。

从化北回归线生态旅游文化节以广东南粤古驿道定向大赛项目为牵引，以 12 千米的南粤古驿道太平钱岗示范段为文化体验主线，在从化北回归线标志塔公园举行夏至祭拜太阳仪式等文化展示活动，将古驿道传统文化活化行动与论坛沙龙、现代体育竞技相结合，借助学术争鸣、大赛热潮，积极探索汇聚北回归线区域文化资源之路，着重让更多群众发现和了解钱岗村富有历史文化底蕴的古村落、古驿道，展现老区村淳朴的民风乡情，赋予该活动重视保护乡村古建筑、传承民族文化等传统内涵与时代意义。

其中，钱岗论"道"学术沙龙，以南粤古驿道为索引，产、学、研、政、宣共聚，为遵循自然生态发展规律，促进北回归线生态旅游产业发展、乡村振兴、美丽中国建设提供新思想、新途径；南粤古驿道"天翼 4K 高清杯"航空定向大赛，是中国首个航空定向赛，吸引来自海内外 1402 名运动员参赛，带动当地村民、游客 6 万多人共同观赛。比赛不仅旨在强身健体，也通过参与者观览古村古迹、交流文化体验，来宣传村落文明、推动文化发展。

太平镇钱岗村也充分抓住地方特色农产品产业"走出去"、旅游路线产生品牌效应等有利契机，吸引更多游客来此消费，扩大老区村知名度，将其优秀的红色革命精神、传统民俗文化资源用活用好，传播至四面八方。

（五）"无土栽培"促致富

鳌头镇珊瑚村是位于从化西部边陲的一个革命老区村。这里原本是散乱的小农经济，贫困人员 100 人左右。老区村通过集约土地的形式，建立起蔬菜无土栽培基地，发展现代农业，引导社会资金进入农业领域以此增值。广州润春农林业有限公司投资 3000 万元进行建设和运营管理，基地面积 13.33 公顷，规划 36 个符合国际标准的绿色蔬菜大棚，配套完善冷库和农产品产销中心等生产设施。其作为老区振兴的基地，聚引了青年人才等社会各方力量扶智扶贫，加强了基层组织建设和文明实践，助力老区村脱贫致富。

2015 年，珊瑚村蔬菜无土栽培基地已建成 10 个绿色蔬菜大棚，其中 6 个已经投产使用。2017 年，广州润春农林业有限公司联合其他公益企业开辟产业扶贫基地，通过高效农业有机蔬菜大棚种植，第一期长期安排贫困人员 25 人，年收入 3 万元以上；安排 50 名临时工，2 年收入超万元。所有村民参与分红，平均每人过万元；全村人出租 200 公顷土地，供高效农业种植，第一期已建设投入生产 30 个大棚。珊瑚村的小康之路变得更加平坦宽阔。

2017 年，珊瑚村迎来广州大学数学与信息科学学院社会实践小分队志愿者到村里开展为期 5 天的社会实践活动。蔬菜无土栽培大棚基地为外来服务的大学生志愿者提供了一个宝贵的人才培育成长平台。青年志愿者积极参与到村民的日常劳作中，学习现代农业种植知识与技术，得到了在乡村基层锻炼的良好实践机会。同年上半年，学院"党员社区服务站"在珊瑚村挂牌成立，标志以党建为引领的基层组织联动扶贫机制进一步夯实。党员社区服务站是继续发挥学生党员"三下乡"志愿服务先锋模范作用的重要堡垒，也是与蔬菜无土栽培基地共同构成老区思想党建的交流阵地。2018年，珊瑚村再次迎来学院全体教师党员的学习考察活动。党员通过回顾珊瑚村脱贫致富的艰辛历史，感受巩固提升乡村脱贫攻坚成果之不易，在思想上凝聚正能量，为坚决打赢革命老区脱贫攻坚战提供强大的精神引领与支撑。自2006年以来，珊瑚村就与学院建立校地长期合作关系。至2017年，院团委通过大学生暑期乡村社会实践活动，组织品学兼优，思想、学习、生活各方面表现突出的学生到珊瑚村开拓视野、增长见识、服务乡村振兴建设，把自己的专业所学投入到为革命老区的发展服务中去。

党的十九大以来，珊瑚村继续着力以现代化特色农业为重点经济产业来源，实现招才引智、招商引资"两手抓"，通过多种惠民便民方式，促进各路人才投身乡村振兴建设。

第二节 从化全面振兴新局面

一、脱贫攻坚成绩斐然

广州市第一轮农村扶贫开发（2011—2012 年）期间，从化区按照《中共广州市委　广州市人民政府关于加强我市农村扶贫开发工作的实施意见》中提出的加快北部山区发展的战略部署，紧密与广州市萝岗区、海珠区、黄埔区、荔湾区 4 个帮扶区，广州市政府办公厅、人大办公厅等 163 个帮扶单位，星河湾集团、侨鑫集团、合景泰富集团、雅居乐集团、保利集团、南方石化集团、伟腾集团、方圆集团、珠江投资等 9 个知名企业一道，主动出击、并肩作战、齐心合力，圆满完成了广州市第一轮农村扶贫开发各项工作任务。两年时间，730 个日夜，4 个区，9 个企业，163 个单位，254 名派驻干部，1053 个项目，约 30 亿元投入。通过各方努力，从化区的扶贫开发工作达到了"村户收入大增加，城乡面貌大改善，各界精神大振奋，社会发展大提速"的显著成效。扶贫开发成为助推从化发展的强劲引擎，从化社会经济发展取得了"整体提速五年，山区提速十年"的喜人局面，实现了广州市委、市政府确定的"两年实现目标"的工作任务。

2013 年，从化根据上级精神，以大幅增加扶贫开发对象收入、减少贫困人口为主要任务，推动"精准扶贫"工作全面深入。

广州市第二轮农村扶贫开发（2013—2016 年）期间，从化深入贯彻落实中央、省和市关于统筹城乡发展和强化扶贫帮困工作的决策精神，在广州市委、市政府的坚强领导和市扶贫办的有力指导下，积极对接与黄埔区、海珠区、荔湾区 3 个帮扶区及广州市人大、市政协等 45 个市直帮扶单位，主动作为、并肩作战，累计投入各类扶贫资金 11.46 亿元，广州市和从化区本级财政投资建设了 94 个镇级扶贫项目和 1378 个村级扶贫项目，海珠、荔湾、黄埔三区出资帮扶建设了 40 个镇级扶贫项目和 720 个村级扶贫项目，建设内容涉及公建民生、灾后复产、医疗教育等重点领域。到 2016 年底，全面实现了 4 年脱贫的目标任务，209 个贫困村集体年收入全部达到 30 万元以上，6421 户、17822 名贫困户年人均收入达到 1 万元以上，顺利完成了第二轮农村扶贫开发两个100% 脱贫目标。2016 年 12 月，全区顺利通过市政府脱贫攻坚考核验收工作。

2017 年以后，从化区根据广州市《巩固扶贫成果深入推进北部地区新农村建设实施方案》的总体部署和时间要求，深入推进精准扶贫、精准脱贫工作，以巩固扶贫项目为抓手继续巩固和扩大 2011—2016 年两轮扶贫开发成果。从化区积极开展巩固扶贫成果深入推进新农村建设工作，一方面继续做好贫困监测、项目跟踪和扶贫资金的监管、审批拨付等工作；另一方面，根据上级部门要求积极部署扶贫工作，为从化巩固扶贫成果布局谋篇。

2017 年是广东省脱贫攻坚取得阶段性成效、精准扶贫精准脱贫扶贫攻坚承上启下的关键年。从化巩固扶贫开发宝贵成果，重点深入实施山区交通扶贫专项规划，完善北部山区环线公路，改造提升乡村路网，着力引导贫困人口依靠辛勤劳动和技能提升过上幸福生活。2017 年 10 月，从化在流溪影剧院举办全区扶贫业务培训班。培训人员认真学习贯彻党的十九大精神，进一步提高从事扶贫工作干部的业务水平，促进扶贫政策落地生根，确保扶贫资金落到实处，扶贫效果显现。

2018年4月，吕田镇完成塘基村至车埗道路建设工程，全长2.5千米；省道S353线至塘基村道路建设工程，全长2.6千米。该工程的建设有利于提高农村公路等级与路面质量，节省汽车行驶费用，进一步降低交通事故率和危害程度，提高防灾减灾能力；进一步发挥以强带弱的辐射功能，推动特色小镇建设，并可适当疏散大城市人口，促进城乡一体化发展；有利于道路沿线资源开发，带动旅游业与服务行业发展，提高招商引资能力，从而为农村劳动力创造更多就业机会，进一步增加农民收入。

2018—2020年，广州市本级财政按照每个行政村80万元/年/村的标准，安排从化区221个行政村巩固扶贫成果深入推进新农村建设补助资金，全区每年合计资金17680万元。2018年，从化区巩固扶贫成果深入推进新农村建设补助资金共确定项目363个，建设内容主要涉及农村人居环境整治、农村基础设施建设、农村产业融合发展等方面。

2018年，从化进入巩固扶贫成果的关键之年。从化区委农办在正确认识精准扶贫与乡村振兴战略有效衔接的内在逻辑关系基础上，对照党的十九大报告提出的新时代乡村振兴战略总要求，积极谋划2018—2020年巩固扶贫成果深入推进新农村建设工作，根据区域发展现状，通过各种方式有效巩固扶贫开发成果，为深入推进从化新农村建设突破创新，实施乡村振兴战略作出新的更大贡献。

二、特色小镇"聚片成面"

特色小镇是在新常态下实现新型城镇化的重要方式，是农村经济实现转型升级的重要途径，也是实现产业振兴的一个重要抓手和平台。2016 年 7 月，广东省政府召开全省特色小镇建设工作现场会，提出到 2020 年广东将建成 100 个省级特色小镇的目标，实现特色小镇的产业发展水平、创新发展能力、吸纳就业能力和辐射带动能力显著提高，成为新的经济增长点。从化区把特色小镇作为推进乡村振兴、城乡融合的重要载体，做大做强特色民宿、特色水果、特色旅游、特色文化等乡村特色产业，按照"以点为基、串点成线、连线成片、聚片成面"的实施路径和网状空间布局，建设和谋划了两批共 20 个特色小镇。

2016 年 12 月，从化出台《从化区创建特色小镇实施方案》，计划用 3 年时间，在全区创建第一批 10 个特色小镇。其中，莲麻小镇、西和万花风情小镇、西塘童话小镇、广州温泉财富小镇、米埗小镇和南平静修小镇已各自成为不同类型特色小镇建设的品牌标杆，有效辐射带动周边地方经济发展和农民致富增收，取得较好的社会效益和经济效益。

温泉财富小镇挂牌于 2016 年 10 月 18 日，按照"金融 + 基地"的模式，将温泉镇打造成国内一流的财富管理集聚区，破解经济结构转化和动力转换的现实难题，适应和引领经济新常态，成为广州区域金融中心建设的抓手和靓丽名片。西和万花风情小镇位于广州市从化区城郊街道，有着深厚底蕴的客家文化，在民宿的建筑上融合了生态与文化美，并重点突出岭南客家特色。南平静修小镇创新性地结合、联动南平村自然、文化和产业，设计"一溪一路三区十点"静修景观带，遵循地域特色与生态自然原则，保留小镇质朴天然的场所精神，营造静修景观空间。此外，桃花小镇自 2017 年以来，引入社会资本，政府牵头搭建平台，整治人居环境，打造集森林文化、森林体验教育、森林康养、丛林探险等为一体的国际休闲健康旅游目的地，塑造出都市人"最近的诗和远方"。

2018 年，在巩固提升首批特色小镇管理运营品质的基础上，从化继续谋划并启动建设第二批 10 个特色小镇，实现特色小镇 8 个镇（街）全覆盖。其中，生态设计小镇着眼打造中国生态设计第一小镇、中国生态设计之都，建设成为以生态设计为核心，集政、产、学、研、金、介、用于一体的综合性创新创业高地，推动广州建设成为全球生态设计策源中心，为生态设计小镇建设提供坚实的产业支撑，为广州北部深度参与粤港澳大湾区建设把握崭新机遇。首届世界生态设计大会于 2018 年 12 月 13—15 日在从化生态设计小镇举行，会址永久落户从化；12 月 18 日，首届粤港澳大湾区乡村振兴南博高峰论坛也在此举行①，标志从化粤港澳大湾区的乡村高地，将在实施乡村振兴战略中当好示范和表率，在生态文明转型中贡献巨大的价值总量。

值得一提的是，2018 年 9 月 25 日，从化大桥通车②，成为全区技术与艺术完美结合的地标式建筑，是从化交通新名片。在从化大桥的建成推动下，全区外联内畅的路网格局、"一核两翼三带"的城区总体空间逐步形成，从化幸福美丽生态之城的建设进度继而加快，特色小镇网状空间布局即将迎来"聚片成面"的新的动力结构。

三、产业优势不断升级

产业是地区各项事业可持续发展的基础，产业兴旺是乡村振兴的根本出路。"十二五"期间（2011—2015 年），被誉为广州

---

① 《从化年鉴 2019》，广东经济出版社 2019 年版，第 25 页。

② 从化大桥是广州市重点建设的交通基础设施工程之一，也是从化区"三纵三横"交通路网布局的重要节点，对推动从化城区扩容提质具有重要意义。参见《从化年鉴 2019》，广东经济出版社 2019 年版，第 18 页。

"后花园"的从化,积极把握"互联网+"战略机遇,根据地区资源,发展农村电子商务,促进农产品流通现代化,引导和推动"三农"转型发展,不断融合升级以农业、农村资源为依托,以农民为主体的其他产业。

2015年11月,第一届从化农村电商节暨"互联网+"合作孵化联盟及UP计划新生态发布会开幕,从化区农村电子商务协会与从化联通电商产业基地合作签约,从化电商龙头企业与从化联通"互联网+"农产品电商合作签约,从化农村电商"互联网+合作孵化联盟"成立,从化联通"UP计划2.0"新生态与数据营销云平台发布。12月31日,位于城郊街新开村段万盛广场的从化电商产业园暨阿里巴巴农村淘宝区级服务中心正式开业,标志着从化农村电子商务发展进入工业品下乡和农产品进城双向业务同时开启的3.0版农村电子商务发展模式。此前12月25日,从化第一批46个村级农村淘宝服务站已开业,46名"村小二"诞生,创造广东开业村点数新高,且开业当天销售业绩近100万元。至2015年底,基本完成城郊街万花园示范区和吕田、鳌头特色农业示范园"一区两园"现代综合农业平台的打造,辐射带动全区现代农业快速发展,促进农业增效、农民增收。

2017年,全区智能科技化的电商产业链初具规模。是年11月9日,从化口岸跨境电商物流园举行开业启动仪式,标志着位于从化口岸车检场的跨境电商物流园建成并投入运营。物流园在货物分拣区配置了两条全自动查验分拣线,实行同屏比对监管,满足海关、检验检疫对跨境电子商务进出境货物的监管要求。包裹通过X光机6秒成功"通关"后,即会陆续被快递公司揽收,并于几个小时内到达顾客手中。该平台已实现与国内各大知名跨境电商企业开展业务合作,设有专门的物流线路运输货物,大大提高物流速度,为顾客提供便捷的跨境购物体验。物流园试运行两个多月间，平均每天有 1000 件货物过关。正式运营后，园区可同时容纳 4 辆通关车辆进出作业，每天可处理 2 万个包裹，年进出口贸易额预计达 12 亿元。从化口岸跨境电商物流园主要承担跨境货品"引进来"的业务，并积极探索货品"走出去"的快捷路径，为从化农副产品"走出去"铺桥搭路，为进驻企业谋求更多商品输出机会，助推从化打造完整的跨境电商产业链，促进从化实现外贸创新发展。

2018 年 7 月，莲麻村深入推进农业供给侧结构性改革，依托本地资源，强化示范带动，推进产业融合、协调发展，着力做大做强富民兴村产业。9 月，《广东省"一村一品、一镇一业"富民兴村三年行动方案（2018—2020 年)》出台，以提高农业综合效益和增加农民收入为目标，为发挥新型经营主体引领带动，强化科技支撑，延长产业链条，做强做大富民兴村产业，打造新型农业特色村镇，开发特色旅游线路，提高农村产业动能提供实践经验。

2017 年，米埗村在构建特色小镇为载体的基础上，率先打造广东省内首个采取政府引导、以"公司＋合作社＋村民"为模式的、具有岭南风貌特色的高端乡村民宿集群，推动从化民宿产业发展。至 2018 年，广州市首个民宿行业协会——从化流溪人家民宿协会在温泉成立时，全区已拥有 63 家规模可观的民宿；同年年底，全国第四届民宿大会在从化世界生态设计大会会议中心召开，来自全国 30 个省、市、自治区的近 1000 名政府和企业代表就如何通过民宿产业带动、融合、发展乡村旅游又进行新一轮的深度探索。

毗邻米埗小镇的从都国际庄园是高端产业的聚集点。2015年，中国政府批准创立"从都国际论坛"，旨在通过探讨政治、经济和文化等领域的热点话题，增进各方的了解和共识，推动区域和全球合作。从都国际论坛依托米埗特色小镇山清水秀、风光旖旎的优质生态面貌，向世界展示从化生态文明建设成果，也将农村产业振兴，完成从修路搭桥的本土化，到高端服务乃至金融、地产、健康养生、文化创意产业等领域的全球化提速升级。

2018 年 12 月 29 日 12 时 28 分，广州地铁 14 号线运营，从化迈入地铁时代，也开启"铁路经济"引领旅游产业发展的新时期。为此，从化进一步推动广州地铁 14 号线对从化旅游经济的带动，更好实现从化与广州市区等地的全域轨道交通无缝对接，提升从化全域旅游的关注度和品牌影响力，在增强旅游产业发展要素、助力自助游市场的基础上，以打造"省级全域旅游示范区"为契机，加强城市旅游空间的联系，形成从化特色旅游产品。

广州地铁 14 号线串联起从化的特色小镇、山水风光、赏花摘果、民宿体验、粤菜美食、户外运动、历史文化、珍稀温泉等东西横向、南北纵向、四季交错的旅游空间结构，构建"旅游＋体育""旅游＋温泉""旅游＋特色小镇""旅游＋农业""旅游＋林业""旅游＋文化"等精品旅游线路，扩大城市旅游吸引半径，提升近郊市民出游率。

广州地铁旅游交通体系的构建，更多地吸引粤港澳大湾区高铁沿线城市的客源，同时广州地铁 14 号线一期沿线的市民也会随着交通的便利程度增加，在节假日期间乘坐轨道交通线前来从化游览，停留时间也会随之延长，逐步激活全区重点打造的旅游板块，带动乡村文旅消费，提高城乡居民收入。

从化全区体育健身设施建设日益完善，大型户外群众体育活动成绩喜人，体育产业发展日趋成熟，优势凸显。2018 年底，从化区有各类体育场地 2159 个，总面积 405.87 万平方米。足球场 21 个（其中社区小型足球场 9 个），篮球场 791 个（其中 3 人制篮球场 8 个），羽毛球场 159 个、乒乓球场 292 个、乒乓球房

（馆）16 个，全民健身路径 537 条，城市健身步道 170 条，室外网球场 25 个，排球场 32 个，体育场 9 个，田径场 15 个，小运动场 57 个，室外游泳池 30 个、游泳馆 2 个，体育馆 3 个。

2016 年 11 月 10 日，区人民政府与国家体育总局登山运动管理中心、中国登山协会共同签订《共建"全国登山户外产业示范区"的框架合作备忘录》，从 2016 年底开始重点打造中国山地马拉松系列赛、全国群众登山健身大会和全国露营大会 3 个大型户外赛事活动品牌，以叠加创建"全国登山户外运动产业示范区""广东省级全域旅游示范区"及"广东省体育产业示范基地（单位）"的"三创"为总抓手，科学推动文旅体高度融合发展。2017 年，获得由中国登山协会授予的"全国登山户外产业示范区"称号；中国山地马拉松系列赛承办单位获得由中国登山协会颁发的"中国山马最具策划创意单位"称号及优秀组织奖。

自 2016 年以来，连续 4 年成功举办全国露营大会和全国群众登山健身大会、连续 3 年成功举办中国山地马拉松系列赛，这几项活动均受到群众热烈欢迎。全国露营大会每年吸引参加人数超过 1000 人，活动运作已经趋于成熟，可通过完全市场化运作。全国群众登山健身大会和中国山地马拉松系列赛每次活动均吸引来自全国各地、甚至世界各国的户外运动爱好者超过 3000 人参赛，带动大量群众参加户外运动，吸引全国各大媒体宣传报道，初步形成广州从化群众户外活动品牌。活动带动大批观赛群众到当地进行旅游消费，促进全域旅游发展，增加农民收入，推动乡村振兴战略深入实施。

四、"绿色引擎"强力发动

生态宜居是实现乡村振兴的重要要求。党的十八大以来，从化坚持"生态立区"，改善能源结构，统筹山水林田湖草系统治理，严守生态保护红线，以优化农村人居环境和完善农村公共基础设施为重点，深入推进从化生态文明建设和环境保护各项工作，生态环境质量持续改善。

大力倡导发展绿色新能源项目。2012 年，从化市政府组团参加在天津市天津宾馆一楼会议中心举行的"新广州·新商机"招商推介会，分别与国有控股企业华锐风电科技（集团）股份有限公司签订风力发电项目合同，与华电新能源发展有限公司签订分布式能源站投资合同，与清华大学工程物理系医学物理与工程研究所签订产学研项目电子辐照农业应用项目合同。三大项目投资总额达 60.4 亿元。鳌头镇明珠工业园区积极探索发展分布式能源、智能电网的多能互补互动系统建设，于 2016 年成立"工业园区多元用户互动的配用电系统关键技术研究与示范"项目，通过多能流综合规划、多元互动、协调控制与智能调度，提高一次能源综合利用效率，提高可再生能源就地消纳率，打造园区内部可靠、清洁、高效的综合能源系统，以节能低碳的"智慧谷"推动绿色工业园区发展。

精心部署农村人居环境整治工作。2017 年 6 月，从化被确定为广州市"农村人居生态环境综合整治和新农村建设"推进工作试点区，成立以区委书记为组长的试点工作领导小组。从化明确"先整治、后提升"的工作思路。2018 年下半年，从化召开乡村振兴工作会议，对推进乡村振兴战略进行深入部署，明确从化区把农村人居环境整治作为实施乡村振兴战略的基础性工作。

全力落实自然保护区范围和功能区调整。2018 年，根据从化温泉镇总体规划及温泉保护区批复建立等历史资料显示，因保护区与温泉镇主城区人口活动密集区存在重叠等实际问题，按"占补平衡"原则，将森林生态系统更好的木壳脑、鹤嘴等区域调入保护区范围，提高保护区生物多样性和保护价值。

　　积极推进林业四大生态工程建设。开展森林碳汇、生态景观林带、森林进城围城以及乡村绿化美化工程建设，森林资源得到有效保护，环境效益日益显著，为全区建设幸福美丽生态之城打下基础。2018 年，全区建设生态景观林带 15 千米；实施森林碳汇林分改造 386.67 公顷；实施森林碳汇抚育及封山育林 1200 公顷，其中培育大径材林分 66.67 公顷、森林碳汇抚育 466.67 公顷、封山育林 666.67 公顷；并先后规划编制森林公园、湿地公园的优化建设方案。

　　此外，2017 年，国家发展和改革委员会、广东省人民政府、香港特别行政区政府、澳门特别行政区政府签署《深化粤港澳合作，推进大湾区建设框架协议》。按照协议"生态优先，绿色发展"合作原则，粤港澳三地共同着眼于城市群可持续发展，强化环境保护和生态修复，推动形成绿色低碳的生产生活方式和城市建设运营模式，有效提升城市群品质。党的十九大提出实施乡村振兴战略以来，广州从化作为粤港澳大湾区北部生态屏障，坚持以习近平新时代中国特色社会主义思想为指引，紧紧围绕加快实现天更蓝、山更绿、水更清、环境更优美，以特色小镇、特色产业为动力，全力推动生态宜居美丽之城建设，实现良好开局。①

　　为此，从化也紧跟步伐，为生态文明建设贡献中国智慧和敢于担当，在坚持生态立区、产业强区的特色发展之路上，强力发动大湾区的绿色引擎。

五、乡土文明气象更新

　　文化是一个国家、民族的灵魂，也是从化发展之魂。党的十

---

① 参见从化区委乡村振兴办编制的《匠心打造特色小镇动力之源 连片建设生态宜居美丽乡村》（内部资料），2019 年 6 月，第 1 页。

九大以来，从化坚持物质文明和精神文明一起抓，通过各项举措，繁荣兴盛区域文化，为乡村全面振兴提供思想动力。

构建多层次新时代文明实践体系。自 2018 年 6 月以来，陆续在全区建设新时代文明实践阵地，全区 8 个镇（街）、221 个行政村已实现文明实践所（站）全覆盖，配套各类文明实践点 1100 多个，共开展各类文明实践活动 1486 场，累计参与人数 10.71 万人次。将开展新时代文明实践活动情况纳入全区年度精神文明建设绩效考核，制定文明实践所（站）建设标准、评价体系，成立专项督导组，采取不定期督导和年度考核相结合的方式，建立督导考核机制，指导各所（站）按时按质开展文明实践活动，及时协调解决各所（站）建设遇到的困难和问题，确保文明实践中心周周有安排、实践所旬旬有服务、实践站月月有活动；组建文明实践片区联合体，建立文明实践联动机制，推动相邻文明实践站在场地、志愿服务、群众参与上实现共建共享，提升文明实践活动实效；开展星级宣讲能手、星级志愿服务评选活动，建立志愿服务激励机制，激励广大文明实践志愿者学先进、争先进；开展星级文明实践所（站）评选，形成各级阵地你追我赶的示范带动效应，推动文明实践活动开展常态化，出新出彩；充分利用区属媒体，构建全媒体文明实践宣传格局，形成文明实践网上网下联动，营造浓厚的新时代文明实践氛围，夯实新时代文明实践成果。

围绕实施乡村振兴战略，结合特色小镇打造，整合乡村文化资源，利用"一中心（所、站）多点"布局功能，通过全区各级各类教育文化部门积极联动，保障新时代文明实践活动深入人心、落地生根、开花结果。村村建成新时代文明实践站，月月举办新时代文明实践活动，志愿服务范围广泛，便于村民全方位接受文化教育。新时代文明实践之风吹遍从化大地。

公共文化服务日臻完善。积极构建区、镇、村三级公共文化服务体系，公共文化设施城乡全覆盖的总体布局基本形成。现有国家级一级图书馆 1 个，建筑面积 27524 平方米，藏书约 103 万册；文化馆 1 个；博物馆 1 个，馆内各类可移动馆藏文物 974 件，区级以上文物管理点 168 处。已建成镇街图书馆、文化馆分馆 8 个，并全面对群众开放；建成村（居）综合性文化服务中心 277 个，服务覆盖全区所有行政村、社区，公共文化设施覆盖率达 100%。

在公共文化体系建设基础上，以"文化农家·文明小镇"系列主题活动为载体，开展乡村文艺志愿服务，组织文化下乡、文艺支教活动，举办青少年书画大赛、农村广场舞大赛、乡村"春晚"、非遗传承活动，建设村史馆、家风馆、乡贤馆等，让群众在文明实践中受到文化滋养，沐浴时代新风。

从化区文学艺术界联合会培养一批专业人员，包括作家、高校教师等，坚持以人民为中心的创作导向，深入从化乡村基层采风，创作具有乡土情怀、反映爱国爱乡的文艺作品；深入乡村调查，撰写乡村史记；通过编辑和出版文学刊物，为文艺工作者提供交流学习的平台；携手从化图书馆举办每周一场的"从城讲堂"，讲授传统文化、乡土题材文章写作技巧；等等。该成员在《人民日报》《光明日报》《中国教育报》等报刊发表反映从化的作品若干，展现革命老区精神面貌，为繁荣和发展老区文艺事业作出有益贡献。与此同时，还将该批训练有素的专业人员安排到各老区村发展文艺文化事业，丰富村民群众业余生活，不定期举行一系列文艺培训班，助力乡村文化建设。2016 年起，西塘村开展绘画、书法、文化知识等义务大讲堂和相关赛事活动，组织村民集体参加学习，成立农民夜校，每月开办一两次课，通过继续教育的形式，将家风家规等文化知识传授给村民，同时结合发展优势，不断丰富乡风文明新内涵，深入挖掘继承和弘扬发展稻田文化、编织艺术、传统饮食、稻草文化等优秀乡土文化，将"广州西塘稻草节"打造成有口皆碑的乡村振兴农耕文化展示典范。2017 年，全区已有非物质文化遗产项目（涵盖民俗、传统舞蹈、传统音乐、传统技艺、民间文学、传统戏曲、传统体育等）共 24 个；非物质文化遗产代表性传承人 28 人。鳌头镇醒狮项目拥有多个传承示范基地。2018 年，通过从化乡村音乐节，加大文艺精品创作和做好文化传承工作，涌现出创作歌曲《大勺的故事》等省一等奖优秀作品，以本土音乐体现改革开放 40 年的华丽变迁，成为打造城市文旅品牌与文化名片的方式。

借助南粤古驿道文旅产业品牌路线，激活乡村文史基因。2016 年，广东将南粤古驿道的保护利用列入政府工作，对资源调查、文旅创意等方面进行深入研究。[①] 从化着力发挥本土优势，在从化古驿道南端、荣获 2003 年度联合国教科文组织亚太地区文化遗产保护杰出项目奖第一名的钱岗古村开展艺道游学、古村书画写生等活动，塑造独具特色的从化古驿道文化品牌，提升往昔革命根据地传统的历史人文内涵。2018 年 10 月，从化推出钱岗至莲麻的古驿道红色主题旅游线路，以红色之旅的形式，串联古驿道上星罗棋布的历史文化遗存。通过钱岗村史馆、文史馆及学堂书院兰集堂等，生动反映钱岗陆氏后人、爱国大学生陆日新在 1939 年跟随广东省民众抗日自卫队共产党员郭汉、雷亢青等 10 余人回村宣传抗日救国，组织抗日先锋队与日军激战的事迹，弘扬爱国主义和民族精神的红色革命文化。莲麻村黄沙坑东江纵队从化大队活动基地的修缮，使优良的红色革命传统和顽强拼搏的老区精神焕发新颜得到传承。在总长 18 千米的吕田东坑古道支

---

① 广东省文化和旅游厅、广东省住房和城乡建设厅：《中国南粤古驿道学术文集》，广东省地图出版社 2018 年版，前言 1—2 页。

线，念公古祠、千年古桥、灌渠良田分别将革命老区宗族文化、开拓精神、农耕文明徐徐展现。在总长 16 千米的桂峰连接线上，狮象山古人类遗址展现了中华民族生生不息的文明活力。

在古驿道文旅路线开发过程中，还积极响应"4·18 国际古迹遗址日"号召，加强文化遗产保护的代际传承，加大南粤古驿道广州段的宣传推广，激励全社会特别是中青力量参与到南粤古驿道这一跨越时空的大型线性文化遗产保护传承行动中来。2018 年 4 月 20 日，广东省南粤古驿道北线钱岗古村段举办"羊城驿趣·广州古驿道文化遗产——从化古驿道志愿者共同缔造文化入村"活动，各路社会专家、文化爱好者等中青力量，发挥自身价值，自愿加入古驿道志愿者服务团队，走入村社，先从自我感知出发，体验古驿道古朴魅力，建立与历史人文"对话"的桥梁，肩负传播古驿道保护利用的责任。

从化区地方志办公室也借此产业品牌，围绕区委、区政府中心工作，找到为乡村文化振兴战略服务的切入点和抓手，利用全省自然村落历史人文普查工作成果，抓住镇村志修志契机，挖掘自然村落中的历史人文和中华优秀传统文化，认真谋划项目，充分发挥地方志在实施乡村振兴战略中的作用，以方志文化激活乡村文化。

六、党建领航强基固本

基层党组织是实施乡村振兴战略的"主心骨"。2013 年以来，全区深入学习领会党的十八大、十九大精神，切实贯彻习近平新时代中国特色社会主义思想，根据省、市、区级关于实施"红色村"党建示范工程的决策部署，通过"党建 + 互联网"的时代新模式不断完善机制体制，加强基层党建引领力，充分激活基层党组织的红色基因，传承弘扬从化在抗战时期、解放时期、改革开放时期所形成的服务人民、艰苦奋斗、不屈不挠、勇于创新的革命精神和优良作风，抓住乡村经济发展主线，带领人民群众促进基层党建取得丰硕成果。

"仁里集"基层治理智能云平台，由广州市从化区委组织部创建，是集党务政务村务信息公开、网上办事、公共服务、农村电商于一体的，推进基层治理现代化、精细化，创新打造"仁里集一键通"的智能信息交互平台。建设工作从 2016 年初作为从化区委基层党建"书记项目"开始实施，分两期先后完成 12 个和 14 个试点村的设备部署、数据收集、使用培训等平台建设及推广使用工作。该平台的建设和运用，转变农村基层治理的工作方式和服务模式，成为探索农村基层党建工作新路径。具有理论价值和实践价值的"'仁里集'共建共治共享'一键通'云平台"项目，于 2017 年被广东省委组织部评为省示范性项目；从化区委党校课题组调研报告获得全国党建研究会 2017 年度调研课题优秀成果自选课题报告三等奖、广东省党建研究会 2017 年度调研课题优秀成果自选课题报告二等奖。

2017 年，从化依托"仁里集"平台开展"指尖群防"行动，打造群防共治智能网络系统；鳌头镇党员干部通过平台收集、了解群众所思所想所盼；村民通过平台查看党务村务财务公开信息。2018 年，继续全面推进平台建设工作，进一步优化平台功能模块，提升系统使用体验感，加大宣传力度，并对各镇（街）推广使用平台情况进行考核，促进各镇（街）积极深入开展平台推广应用工作。2018 年 12 月，"仁里集"共建共治共享云平台荣获广州市委组织部、市党建学会第二届广州党建十大品牌。

2017 年，根据《从化区 2017—2019 年大抓农村基层党建固本强基行动方案》，全区领导分别率领 8 个督导组到各镇街和部分行政村开展首轮大抓农村基层党建固本强基行动督导工作，推动农村基层党建各项工作落实到位，坚持把做好村（社区）"两委"换届选举工作作为贯彻落实习近平总书记"四个坚持、三个支撑、两个走在前列"重要批示的具体行动、"两学一做"学习教育的生动实践和当年抓基层党建工作的头等大事来抓，坚持突出党的领导、突出"两学一做"、突出依法依规、突出正风肃纪、突出问题导向和突出宣传教育，力促责任落实到位、以知促行到位、程序规范到位、纪律严明到位、社会稳控到位和舆论引导到位。

良口镇发挥党委领导带头作用，规范"三会一课"制度，不断加强党员学习教育，培育新时代党员，召开党员大会 225 次、支委会 760 次、党小组会 1620 次，讲党课 250 次；"仁里集"一键通云平台发挥党群联系的桥梁作用；以"党群心连心、干群手牵手"连心桥为制度开展大走访活动 2148 次；完成"两全面一更加"锻造工程和党建引领乡村振兴挂图作战；创新"良口镇党校＋生态设计小镇党建联盟＋湾区设计开放大学"办校模式；建成农村新时代文明实践工作站和党群服务中心；坚决整顿软弱涣散党组织；持续开展以"党旗红流溪清，党员治水在行动""农村人居环境整治""扫黑除恶专项斗争""违法建设治理攻坚战"为主题的党日活动。区城郊街道按照区委精神和决策部署，立足实际，制定方案，聚焦主业，突出大抓、真抓、长抓农村基层党建工作。

七、人才引培走在前列

实施乡村振兴战略是党的十九大作出的重大决策部署，是新时代决胜全面建成小康社会、全面建设社会主义现代化国家的重大战略举措。乡村有没有人气，能不能留得住人才，农村人口结构能否优化，是乡村是否振兴的一个重要标志。

为实现人才振兴走在前列，从化全力创新农业农村人才机制，培育新型职业农民，提升本土人才质量；打造引才聚才平台、建设兴才爱才保障工程，吸引一批外出经商人士、在外务工人员和大中专毕业生等先后回乡、下乡创业，打造一支懂农业、爱农村、爱农民的乡村振兴人才队伍；引进一批基础教育领军人才、骨干人才、复合型专业技术人才驻点实践，为从化人才建设不断注入新活力。

新型职业农民是市场主体，把务农作为终身职业，能创业、能经营规模生产，具有较高的社会地位，受到社会的尊重。2014年，广州从化被列入国家新型职业农民培育试点县（市、区）；2015年初，从化区政府出台《从化区新型职业农民培育试点工作实施方案》，围绕蔬菜、沙糖桔、火龙果和蜂业4个特色产业，在全区范围内组织开展农业生产经营型、专业技能型和社会服务型的职业农民培训。至2018年初，全区共培训新型职业农民及科技人员3000多人次。①

2018年4月9日，从化构建引导人才投身农业农村建设机制。是年，区委组织部牵头出台《从化区创新农业农村人才培育引进机制工作方案》，推动成立广州市南博乡村振兴研究院，为乡村振兴提供人才保障和智力支撑；打造引才聚才新平台，引进北京大学经济学院华南分院、清华大学五道口金融学院产学研基地、湾区设计开放大学等高校科研院所落户从化，集聚行业高端人才；发动区内企事业单位申报2018年广州市高层次人才认定，解决高层次人才子女入学和住房等实际问题；加强专业技术人才队伍建设，出台《广州市从化区基础教育优秀人才引进办法（试

---

① 数据来自广州市从化区政府门户网站，从化区区长于2018年2月7日在广州市从化区第二届人民代表大会第四次会议上所作《2018年政府工作报告》（2018年2月8日发布）。

行）》，赴北京、长沙、重庆等地重点师范院校招录中小学教师 85 名，优化专业技术人才队伍结构；发挥区内高校创新人才联盟作用，成功举办第二届科技创新创业大赛。

乡村振兴，人才是基石。农村社会经济发展，归根到底，关键在人。人才在乡村发展中"唱主角"，注入新技术、新理念，促使农业、农村、农民产生变革，这在从化这个以农业为主的外围城区几成常态，也是革命老区振兴发展的宝贵资源。为吸引人才、稳定人才，从化开展来穗人员"融合行动计划"（2016—2020 年），用 5 年时间，全面推动来穗人员在人文关怀、思想认同、心理悦纳、政治参与、乐业奉献等领域的全方位社会融合，努力实现广大来穗人员"上岗有培训、劳动有合同、子女有教育、生活有改善、政治有参与、维权有渠道、生活有尊严"。

党的十八大以来，从化全区着力构建青年定点下乡体验服务机制，开展志愿乡村服务；计划建设青年创业孵化基地，激励年轻的返乡农民工、大学生、乡土人才等时代新人创新创业，发展高新技术企业、发展高新技术产业、建设生态文明乡村，把各类特色产业基地（园区）建设成成果示范推广的主阵地、创新创业的重要基地、农业农村改革的试验田、集聚创新资源的重要载体等，吸引人才入驻从化、服务从化、建设从化，为老区发展、乡村振兴注入源源不断的青春动力。

从革命老区走出来的青年才俊，继承老区艰苦奋斗的优秀革命传统，在中国共产党的坚强领导下，在新时代中国特色社会主义的自信道路上，理论联系实际，施展才华能力，担当新使命，展现新作为，与中华人民共和国成立 70 年来，众多热情投身老区建设、改革、发展的质朴农民及科研精英等人才一道，为实现革命老区脱贫致富全力以赴，为推动从化全区在产业、生态、文化等领域振兴，决胜全面建成小康社会而不懈奋斗！

附　录

附录一 **革命遗址、文物与纪念场馆**

一、遗址和旧址

（一）党组织旧址

1. 竹庄别墅——中共从化县第一个党支部成立会议旧址

位于从化区温泉风景区河西路，距街口街道 15 千米。

1939 年 11 月，中共从滘区工委派梁尚立来从化，在温泉竹庄别墅（现竹庄三号）主持从化县的第一个党支部成立，选出邓澄心为支部书记、谢秉培为组织干事、谢赛桃为宣传干事。其时，全区的党员一共有 13 人。温泉宾馆竹庄三号是一座单层混凝土结构建筑，坐北向南，屋顶铺绿色琉璃瓦，外墙喷沙。1990 年，公布为从化县文物保护单位。

2. 白石嘴胡氏公屋——中共从化从北区第一个党支部办公旧址

位于从化区吕田镇东北面 12.5 千米的三村村。白石咀社胡氏公屋是一座泥砖加木结构的 2 层建筑，坐东向西，面积 150 平方米，屋深 16 米，宽 13 米，共四房一厅两廊一天井及两侧炮楼，左炮楼高 2 层 7 米，右炮楼高 3 层 12 米，每层炮楼各面墙壁没有枪眼。

1940 年夏，邓澄心、谢秉培接受上级党的指示，到从化吕田地区宣传发动群众抗日，并物色、培养入党对象。经过一段时间的工作和考察，先后发展了胡斯增、巢作成、陈景渐（陈洁）、陈日如等入党。1940 年 6 月，从北（吕田）第一个党支部在吕田三村村胡斯增的老家（白石咀胡氏公屋）成立，由胡斯增任支部书记，巢作成、陈景渐为委员。

3. 巢德麟小楼——中共塘基背党支部旧址

位于从化区吕田镇塘基背村，原为巢德麟家的小楼，在吕田镇北面 15 千米，距街口街 75 千米。

1942 年 4 月，塘基背支部在塘基背村巢德麟小楼内成立，巢德麟任支部书记。自此，按照特派员李云（李仪立）的指示，积极开展办夜校、识字班等活动，团结教育群众，把塘基背村办成从化革命活动基地。1945 年，中共吕田地区党组织在塘基背建立地下交通站，巢德麟任站长。同年秋冬间，西北支队北上会师二王（王震、王首道）部队未果，支队长蔡国梁带领 120 多人折回东江，路经吕田，在此隐蔽了两个多月，食宿全部由该村几十户人家供给。

1945 年后，中共江北地委委员兼从滘花分委书记陈枫和从化区第一任区委书记陈江天、第二任区委书记罗明林以及马达等均以此地为基地开展革命活动。1946 年 7—8 月，从滘花分委及从化区委在塘基背附近的山沟里办了 2 个培训班。1947 年后，龙从人民保乡队、江北支队第三团及东三支三团均以此为活动中心。1948 年夏，游击队在此打响了塘基背保卫战。

1999 年，由广州市建设委员会出资，老促会、老区办组织按原貌重建巢德麟小楼，办成革命传统教育基地，共 2 层小楼，占地面积 20 平方米。

4. 车步村——从北车步党组织活动地旧址

位于从化区吕田镇北面 16 千米的吕田镇莲麻村车步社。

车步是有路、陈两姓的自然村庄，属从化吕田莲麻村管辖。1940 年 6 月，中共从滘区委指示从化党支部邓澄心、谢秉培来从北（吕田）建立党支部。

5．广裕祠——从化太平钱岗抗日自卫队、沙溪乡人民政府成立地旧址

位于现从化区太平镇钱岗村旧村中心。

1938 年，广东青年抗日先锋队第七工作团来到从化太平场沙溪乡进行抗日宣传，他们与抗日动员委员会在广裕祠成立从化太平钱岗抗日自卫队，与日军开展游击战斗。

1947 年，广裕祠成为东三支三团、六团游击队中队和东三支三团从南武工队召集群众宣传无产阶级革命真理，组织革命队伍，迎接解放大军南下解放广州的宣传活动阵地。1949 年沙溪解放后在广裕祠成立沙溪乡人民政府，发动群众献粮、献柴草支援南下大军。

2002 年 7 月，广裕祠由广东省人民政府公布为文物保护单位。2003 年 8 月，广裕祠被联合国教科文组织评为 2003 年度亚太地区文化遗产保护杰出项目奖第一名。2005 年 12 月，获评第四批广州市爱国主义教育基地。2006 年 5 月，被公布为第六批全国重点文物保护单位。

6．民众抗日自卫总队部及从化县政府办公旧址

位于从化中学内的学宫以东、县衙大道以北、刘氏大宗祠以西、会善街以南一带。现建有文化长廊、教师宿舍、学生宿舍等。

1939 年冬，从化县成立民众抗日自卫总队，总队部设县政府内，总队长由区长兼任。民众抗日自卫总队于抗日战争胜利前夕撤销。

1949 年 10 月 13 日，从化全县解放。从化县人民政府从吕田迁至县城街口镇城内旧县政府办公。

7．从化县革命政权吕田乡人民政府、从化县人民政府旧址

位于从化区东北部的吕田镇吕田圩，距街口街 60 千米。

在解放大军即将进入广东，杨梅潭战斗大捷后，敌军人员大部分撤走，从化北部包括龙北地区已基本上被党组织控制的情况下，1949年2月，在吕田圩成立吕田乡人民政府。1949年5月，在吕田圩召开群众性庆祝大会，宣布从化县人民政府成立。

8. 和平乡县立第四小学——中共从化县党组织早期活动遗址

位于从化区神岗圩以北4千米的邓村，后为太平镇邓村小学。

1938年春，中共从化党组织成立前后，受中共广东省委委派，郭汉、雷亢清通过国共合作的渠道，到从化的民众抗日动员委员会工作，利用国民党的这个合法机构，团结发动广大知识青年，开展抗日救亡活动，他们在和平乡县立第四小学组织了一个读书会，组织进步青年参加，在读书会上宣传党的政治主张，阅读讨论马列主义著作和进步书刊。并物色培养进步知识青年，开展抗日救亡活动，为筹建从化党的组织做好准备工作。

9. 松园五号——从港区工委新党员训练班旧址

现广东温泉宾馆松园5号，位于从化区温泉镇广东温泉宾馆内，距街口街15千米。

1939年8月，从港区工委在梁培基兴办的珠江颐养园温泉分园举办一期新党员训练班，由北江特委委员谢永宽主持。

梁培基于1936—1937年在从化温泉兴建珠江颐养园温泉分园。中华人民共和国成立后该园由广东省人民政府办公厅交际处广东温泉宾馆管理，后于1959年拆除全部旧楼重建，更名为松园5号（后改为编号4、5、6号），是一座园林式别墅。曾接待过许多中央、省级领导和国内外知名人士。

10. 尚义社学旧址——从北吕田党组织活动地

位于吕田镇医院侧。

1941年初，中共从北党组织掌握了10多所乡村小学后，从北区特派员李云、三村支部书记胡斯增、莲麻坝支部书记陈景渐（陈洁）共同研究决定，要帮助党员巢海周进入尚义社学（当时称"流溪学社"）任教，发挥他的作用。巢海周于1941年2月出任校长。流溪学社也成为中共开展地下工作的革命阵地。

尚义社学是明清时期当地的蒙学学堂。民国时称"流溪学社"。解放初期，被命名为从化区第二小学，后称吕田中心小学，学校于1953年迁出尚义社学原址。尚义社学两进三间，砖石木结构，其一进大门有对联"流风归雅化，溪水涌文澜"。"尚义社学"额匾刻于大门正上方石框上，落款为"道光岁次乙巳（1845）仲冬月吉立"。第一进木构为11架前廊，石廊柱承前抬梁式梁架，加山墙体承后部檩。第二进高两层，以木板做露面，天井两侧庑廊宽广。2001年12月，公布为从化市文物保护单位。

11. 良口墟"万丰杂货店"——中共从港区委交通站旧址

位于从化区良口圩大街中间，旧芳园照相馆对面。始建于1940年，门面宽8米，深20米，面积为160平方米，门面向西，面向良口圩大街。

万丰杂货店在抗日战争和解放战争期间是中共党组织的交通站。1945年，从港区委为了方便从港地区的联系，派出钟信谦在从化与港江相邻的良口圩，与人合股开设万丰杂货店，作为党的交通站。商人黄竹照负责杂货店的日常买卖和正常运行；钟信谦作为交通站负责人，负责中共党组织交通站的秘密工作。

中华人民共和国成立后，1958年，万丰杂货店并入良口供销社。2008年，万丰杂货店因良口镇中心镇建设旧城区改造被拆除。

（二）战争旧址

1. 鳌头秋风洞——东江纵队北上抗日先遣队遇袭战场遗址

现鳌头镇洲洞村大坑尾地段。1944年，东江纵队以第三大队部分主力组成北上抗日先遣队，在挺进北江途中，进入秋风洞一带，遭遇国民党军队、从化自卫队、滆江自卫队的伏击。先遣队被迫还击，打退敌军多次进攻。

2. 儒保塘炮楼——东江纵队一分队活动地旧址

位于温泉镇石坑村东儒社，大尖山山脚，东与增城为邻。炮楼位于东儒社右后角，后有山岗。建筑坐北朝南。

东儒社地处偏远，山贼常来滋扰，石坑村民为防范山贼保卫家园，于清宣统二年（1910）建成此炮楼，楼高3层，阔7.8米，深6.2米，占地48平方米。抗日战争期间，潘有带领游击队东江纵队一分队以炮楼为据点，联系当地村民加入游击队，扩增到30多人，与日军作顽强斗争。

3. 青云书舍——东江纵队游击队活动地旧址

位于温泉镇灌村溉峒新田村下村社。

青云书舍建于清光绪三十年（1904），是曾氏族人的学堂。坐西朝东，三间两进，以门楼、两廊、炮楼夹一天井成一院落，正门、天井、厅堂位于右侧，炮楼立于左。炮楼高3层，镬耳山墙，于第二层的外墙砌檐。炮楼砖、木、石结构。木做楼面。青砖墙上开枪眼数个，内宽外窄。炮楼为防御山贼土匪、瞭望放哨之用，并作为最后的据守防线。

4. 石坑墟石坑村（韶溉乡公所）——从化江北第一次军事行动地旧址

位于街口街以东15千米，现温泉镇灌村石坑圩石坑村村委会办公楼所在地，属石坑村委会所有，原建筑、设施、旧址在中华人民共和国成立初期全部被拆毁，1978年石坑村在此新建了办公楼。

解放战争时期，从化江北第一次军事行动地发生在石坑圩石坑村韶溉乡公所。拔除石坑敌据点韶溉乡公所，是打通从北基地与增城县各部队的联系和解除小迳基地背腹受敌威胁的需要。

1947 年由丘松学、徐文、张球等人带领的突击队发起了围攻韶溉乡公所的战斗，并取得胜利。这次战斗是江北地区公开恢复武装斗争的第一次军事行动，震惊了从化和增城一带的反动分子，起到了扰乱国民党后方的作用。

5. 吕田镇莲麻坝杨梅潭石古塘——杨梅潭伏击战旧址

位于从化区东北部吕田镇北面 15 千米的莲麻村，距街口街75 千米。位于国道 G105 线旁的石古塘，现属莲麻村委会。

1948 年 12 月初，东三支三团马达、丘松学等领队在吕田莲麻的杨梅潭地段进行了一场歼灭国民党一个护送连的战斗。

20 世纪 70 年代初期，莲麻村委会为发展集体经济，在杨梅潭建设了一座小水电发电站。

6. 黄沙坑革命旧址纪念馆——东江纵队从化大队活动基地旧址

位于吕田镇北面 15 千米处的莲麻村黄沙坑社，国道 G105 线从该村经过。

黄沙坑是从化区吕田镇莲麻村与新丰县接壤的偏僻山村，是解放战争根据地。中华人民共和国成立前有地下党员 5 人，其中黄伙荣在 1946—1950 年初任莲麻村支部书记。解放战争时期当地先后有 11 人参加游击队。

吕田黄沙坑村尚存。当年从化大队经常活动的据点，是一座泥坯砖瓦木结构房屋，占地面积 150 平方米，经过多年修补，现由黄耀石（即老党员黄伙荣之子）居住。

7. 沈氏祠堂——江北支队第四团干部会议遇袭地旧址

位于从化区北部山区吕田镇坪地村沈氏祠堂，距街口街78千米。

1948 年 5 月，江北支队第四团进驻坪地村，由支队政委黄庄平及地委委员罗光连（罗明林）等在东明坪地村祠堂召开四团干部会议，会议期间遭国民党军袭击。

　　江北支队第四团干部会议遇袭地旧址——沈氏祠堂是一座泥坯砖瓦木结构，占地面积约 150 平方米，由当地沈氏人家修建，距今已有 100 多年的历史。

二、革命文物

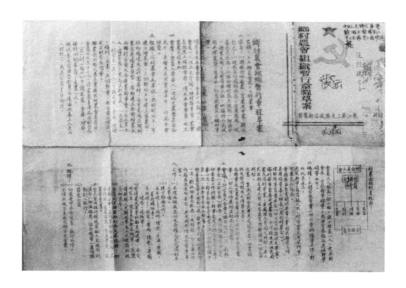

东江第三支队政治部制发的《乡村农会组织暂行章程草案》

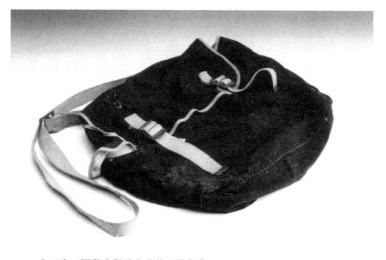

东三支三团莲麻税站人员使用的税袋

东纵战士张江明用过的布袋

从化抗日战争中缴获的日本军刀

三、纪念场馆

（一）纪念碑

1. 从化解放纪念碑

位于从化街口街西宁中路与教育路交接处，所在地原是县城街口镇人民公园。1957 年 11 月，从化县人民委员会为纪念在人民的解放事业中献身的革命烈士而建造。

纪念碑坐北向南，红砖结构，石米批荡。全碑分台阶、碑座和主碑塔三部分，高 10.6 米。7 级台阶，每级台阶次第内缩，共高 0.98 米；碑座 4 级台阶，共高 2.16 米。碑座四周塑花瓣托，再上塑波浪纹。碑座底层为墓室，烈士坟茔内安葬了 60 多位烈士忠骸。主碑塔高 7.02 米，竖梯形体，两侧以横纹相间。纪念碑于 1964 年重修，中共从化区委书记边六群为纪念碑书写了碑铭，碑文为："为人民解放事业而牺牲的革命烈士永垂不朽！"

1990 年，公布为从化县文物保护单位。2002 年，由建设和市政管理局负责将纪念碑周边围墙拆除并重新设计绿化，改造成街心公园。2005 年，从化市政府对纪念碑进行维修翻新，并建铁围栏、铁门加以保护。2017—2018 年，经过更新改造后，革命烈士纪念碑公园由 2318 平方米扩大到 3746 平方米。在保护纪念碑的基础上，结合革命文化主题设置浮雕背景墙、党建教育主题景观艺术小品及石凳座椅等，增添乔灌木绿化设施。既突出纪念碑的庄严肃穆感，又系统化提升城市品质，使之成为集传承革命精神、弘扬爱国主义与休憩活动为一体的公共空间。

2. 吕田革命烈士纪念碑

位于吕田镇北面吕新村，国道 G105 线旁。

革命战争时期，在吕田地区活动的革命志士先后有 58 名献出了宝贵生命，为中国人民的解放事业建立了不朽的功勋，为了纪念先烈，勉励后人，于 1994 年 10 月特立此碑纪念。1995 年 6 月，公布为从化市文物保护单位。2006 年 3 月，由广州市人民政府资助，从化市人民政府维修。

（二）墓园（地）

1．刘邦彦烈士墓

刘邦彦烈士墓是原太平人民公社于 1963 年迁葬为革命事业献身的刘邦彦而建，位于太平镇北面 1 千米国道 G105 线旁的油麻埔村、北回归线标志塔对面。距街口街 20 千米，距广州市 40 千米。

该墓墓身为水泥、砖、沙结构，立一尖顶长方体碑，碑文五角星下书"刘邦彦烈士之墓"，一侧题款"一九六三年三月迁建纪念"，另一侧书"太平人民公社敬立"。太平镇各中小学校都以刘邦彦烈士墓作为共产主义事业革命战争教育基地，每逢清明时节各中小学校都组织学生祭拜，缅怀先烈、弘扬革命传统。

2．邓澄心革命烈士墓

邓澄心革命烈士墓位于太平镇神岗邓村，国道 G105 线旁一山岗上。距街口街 10 千米。

该墓是原神岗镇人民政府于 1997 年复立，为混凝土花岗岩结构，面积 15 平方米，地基为混凝土，碑座长方体，正面竖刻铭文述邓澄心烈士生平，尖顶长方体碑身，碑身五角星下竖书"邓澄心革命烈士墓"，碑座、碑身皆为花岗岩石质。碑座铭文为：邓澄心同志是神岗镇邓村人，生于一九零七年十二月二十三日，一九三九年参加中国共产党，从化县第一个党支部书记。一九四五年初，执行党的任务，通过日军封锁线被捕光荣牺牲，年方三十八岁。①

---

① 叶创昌主编：《广州英烈传》，广东人民出版社 1991 年版，第 514 页。邓澄心实际生于 1907 年 1 月，牺牲时年方 38 岁。

附录二

革命文学

一、对联

1940 年春节的街口附城西溪词联

国土尽烽烟，安有闲心辞旧岁；
沙场遍白骨，岂无热血效忠魂。

1938 年 10 月，广州沦陷，日军侵占从化的南大门太平场，将屈洞村 500 多间民房全部拆毁，使全村 800 多人流离失所。随后日军不断向北进犯，烧杀掳掠，无恶不作，我爱国军民同仇敌忾，奋起抗敌，战斗连年不断。其中，1939 年 12 月至 1940 年 6 月，著名的两次粤北战役都在从化进行，大败日军，威震南国。这些应运而生的抗日对联，促进了抗日战争的胜利。

（出处：《从化文史资料》第 16 辑，作者不详）

挽烈士联

大丈夫当马革裹尸，羡公为国为民，死且不朽；
好山河任倭奴践足，愧我无权无勇，生亦徒哀。

生为俊杰，死亦英豪，黄土纵长埋，每听鼓鼙思壮士；

桑梓蒙庥，萑苻敛迹，红羊销浩劫，伫看史笔纪丰功。

名重千古，身轻一时，壮志未酬铜柱立；

泪洒重泉，魂归净土，英风召赴玉楼来。

热血洒荒山，瞻墓碣巍峨，千秋下马；

英魂归梓里，听寺钟缥渺，五夜骖鸾。

出师未捷，泪洒雄襟，问谁敌忾同袍，血溅中原春草碧；

有志竟成，尸还马革，此日荣过衣锦，魂归粤海夕阳红。

鸿烈永昭垂，千百世精神不死；

驹光嗟易逝，亿万姓纪念难忘。

孟曰取义，孔曰成仁，为国牺牲，留得勋名光史乘；

烈比黄花，溅来碧血，望型痛哭，悲从俎豆荐馨香。

鲁连耻帝秦，大义轰轰，一死便能寒贼胆；

申胥终复楚，侠怀落落，千秋不朽慰英魂。

为党国而牺牲，大节炳千秋，愿后死者毋忘斯旨；

与民众谋福利，中原系一发，如先生辈能有几人。

公真勇于义哉，为殉国男儿，竹帛铭勋昭国史；

天固昌厥后也，有克家哲嗣，箕裘继志振家声。

一战扫万数凶锋，身没大功成，既痛同胞尤惜子；

各军奉三民主义，时艰诸将重，每闻鼙鼓又思公。

（出处：《从化文史资料·萧锦洲楹联集》第 19 辑，作者：萧锦洲）

挽志士联

倘不死定作劳人，看几年雨复云翻，那有尘世桃源，俾尔稍安乐土。

即再生难回时局，料来日内忧外患，既到天台仙府，从今勿降寰区。

羡公魄力尚强，倘若天假之年，定必干许多事业；

于今虎狼当道，虽使生不如死，何妨醉无限醇醪。

国难正当头，正士云亡，留得丹心光史乘；

倭夷才张目，哲人其萎，空将碧血洗山河。

曰为党，曰为国，曰为民，问几人如公努力；

不要官，不要钱，不要命，幸志士作我典型。

（出处：《从化文史资料·萧锦洲楹联集》第 19 辑，作者：萧锦洲）

从化民众反对日本出兵华北的示威大运动纪念联

我中国人，如雄狮之睡未觉；尔日本鬼，真狗彘不食其余。

国步艰难，卧榻岂容倭睡梦；剧场热烈，舞台大好造英雄。（剧场）

痛青岛兮未还，青年尤须努力；愿黄花之比列，黄鸟何必悲歌。（剧场）

革命空气满东南，蕞尔倭夷，灭此才堪朝食；

反日新潮流上下，愿吾民众，起而共抗强权。（会场）

国事多艰，将任他压力横加，何如联合大群，振兴中土；

人心未死，且听我现身就法，从此唤醒迷梦，打倒东夷。（演说场）

何物虾夷，长驱海陆三军，登青岛，窥济南，阻我义师咸抱愤；

吾侪芸庶，回想中东一役，割台湾，踞满北，至今敌忾又同仇。（演说台对）

（出处：《从化文史资料·萧锦洲楹联集》第 19 辑，作者：萧锦洲）

二、诗歌

日机轰炸蛟龙围

萧锦洲

一幕惨剧桃园开，弥天刹气动地来，
庚辰腊月廿二午，恶声震耳响如雷。
蛟龙围村为目标，溪水寒兮风萧萧，
匆然肆虐祸起发，黑烟起处土全焦。
凶耗胡为胡来哉？狼机十架去复回，
全村屋宇毁将半，飞沙走石扬尘灰。
弹声哭声倒屋声，闻所未闻各震惊，
几疑世界末日至，天翻地陷山岳崩。
环睹潇然何所栖，子哭母兮夫哭妻，
屈指伤亡达二十，空前大祸惨凄凄。
一笔血债偿何时，疾首痛心怨东夷，
口口声声谈亲善，奚为惨毒竟如斯。
徒然恨骂有何补，不如闻鸡同起舞，
尤效祖逖着先鞭，振起精神习勤苦。
太平重文乱重武，同服戎装归队伍，
国家兴亡责匹夫，毋任华夏成焦土。
天生吾民身手好，仗义执言齐征讨，
终须有日饮黄龙，扫穴犁庭平三岛。
富出财兮贫出力，为弦高兮为卜式，
古人爱国徇可风，愿努力兮尽天职。

注：1940年农历十二月二十二日下午，日军接报一位国民党高级将领率几十骑随从到桃源洞探访萧锦洲（其实前一天已离去），于是派4架战机

飞至桃源洞的上空，盘旋一周后，即向蛟龙围鸾隐楼俯冲投弹，经轮番轰炸，共投下了 20 枚炸弹，楼未炸中，民居却被毁 30 多间，村民伤亡达 20 人，萧锦洲的孙女亦因此罹难。事后萧锦洲悲愤地写下了这首纪实诗，声讨日军。

三、歌曲

良口烽烟曲

（又名《粤北胜利大合唱》，节选自《良口颂》）

何　芷

良口天险，良口天险！
鸡笼岗，做它的前哨，
茶亭坳，做它的后卫，
黄牛山、矿山，雄视于左，
五指山、石榴花顶虎瞰在右边。
广从公路像一条迎战的巨蟒，
透过了华南的咽喉，
伸进了华南的腑脏，
保卫良口，保卫华南国防的第一线。

多少年来，
五指山头锁着风霜，
多少年来，
恬静农村人事浮沉，
多少年来，
粤北风沙不闻号角。
自从广增背进十月的恶风，
吹来了惊天的波涛，

吹散了农村的落漠，
于是良口成了要塞！
良口天险，良口天险，
保卫良口，保卫华南国防的第一线！

从化区革命老区村名录

至 2018 年，从化区革命老区镇村（自然村）共 4 个镇、27 个行政村、76 个自然村，其中，吕田镇 17 个行政村、1 个社区、66 个自然村，良口镇 5 个行政村、9 个自然村，太平镇 3 个行政村、1 个自然村，鳌头镇 1 个行政村。

从化区革命老区镇村（自然村）一览表

所在镇街	老区村、社区名称	老区自然村名称	评划时间（年）	老区类型	革命斗争时间（年）
吕田镇	莲麻村	河洞	1957	抗日战争根据地	1937—1949
		黄沙坑	1957	抗日战争根据地	1942—1949
		莲麻坝	1957	抗日战争游击区	1943—1949
		打古岌	1957	抗日战争游击区	1943—1949
		车步	1957	抗日战争游击区	1937—1949
		三水	1993	解放战争游击根据地	1941—1949
	塘基村	塘基	1957	抗日战争根据地	1937—1949
	三村村	三村	1957	抗日战争游击区	1941—1949
	吕新村	大排	1993	解放战争游击根据地	1945—1949
		横楼	1993	解放战争游击根据地	1945—1949

（续表）

所在镇街	老区村、社区名称	老区自然村名称	评划时间（年）	老区类型	革命斗争时间（年）
吕田镇	吕新村	仓下	1993	解放战争游击根据地	1945—1949
		新村	1993	解放战争游击根据地	1945—1949
		下洞	1993	解放战争游击根据地	1945—1949
		旺水口	1993	解放战争游击根据地	1945—1949
		茶岭灰瑶头	1993	解放战争游击根据地	1945—1949
		大墩	1993	解放战争游击根据地	1945—1949
		新屋	1993	解放战争游击根据地	1945—1949
		生口	1993	解放战争游击根据地	1945—1949
		莫村	1993	解放战争游击根据地	1945—1949
		三田里	1993	解放战争游击根据地	1945—1949
		松柏塘	1993	解放战争游击根据地	1945—1949
	联丰村	南坑	1957	抗日战争游击区	1941—1949
		蚊山	1993	解放战争游击根据地	1945—1949
		汉群	1993	解放战争游击根据地	1945—1949
		江联	1993	解放战争游击根据地	1945—1949
		邓村	1993	解放战争游击根据地	1945—1949
		江下	1993	解放战争游击根据地	1945—1949
	桂峰村	陈洞	1957	抗日战争游击区	1941—1949
		黄泥塘	1957	抗日战争游击区	1941—1949
		山羊坑	1993	解放战争游击根据地	1945—1949
		东岭	1993	解放战争游击根据地	1945—1949

（续表）

所在镇街	老区村、社区名称	老区自然村名称	评划时间（年）	老区类型	革命斗争时间（年）
吕田镇	桂峰村	水边围	1993	解放战争游击根据地	1945—1949
		田心围	1993	解放战争游击根据地	1945—1949
	新联村	石坝	1993	解放战争游击根据地	1945—1949
		老屋	1993	解放战争游击根据地	1945—1949
	小杉村	章口、田心、牛岭片村	1957	抗日战争游击区	1944—1949
		九水	1993	解放战争游击根据地	1945—1949
		田塅心	1993	解放战争游击根据地	1945—1949
		潘屋	1993	解放战争游击根据地	1945—1949
		白屋	1993	解放战争游击根据地	1945—1949
		荣兴	1993	解放战争游击根据地	1945—1949
		山塘	1993	解放战争游击根据地	1945—1949
	鱼洞村	鱼洞	1957	抗日战争游击区	1941—1949
	吕田社区（吕田圩）	老街	1957	抗日战争游击区	1940—1949
		新街	1957	抗日战争游击区	1940—1949
	狮象村	张村大伙	1993	解放战争游击根据地	1945—1949
		黄迳	1993	解放战争游击根据地	1945—1949
		胜塘	1993	解放战争游击根据地	1945—1949
	份田村	高陂头	1993	解放战争游击根据地	1947—1949
		下瑞基	1993	解放战争游击根据地	1947—1949

（续表）

所在镇街	老区村、社区名称	老区自然村名称	评划时间（年）	老区类型	革命斗争时间（年）
吕田镇	份田村	良洞	1993	解放战争游击根据地	1947—1949
		湖鸭滩	1993	解放战争游击根据地	1947—1949
	竹坑村	洽水塘	1993	解放战争游击根据地	1946—1949
		凹头	1993	解放战争游击根据地	1946—1949
		竹坑口	1993	解放战争游击根据地	1946—1949
		杨屋	1993	解放战争游击根据地	1946—1949
		哪吒岭	1993	解放战争游击根据地	1946—1949
	草埔村	—	1957	抗日战争游击区	1944—1949
	安山村	—	1957	抗日战争游击区	1944—1949
	塘田村	—	1957	抗日战争游击区	1944—1949
	东联村	走马夫	1957	抗日战争游击区	1940—1949
		水尾	1993	解放战争游击根据地	1946—1949
		宝莲塘	1993	解放战争游击根据地	1946—1949
	东坑村	上大步	1957	抗日战争游击区	1943—1949
		下大步	1957	抗日战争游击区	1943—1949
		丹竹坑	1993	解放战争游击根据地	1944—1949
		石堆坎	1993	解放战争游击根据地	1944—1949
良口镇	溪头村	溪头	1993	解放战争游击根据地	1947—1949
	下溪村	—	1993	解放战争游击根据地	1947—1949
	锦村村	—	1993	解放战争游击根据地	1947—1949

（续表）

所在镇街	老区村、社区名称	老区自然村名称	评划时间（年）	老区类型	革命斗争时间（年）
良口镇	合群村	黄竹田	1993	解放战争游击根据地	1947—1949
		龙头形	1993	解放战争游击根据地	1947—1949
		冲岭	1993	解放战争游击根据地	1947—1949
		秧溪	1993	解放战争游击根据地	1947—1949
		良银	1993	解放战争游击根据地	1947—1949
		黄竹窝	1993	解放战争游击根据地	1947—1949
		背荫	1993	解放战争游击根据地	1947—1949
	团丰村	东洞	1993	解放战争游击根据地	1947—1949
太平镇	钱岗村	—	1993	解放战争游击根据地	1947—1949
	文阁村	—	1993	解放战争游击根据地	1947—1949
	秋枫村	秋枫洞	1993	解放战争游击根据地	1946—1949
鳌头镇	珊瑚村	—	1993	解放战争游击根据地	1946—1949

注：按 2015 年自然村落普查名称修正。

附录四 抗日战争、解放战争时期革命人物

一、革命人物简介

邓澄心

邓澄心（1907—1945），从化神岗镇邓村人，出生于一个贫苦农民家庭，读小学时因家境困难而中途辍学，到一间鞋店当学徒工。20 岁才报考从化县立初级中学，后又报考了省立小学教员训练所（公费）。1938 年毕业后回从化县任县立第四小学校长。这一年他参加共产党组织的读书会，阅读了不少马列著作和《群众》《抗战大学》《救亡日报》等进步刊物。是年暑假参加从化县留省学生回乡抗日宣传团，并到从化各地开展抗日救亡宣传活动，通过墙报的形式，宣传抗日主张。1939 年，邓澄心加入中国共产党。入党后，他积极发展党员，秘密地成立了中共从化县第一个党小组。同年 10 月，在从（化）滘（江）区委员会的指导下，在温泉梁培基别墅成立中共从化县第一个党支部，他被选为支部书记。是年底，他发动县内青年组织从化县群策救亡会，并担任该会的专职领导。1940 年，他接受党的指示，到吕田山区，一方面宣传抗日，一方面发展党组织，先后发展一批青年参加共产党。建立中共吕田地区第一个党支部。

1941 年，经人介绍，邓澄心任从化县督学。1942 年，改名

邓荫民，任英德县新兴乡中心小学教导主任，负责该地区中共地下党的领导工作。1944 年，在翁源县任教，开展中共地下党的活动。1945 年 1—3 月，为建立翁源—英德—佛冈—从化—增城—九佛—油麻山的中共北江党组织与东江纵队的交通线，他跋山涉水，通过日军的重重封锁线。是年 3 月，邓澄心受中共粤北路东地方工作委员会的派遣，携带收发报机用的 1 个损坏真空管，由英德借道从化，准备通过关系去广州购回新的真空管供抗日游击队急用，不料途经神岗三百洞时被日军拘捕。邓澄心乘夜色突围时，被日军哨兵发现，不幸遇难，牺牲时年仅38 岁。

巢德麟

巢德麟（1909—1950），从化吕田塘基背村人，生于贫苦的农民家庭，只读过几年小学和中共地下党创办的文化夜学堂。1941 年 6 月，由中共支部委员巢作成介绍，并由中共从化特派员李云（化名李仪立）考察后，巢德麟加入中国共产党。

1941 年 12 月至 1950 年间，巢德麟多次完成党组织的任务，为革命事业作出贡献。1941 年 12 月，巢德麟任中共塘基背村党支部书记，不顾个人和家人的安危，把地下党组织、游击队联络、接待领导和收留伤病员的据点设在自己家的小楼里。自 1944 年起，巢德麟担任"三江"（东江、北江、滃江）塘基背村交通站站长。他为沟通"三江"情报网络作出过贡献，还先后掩护过中共从化县委书记陈江天、罗光连和中共从滃花中心县委书记陈枫等人的安全。1945 年春，他奉命把已北上的东纵部队留下的西北支队 110 人转移到塘基背村。部队给养困难，他把家中的耕牛卖掉，将钱交给部队，布置地下党员向益世堂借谷接济部队。1946年秋，巢德麟动员巢郁文打入县警中队，让其任第二中队长，以便掌握敌情,并派人到该中队当兵,为游击队输送情报。同时,他还组织塘基背村地下党员到清远上四九(现佛冈县四九区)接运东纵北上时留下的 1 挺机枪、20 支步枪和一批弹药,以武装塘基背村民兵。1947 年冬,韶州中队组建,巢德麟任指导员。1948 年春,在新丰县石桥反包围战斗中,他率领部队冲出重围,挽救了部队。同年 7 月,他升任北江大队政委。在吕田高山坳战斗中,他打死打伤敌人数人。1949 年,巢德麟任中共从化县委委员、县政府财政科长。1950 年,任北区(含现吕田、良口、温泉三地)区委书记兼区长。同年 3 月 18 日,土匪袭击区政府所在地良口朱家祠,他率领区政府全体同志和武装部队投入战斗,并带头冲锋突围,在战斗中壮烈牺牲,年仅 41 岁。

李云

李云(1910—1993),原名李力,乳名李永庆,广东台山人,1937 年 10 月参加中国共产党。1941 年,任中共从潖区工作委员会副特派员、从北区特派员,组织从北地区党的组织开展抗日民族统一战线工作,为控制基层政权、掌握文化教育阵地、组织抗日宣传教育等做了大量的工作。1945 年夏调离从化。1983 年 4 月离休,1993 年在广州病逝。

陈江天

陈江天(1912—1993),广东五华人,1939 年 1 月参加中国共产党,先后在五华、增城、龙门党组织工作。1945 年 7 月,随东江纵队北上途经从化吕田时,受命建立中共从化县委员会和东江纵队从潖支队从化县大队,任从化第一任县委书记兼大队政委。1946 年 11 月,恢复武装斗争,参与由黄柏领导的边纵东江第三支队,参与破仓分粮、反对国民党"三征"等活动,揭开从化县人民武装斗争的序幕。1947 年 4 月调离从化。1993 年 12 月 21 日在肇庆病逝。

丘松学

丘松学（1913—1991），广东蕉岭人，中共党员。1945 年开始，先后任东江纵队江北指挥部特派员，东江纵队第四支队第二大队中队长等职，活动于增（城）龙（门）从（化）交界。1947 年春，奉命率领小分队联合龙门、增城等县小分队，袭击从化县驻石坑圩的韶溯乡公所及其所属的自卫小队，打响增、龙、从等县解放战争的第一枪。随后即率领小分队（番禺县为高山队）到从化县吕田以北山区，成立龙从保乡队，任副队长，随即领导开展反"三征"、破仓分粮等斗争，打开国民党灵山乡粮仓及地派乡和显记集中仓，解决山区群众的度荒问题。1948 年 3 月，任人民解放军江北支队第三团团长、中共从化县委委员。1948 年 12 月，指挥杨梅潭阻击战，活捉新丰县县长张汉良。1949 年 6 月，上调边纵主力第六团任副团长。1985 年 12 月离休。1991 年 12 月 3 日凌晨在深圳病逝。

巢海周

巢海周（1914—1995），广东省从化吕田塘基村人。1940 年 10 月参加中国共产党。抗日战争时期，出任吕田中心小学校长、吕田乡乡长，做了大量的情报和掩护地下党活动、掩护东江纵队北上和南下过境等工作。解放战争初期，竞选国民党从化县参议员，负责了解从化县上层的政治动向、团结争取开明人士和收集情报等工作。1948 年后，历任中国人民解放军江北支队第三团政治处主任、中共从化县委委员、从化县人民政府副县长兼军事管理委员会副主任、迎接南下大军支援前线工作委员会主任等职。

1995 年 4 月 2 日在广州病逝。

钟育民

钟育民（1914—1982），广东梅县人。1949 年 6—8 月为中共从化第四任县委书记，中国人民解放军粤赣湘边纵队东江第三支队第三团政委。

刘邦彦

刘邦彦（1915—1942），原名刘金富，原籍广东省从化县太平区油麻埔。1915 年 11 月出生于马来西亚，7 岁开始在金保读书，后迁毛边埠做童工。15 岁回国读书，家庭经济困难，由继母卖了一对金手镯嫁妆，作为他的旅费和学费。不久，其他家人也陆续回来。

刘邦彦读书勤奋，好学上进，考上中山大学附属中学（现广东省实验学校），开始接受党的教育。他信仰马列主义，坚决走革命道路。1936 年由广东省委组织部杨谨英介绍，参加中国共产党。他积极为党工作，先后担任过中山大学附属中学的党支部书记和党领导的进步学术团体——广州世界语学会的副主席。在党的领导下，积极开展组织、宣传活动。当时，他家住在广州市芳草街刘家祠里，他除了上学和如常工作外，还担任教师，组织附近不能入学的儿童读夜校。党组织对他的工作很满意，经常给予表扬。

1937 年，抗日战争全面爆发，刘邦彦积极开展抗日救亡工作。1938 年，党组织发动成立广东青年抗日先锋队，党派他加入作骨干，担任一二〇队副队长（队长是由中央海军政治部主任邓楚白兼任）。广州沦陷前夕，刘邦彦率领抗先队员由广州北撤粤北翁源，在途经三水时遭到日军飞机扫射，他为了抢救同志光荣负伤。1938 年秋，刘邦彦率领抗先一二〇队在翁源一带活动。刘邦彦积极工作，吃苦耐劳，经常通宵达旦。他与群众的关系很密切，态度和蔼，平易近人，同志们都很乐意接近他。1939 年 8 月，中共翁源县委成立，邓楚白任书记，他任宣传委员。1939 年，中共广东省委和北江特委推举刘邦彦为支部一级代表，出席中国共产党第七次全国代表大会。1940 年 1 月，中共始兴县委成立，北江特委特派他担任宣传委员。不久，调任英德东乡特派员。他在英德、河婆石等地办了多期党员训练班，主要讲党的建设，给其他党员留下深刻的印象。同年 6 月又调任翁源县委委员。

1942 年的一天，刘邦彦在工作中突然晕倒，经韶关市河西医院抢救无效，与世长辞。逝世时年仅 27 岁。

陈洁

陈洁（1915—1962），又名陈景渐，广东从化吕田莲麻村人。他于 1940 年 6 月加入中国共产党，历任组织委员、小学校长、党支部书记、区委书记、特派员、指导员、乡组长、科长、区工委书记。1949 年 2 月，陈洁带工作队在吕田一带发动群众推翻国民党的"保甲"基层组织，成立各村的政权和农会。1953 年，任中共从化县委宣传部副部长。1954 年，任从化县人民政府县长。他在任县长期间组织开展互助合作运动，全县成立农业生产互助组 400 多个，初级农业合作社 100 多个，同时实施粮食统购统销。他先后任过粤北行署交通办公室主任、中共韶关航运局党委书记、肇庆有色金属公司工会主席等职。1962 年于肇庆病故，时年 47 岁。

骆翠琼

骆翠琼（1917—），女，广东从化太平人，1939 年 4 月成为中共从化县第一个党小组成员之一。1940 年春夏之交，由于形势所迫，随组织离开从化，先到清远滗江上四九小学，后辗转多地。1949 年后改名骆步远，在农业部工作，1957 年后到农业部属下全国农业展览馆工作，1983 年离休。

谭伙

谭伙（1917—1948），广东从化县东明区东坑乡人。1917 年，谭伙出生在一个农民家庭，后投身革命，参加游击队。入伍后，被编入钢炮队日式三八步枪配备的主力班，活动于各村庄，发动群众抗租、抗税、抗债。谭伙每到一处，都帮助群众砍柴、挑水、打扫卫生，并向群众宣传革命道理，发动青年参军、参战，收缴地方枪支弹药充实部队装备。谭伙常帮助战友缝补破衣，帮助病号找医药治病。

谭伙是东江纵队第三支队第三团钢炮队小队长，后任独立中队一班班长。曾参加过多次战斗，每次战斗都冲锋在前。1948 年，在保卫塘基背夏收夏种的反"扫荡"战斗中，他率领全班坚守阵地，英勇战斗，打退国民党军的多次冲锋，迫使国民党军狼狈逃回龙门县地派驻地。

1948 年，谭伙加入中国共产党。同年 12 月 10 日在吕田杨梅潭伏击国民党军队护送的新丰县县长张汉良的战斗中，谭伙冲出马路，杀向对方阵地时不幸中弹牺牲。牺牲时年仅 31 岁。战后，谭伙被评立特等功，追升为排长。

王振超

王振超（1918—），曾用名王国柱、王金水，广东从化江埔街上罗村长山围屋人。1937 年在从化中学师范班就读。同年，抗日战争全面爆发，他号召一批从化籍青年投笔从戎抗日救国，与同班同学报名到从化小坑集体培训。经过培训，和部分同学奔赴抗日前线。1938年随部参加台儿庄战役。2015年9月3日，获得中共中央、国务院、中央军委颁发的中国人民抗日战争胜利七十周年纪念章。

黄惠芳

黄惠芳（1919—1945），女，广东从化街口镇城内人，出身于富裕家庭。1938年夏，她在从化读完初中后到广州读高中。1939年，参加抗日群众组织——从化县群策救亡会。同年秋，在温泉加入中国共产党。

1939年11月，黄惠芳接受党组织的安排，前往曲江参加省妇女干部培训班。1940年1月，参加地下党发动的战时宣传队，到马坝、乌石、英德、清远、花县等地，开展抗日救亡宣传活动。1941年11月，黄惠芳参加省干训团（国民党广东省主席李汉魂培训干部的机构），目的是取得在国民党机关工作的合法身份。1942年5月，被派任曲江县新生活运动促进会妇女指导委员会总干事。1944年，在曲江等地发动群众组织抗日自卫团，并募捐收集了不少劳军物资。1945年6月，黄惠芳随邬强领导的东江纵队北上，到达英德东乡后，部队派她做群众工作。7月间，日军从曲江等地南撤，国民党军队偷偷南下，在翁源、英德一带向北江支队进攻，黄惠芳在撤出据点、越过山岗时被国民党军队开枪杀害，牺牲时年仅26岁。

林胜

林胜（1927—1948），广东从化县韶溉乡溉洞龙眼树村（现属灌村镇农新村）人。在解放战争时期，广东人民解放军江北支队第三团钢炮队（原名"高山队"）里有一个"小鬼班"，小队长林胜经常带领这个班的小战士参加战斗，并多次出色地完成任务。

1944 年，林胜在增城小迳的大山沟里替人烧炭。一天晚上，东江纵队第四支队转移到此，部队的战士对他十分关怀并热诚地向他宣传革命和抗日救亡的道理，使他深受教育。于是他便辞去炭窑的工作，参加部队从此走上革命道路。

1946 年 11 月中旬，黄柏、马达从香港返回传达广东区党委关于恢复武装斗争的指示。江北地区首长调集东纵北撤留下在增城各地隐蔽的丘松学、徐文、王干等人领导的小分队和王达宏的部队，攻打国民党驻扎在石坑圩的韶溯乡公所及其自卫小队。林胜因对石坑的情况比较了解，被派去跟副小队长李忠到实地了解情况和侦察敌情，并参加突击队的战斗。林胜在战斗中表现突出，后被批准加入中国共产党。1947 年春，经过一连串考验的林胜被选派为江北地工委书记黄庄平的警卫员。半年以后，他被安排到高山队任小鬼班班长。1948 年，钢炮队与二平队包围了田圩村，林胜率领小鬼班突击，攻入乡公所，把一个有 20 多人的乡自卫队打得七零八落，国民党军各自弃枪逃命。此后不久，部队攻打立溪乡，林胜率队突击。部队领导见他已具有一定的组织能力，便提拔他为小队长。

1948 年 7 月，在博罗县公庄水东陂反击国民党保八团围攻的战斗中，林胜英勇牺牲，年仅 21 岁。

马达

马达（1919—2007），广东顺德人，原广东人民抗日纵队大队级干部。东纵北撤后，1946 年 11 月来从化地区，在塘基背组建北江人民武装队伍，后发展龙从（又称新龙）人民保乡队并任队长。1948 年 2 月至 1949 年 6 月在广东人民解放军江北支队第三团任政委，任中共从化县第三任县委书记。1949 年 8—10 月任中共从化县第五任县委书记和第三团团长兼政委。1949 年 5 月至 1952 年 5 月任从化首任县长。

二、革命英烈一览表①

（一）抗日战争时期

抗日战争时期从化籍革命英烈一览表

姓名	性别	出生年月	籍贯	党团员	参加革命时间，牺牲时间、地点、原因	牺牲前单位、职务
刘邦彦（刘金富）	男	1915	太平油麻埔	党员	1936 年参加中国共产党，1942 年因积劳成疾在曲江县病故。新中国成立后迁葬于从化太平油麻埔立碑	翁源县委组织部部长
邓澄心（邓荫民）	男	1907	太平邓村	党员	1938 年参加革命，1945 年在神岗被日军杀害，葬于邓村公路边立碑	政治交通员
黄惠芳	女	1919	街口城内	党员	1939 年 9 月在温泉参加中国共产党，1945 年 7 月在英德东乡战斗中牺牲	东江纵队江北支队妇委会总干事

---

① 从化县地方志编纂委员会编：《从化县志》，广东人民出版社 1994 年版，第 1022—1026 页。

（续表）

姓名	性别	出生年月	籍贯	党团员	参加革命时间，牺牲时间、地点、原因	牺牲前单位、职务
陈润妹（陈泳妹）	男	1918	吕田三村廖洞	—	1944年4月参加游击队，1945年在博罗县战斗失散后，于龙门古岭被捕杀害	东江纵队三支队战士
罗 茂	男	1918	吕田三村大坡	—	1944年4月参加游击队，1945年在博罗县战斗失散后，于龙门古岭被捕杀害	东江纵队三支队战士
罗抱祥	男	1921	吕田桂峰山羊坑	—	1944年4月参加游击队，1945年在博罗县战斗失散后，于龙门古岭被捕杀害	东江纵队三支队战士

（二）解放战争时期

解放战争时期从化籍革命英烈一览表

姓名	性别	出生年月	籍贯	党团员	参加革命时间，牺牲时间、地点、原因	牺牲前单位、职务
夏成材	男	1931.8	吕田联丰	—	1946年6月参加东江游击队，同年在攻打吕田伪乡公所战斗中牺牲	东江第三支队战士

（续表）

姓名	性别	出生年月	籍贯	党团员	参加革命时间，牺牲时间、地点、原因	牺牲前单位、职务
罗继常（罗裔常）	男	1932.3	吕田桂峰	—	1946年7月参加东江游击队，同年在吕田横溪收税时，被国民党军夜袭受伤被捕后在吕田圩被杀害	东江第三支队第三团后勤人员
潘启源	男	1930.7	吕田三村	—	1947年初参加东江游击队，同年在三村龙颈开会时遭敌袭击牺牲	东江第三支队第三团后勤人员
李石夫	男	1930.6	吕田新联	—	1946年参加游击队，1947年在新丰县沙田石桥被国民党军围困，突围时牺牲	增、龙、从、博游击队韶州中队司务员
潘南星	男	1929.4	吕田莲麻	—	1947年参加游击队，同年2月部队在新丰县沙田石桥被国民党军包围，突围中牺牲	增、龙、从、博游击队韶州中队战士
陈国新	男	1928.9	吕田桂峰	党员	1946年冬参加游击队，1947年2月在新丰县沙田石桥被国民党军围困，突围中牺牲	增、龙、从、博游击队韶州中队战士

（续表）

姓名	性别	出生年月	籍贯	党团员	参加革命时间，牺牲时间、地点、原因	牺牲前单位、职务
潘启清	男	1931.2	吕田良洞村	—	1946年冬参加游击队，1947年2月在新丰县沙田石桥被国民党军围困，突围中牺牲	增、龙、从、博游击队韶州中队战士
潘绪芳（潘士芳）	男	1930.6	吕田湖鸭滩村	—	1946年冬参加游击队，1947年2月在新丰县沙田石桥被国民党军围困，突围中牺牲	增、龙、从、博游击队韶州中队战士
巢水池	男	1929.10	吕田塘田	—	1946年冬参加游击队，1947年2月在新丰县沙田石桥被国民党军围困，突围中牺牲	增、龙、从、博游击队韶州中队战士
陈桂香	男	1922.2	吕田三村	—	1947年冬参加东江游击队，同年2月在新丰县沙田石桥战斗中牺牲	东江第三支队第三团粤汉游击队战士
陈火兴	男	1927.6	吕田三村	—	1947年参加游击队，同年2月在新丰县沙田石桥开后勤会议，被国民党军袭击牺牲	东江第三支队第三团后勤队员
罗植生	男	1928.9	吕田桂峰	—	1947年6月参加东江游击队，同年冬在佛冈战斗中牺牲	东江第三支队第三团粤汉游击队战士

（续表）

姓名	性别	出生年月	籍贯	党团员	参加革命时间，牺牲时间、地点、原因	牺牲前单位、职务
夏昌良	男	1930.6	吕田联丰	—	1946年5月参加东江游击队，1947年在新丰县战斗中牺牲	东江第三支队第三团粤汉游击队战士
谢刘春	男	1911.3	江埔凤凰	—	1946年6月参加增、龙、从、博人民自卫队，1947年9月在增城县长湖被捕杀害	增、龙、从、博人民自卫队队员
罗哲厚	男	1925.4	吕田鱼洞	—	1946年参加东江第三支队高山游击队。1947年9月在吕田鱼洞村被国民党军枪杀	东江第三支队高山队文化教员
胡可生（胡伯添）	男	1933.6	吕田三村	—	1947年参加游击队，同年4月在吕田官洞收税时被国民党军逮捕杀害	增、龙、从、博游击队收税员
李汉强（李桥）	男	1930.2	吕田三村	—	1946年8月参加东江游击队，1947年在博罗平岭反"扫荡"战斗中牺牲	东江第三支队第三团高山游击队营保卫员

（续表）

姓名	性别	出生年月	籍贯	党团员	参加革命时间，牺牲时间、地点、原因	牺牲前单位、职务
丘缅胜（丘传胜）	男	1929.7	吕田联丰	—	1948 年参加游击队，同年送信通过龙门县平陵坳时被捕杀害	增、龙、从、博游击队通信员
潘浪溪	男	1927.4	吕田莲麻	—	1947 年参加东江游击队，1948 年在龙门县官阴伏击战中牺牲	东江第三支队第三团钢炮连战士
罗栋	男	1929.10	吕田三村	—	1947 年 2 月参加东江游击队，1948 年在龙门县平陵路滩战斗中，突患重病，被国民党军俘获后杀害	东江第三支队第三团钢铁连战士
冯观保	男	1929.2	吕田吕新	—	1946 年 8 月参加游击队，1948 年在博罗县阵圹水口河途中遭敌袭击牺牲	粤赣湘边纵队第三团第三营第一连副班长
毛月愉	男	1915	黄龙带林场胜塘	—	1947 年 11 月参加东江游击队，1948 年在龙圹反"围剿"战斗中牺牲	东江第四支队战士

（续表）

姓名	性别	出生年月	籍贯	党团员	参加革命时间，牺牲时间、地点、原因	牺牲前单位、职务
谭伙	男	1917	东明东坑	党员	1947年6月参加东江游击队，1948年12月10日在吕田杨梅潭与国民党军作战中牺牲	东江第三支队第三团排长
陈绍香	男	1932.2	吕田三村	—	1947年5月参加东江游击队，1948年初在坪地被国民党中队长何作禧部袭击，战斗中牺牲	东江第三支队第四团战士
罗记房	男	1923.4	温泉石坑	—	1947年5月参加东江第三支队飞虎队，1948年因组织派其回灌村二保堂找粮食被国民党杀害	东江第三支队飞虎队二班战士
林胜	男	1925.2	温泉新田	—	1945年8月参加东江游击队，1948年4月在博罗公庄与国民党军队作战中牺牲	东江第三支队第三团钢炮连排长
陈亚明	男	1927	吕田三村分亩	—	1948年参加游击队，同年在龙川县聂耳凹收税中被捕，于地派被杀害	东江第三支队龙六上仑税站战士

（续表）

姓名	性别	出生年月	籍贯	党团员	参加革命时间，牺牲时间、地点、原因	牺牲前单位、职务
李继	男	1915	吕田三村龙颈	—	1947年参加保分队，1948年反动派在吕田"扫荡"时遭反动派逮捕，后越狱中遭杀害	龙从保乡队战士
丁成安（赖芬）	男	1927	吕田小杉丁屋	—	1947年参加游击队，1949年6月在海丰梅陇战斗中牺牲	东江第三支队第三团三连战士
李汉辉	男	1921.3	吕田三村	党员	1946年参加游击队，1949年6月在解放海丰梅陇战斗中受困，被敌放火烧楼棚而牺牲	粤赣湘边纵队三团三营三连排长
路松	男	1929.2	吕田莲麻	党员	1946年12月参加游击队，1949年6月在海丰梅陇战斗中被国民党军围困，火烧楼棚而牺牲	粤赣湘边纵队三团三营战士
胡斯袍（胡袍）	男	1929.6	吕田三村	党员	1947年2月参加游击队，1949年6月在海丰梅陇阻击战中牺牲	粤赣湘边纵队三团三营副班长

（续表）

姓名	性别	出生年月	籍贯	党团员	参加革命时间，牺牲时间、地点、原因	牺牲前单位、职务
胡斯木（胡木）	男	1930.6	吕田三村	党员	1947年参加游击队，1949年6月在海丰梅陇与国民党军战斗中牺牲	粤赣湘边纵队三团三营三连小鬼班战士
黄瑞兴	男	1908	城郊黄场	—	1949年1月参加东江游击队，1949年8月被捕，在街口遇害	东江第三支队副分队长
巢石于	男	1925	良口合群龙头岌	—	1947年参加东江游击队，1949年在佛冈县黄花白洞地区同国民党军作战时牺牲	东江第四中队战士
魏振龙	男	1913	太平神岗石联魏村	—	1948年参加解放军，1949年在天津战斗中牺牲	四十四军一三〇师三八五团十一连卫生员
陆均然	男	1933	太平高埔	—	1948年参加东江游击队，1949年4月在番禺县九佛老虎岔与国民党军作战中牺牲	东江联队第一中队班长

（续表）

姓名	性别	出生年月	籍贯	党团员	参加革命时间，牺牲时间、地点、原因	牺牲前单位、职务
陈留保	男	1932.5	吕田三村	党员	1946年12月参加游击队，1949年6月在海丰梅陇战斗中受困，被国民党军火烧牺牲	粤赣湘边纵队三团三营三连副班长
李汉东（李余）	男	1928.9	吕田三村	党员	1946年12月参加游击队，1949年6月在海丰梅陇战斗中受困，被国民党军火烧牺牲	粤赣湘边纵队三团三营三连副班长
路柱	男	1930.3	吕田莲麻车步	党员	1947年参加游击队，1949年在紫金县南岭战斗中牺牲	粤赣湘边纵队三团三营三连副班长
黄本正	男	1913	良口合群	—	1947年参加东江游击队，1949年在佛冈县黄花白洞地区同国民党军作战中牺牲	东江第四支队班长
刘云	男	1930	良口三村亚婆六	—	1945年3月参加东江游击队，1949年7月在龙门县铁岗同国民党军作战中牺牲	东江第三支队交通员

（续表）

姓名	性别	出生年月	籍贯	党团员	参加革命时间，牺牲时间、地点、原因	牺牲前单位、职务
彭　南	男	1931	良口三村亚婆六	—	1945年3月参加东江游击队，1949年7月在龙门县铁岗同国民党军作战中牺牲	东江第三支队班长
萧金华	男	1919	良口米埗高地村	—	1948年参加东江游击队，1949年被捕，在从化街口伪监狱被杀害	东江第三支队战士
巢罗生	男	1929.5	吕田塘基背	—	1949年秋参加东江游击队，同年在吕田马鞍山收税时遭敌袭击，中弹牺牲	增、罗、从、博游击队潮州中队战士
潘继周	男	1931.3	吕田小杉凹子村	—	1946年冬参加东江游击队，1949年6月在黄疆战斗中被国民党军包围放火烧楼棚而牺牲	龙从游击队粤汉中队小鬼班战士
赖　井	男	1928.11	吕田小杉樟坑口	—	1946年10月参加游击队，1949年进军解放紫金、海丰和陆丰三县途中在格陇与敌激战中牺牲	粤赣湘边纵队三团三营九连战士

（续表）

姓名	性别	出生年月	籍贯	党团员	参加革命时间，牺牲时间、地点、原因	牺牲前单位、职务
胡可毅	男	1930	吕田三村	党员	1948年8月参加东江游击队，1949年在攻打龙门地派欣公洞战斗中牺牲	东江第三支队第三团高山游击队战士
潘启南	男	1930.4	吕田莲麻	党员	1946年春参加东江游击队，1949年在莲麻税站被国民党军杀害	东江第三支队第三团莲麻税站站长
潘日生	男	1931.5	吕田莲麻	党员	1947年8月参加游击队，1949年在博罗县石坝三角楼战斗中牺牲	粤赣湘边纵队三团三营战士

（三）解放战争时期其他县籍在从化牺牲烈士名录

解放战争时期其他县籍在从化牺牲烈士部分名录

姓名	性别	出生年月	籍贯	党团员	参加革命时间，牺牲时间、地点、原因	牺牲前单位、职务
罗房新	男	1927	龙门县麻榨镇凤岗罗屋村	—	1948年1月参加革命，同年在从化莲麻坝杨梅潭战斗中牺牲	江北支队第二团钢铁队班长

（续表）

姓名	性别	出生年月	籍贯	党团员	参加革命时间，牺牲时间、地点、原因	牺牲前单位、职务
严李保	男	1922	龙门县蓝田瑶族乡新星村	—	1947年参加革命，1948年在从化莲麻坝杨梅潭战斗中牺牲	江北支队第三团钢炮队通讯员
石国连	男	1921.6	龙门县地派镇清塘枫树下	—	1947年冬参加龙从人民保乡队，1948年春在从化塘基背被捕后，于铁岗就义	江北支队第三团班长
潘启明	男	—	龙门县地派镇双围村	—	1947年参加龙从人民保乡队，1948年春在从化吕田丹竹坑遭国民党军杀害	江北支队第三团交通员
伍亚海	男	—	龙门县地派镇地派白滩村	—	1947年8月参加龙从人民保乡队，1948年4月在从化吕田塘基背战斗中牺牲	江北支队第三团平汉副小队长
路王生	男	1913	龙门县地派镇芒派石塘村	—	1947年12月参加龙从人民保乡队，1948年4月在从化吕田塘基背被捕，在地派圩就义	江北支队第三团战士
潘三保	男	1916	龙门县地派镇地派仓下潘屋	—	1947年冬参加革命，1948年8月在从化车步因伤牺牲	新、龙、从、河武工队队员

（续表）

姓名	性别	出生年月	籍贯	党团员	参加革命时间，牺牲时间、地点、原因	牺牲前单位、职务
黄炳南	男	—	化州	—	1948年6月在从化塘基背战斗中牺牲	江北支队第三团钢炮队战士
黄培	男	—	新丰	—	1946年试验地雷时牺牲	龙从人民保乡队高山队战士
黄煜华	男	—	连县	党员	1947年12月在吕田被国民党军杀害	吕田中心小学教师、地下党工作者
冯国锦	男	—	广西	党员	1947年12月在吕田被国民党军杀害	吕田中心小学教师、地下党工作者
黄渠成①	男	1917	佛冈	党员	1948年在从化坪地村牺牲	江北支队第四团团长
林科②	男	1914	珠海	党员	1948年在从化坪地村牺牲	江北支队第四团政治处主任和中共清从花佛县委委员

①② 黄渠成与林科牺牲事迹见中共广州市委党史研究室、广州市民政局编：《广州英烈传》，广东人民出版社1991年版，第538—547页。

三、云台山遭遇战烈士英名录①

1949 年 10 月 12 日晚，中国人民解放军四四军一三二师三九五团在云台山遭遇战中光荣牺牲烈士 50 名。

云台山遭遇战战士英名录一览表

编号	姓名	籍贯	年龄	职务
1	杨庆志	河北省许宁县	27 岁	连长
2	任德广	山东省太安县	31 岁	排长
3	伍德新	不详	不详	不详
4	金豁然	热河省朝阳县	22 岁	副排长
5	戴文有	河北省瞻南县	26 岁	副排长
6	郝风谦	辽东省临江县	19 岁	班长
7	王　贵	龙江省肇源县	27 岁	班长
8	徐永民	湖南省平江县	23 岁	班长
9	张玉和	不详	不详	不详
10	隋俊风	安东省	不详	不详
11	王　泰	黑龙江省双城县	不详	不详
12	刘新章	安徽省芬阳县	24 岁	班长
13	潘玉德	安东省临江县	20 岁	战士
14	刘东福	河北省定兴县	22 岁	班长

---

① 表格根据中共从化市委、从化市人民政府于 2005 年夏所设立的《重修从化革命烈士纪念碑碑记》及《云台山遭遇战烈士五十名》碑文整理。

（续表）

编号	姓名	籍贯	年龄	职务
15	吴万发	辽北省安广县	23岁	班长
16	王 才	江苏省	22岁	战士
17	张凤林	东北省	不详	战士
18	张玉克	龙江省洮南县	不详	不详
19	刘春才	辽北省洮北县	不详	不详
20	梁守昌	吉林省梅河口	39岁	副班长
21	杨克田	安徽省阜阳县	29岁	战士
22	隋德福	通化省临江县	21岁	战士
23	王万才	江苏省淮安县	22岁	战士
24	于文才	通化省临江县	24岁	战士
25	刘良臣	安东省秀阳县	27岁	战士
26	崔 森	河北省固安县	22岁	战士
27	韩德昌	辽宁省西峰县	26岁	战士
28	杨心林	北安省明水县	27岁	战士
29	许文德	热河省淮意县	28岁	战士
30	郭洪章	通化省六县	26岁	战士
31	王文发	山东省关城县	21岁	战士
32	黄家广	嫩江省肇源县	19岁	通讯员
33	吴宝祥	嫩江省白城县	30岁	战士
34	靳希贤	吉林省通化县	37岁	战士
35	李贵新	湖北省温泉县	31岁	战士

（续表）

编号	姓名	籍贯	年龄	职务
36	童金树	辽宁省临江县	25 岁	战士
37	邵贵荣	浙江省义乌县	23 岁	通讯员
38	覃光洁	广西桐栾县	30 岁	战士
39	芦寿山	嫩江省哈尔滨市	26 岁	战士
40	朱　文	河北省周安县	28 岁	战士
41	马光琦	四川省	不详	战士
42	马光回	湖南省南克县	32 岁	战士
43	金锦平	广东省汕头市	18 岁	战士
44	越文华	吉林省扶余县	19 岁	通讯员
45	张景芳	吉林省扶余县	不详	不详
46	李　才	不详	25 岁	侦查员
47	杜青林	热河省凌源县	21 岁	战士
48	林清林	热河省凌源县	不详	战士
49	无名氏	不详	不详	不详
50	无名氏	不详	不详	不详

附录五 大事记（1938—1949）

1938 年

春，邓澄心作为骨干参加由中共广东省委派遣郭汉等人组织的读书会，学习共产党的政治主张。

7 月，从化各地学生组织开展抗日救亡宣传活动。

8 月，从化成立自卫总队，郭汉任总队政训员。

10 月 21 日，广州沦陷。

10 月 27 日，日军占领太平场。

11 月，日军占领神岗乡，从化成为粤北战区的最前线。

1939 年

年初，邓澄心、骆翠琼成为中共从化党组织最早的党员。

3—4 月，从化潖江支部成立，徐青任支部书记。

4 月，中共从化县第一个党小组成立。

5 月，邓澄心、谢秉培等建立从化县群策救亡会，开展抗日救亡活动。

11 月，中共从化第一个党支部成立，邓澄心任支部书记。

12 月，第一次粤北会战爆发。

1940 年

5—6 月，良口石榴花山击退日军第二次侵犯粤北的军队，此战称为第二次粤北会战。

5 月 22 日，石榴花山顶激战未能守住阵地，退至五指山阵地与日军对峙。

6 月 1 日，江埔陈围、黄围肉搏战击退日军。

6 月 2 日，良口之战取得胜利。鸡笼岗追击战击退日军。

6 月 4 日，军民合作在麻村击毁日军电船。

6 月，从化从北（吕田）第一个党支部成立，胡斯增任支部书记。

年末，三村、莲麻坝、南坑、马鞍山 4 个党支部成立，吕田党支部撤销。

1941 年

1 月，从化党组织的活动中心转向从北吕田。

8 月，李云在吕田开展抗日宣传活动。

冬，李云举办党员学习班，开展党的知识教育课程。

年末，巢海周出任吕田中心小学校长，并建立党支部。

1942 年

年初，李云发动群众建立吕田第一保国民学校，并以此作为党的活动中心。

夏，中共从化党员停止活动。

1943 年

10 月，李云等动员吕田中心小学在高年级开设了一门军事常识课。

1944 年

4—5 月，陈枫重回滘江，恢复从滘工委，隐蔽点转至良口中学，陈枫任教导主任。

8 月，东江纵队向粤北挺进，攻入清远县城。

同月，东江纵队于从化神岗银林至鳌头山心路段遭国民党军队及从化、滘江自卫团截击。

冬，从化组织建立一条沿博罗、龙门、从化、新丰至英德东乡的交通线。

1945 年

1 月，广东人民抗日游击队北江支队到达英德东乡。

同月，建立路东地方工作委员会，谢永宽任书记，陈枫任组织委员兼任从滘区工委书记，驻点移至塘基背。

2 月，中共从化党组织的第一个党员、第一任党小组组长、党支部书记邓澄心壮烈牺牲。

3 月，李云发起党员和群众的宣传活动。

4 月，从北特派员李云调任滘江县委书记。

春夏，塘基背地下交通站建立。

7 月，中共从化县委成立。

8 月，陈江天被任命为中共从化县委书记兼从化大队政委。

9 月，从滘地区划归江北（东江河以北）特委领导，陈枫任特委委员兼从滘花分委书记。

10 月，南下支队北返，东纵北上会师队伍独立作战，西北支队镇守塘基背。

11 月，欧初率领珠江纵队第一支队转移到从滘地区。

同月，从滘支队成立，欧初任支队长，陈枫任政委。

冬，原珠纵一支队和西北支队一批非战斗人员交从滘花分委安排在二石水的山沟里隐蔽。

12 月，吕田中心小学和黄迳支部由此建立。

1946 年

6 月，广东以东纵为主的北撤部队北撤往山东烟台。

同月，党的活动从农村转入城市保存力量。

11 月中旬，提出"不违反长远打算，实行小搞，准备大搞"的方针。

1947 年

2 月，江北地区第一次公开恢复武装斗争，起到了扰乱敌人后方的作用。

3 月，成立江北地区工委，从化重新划归江北工委领导。

4 月，党组织发起成立吕田中心小学校友会，以团结吕田中心小学的同学。

9 月，黄柏、高山队打开了流溪与吕田两个大乡的局面。

12 月，面对国民党军队"扫荡"，游击队做好准备。

1948 年

5 月，江北支队第四团转移至从化坪地村祠堂开会遭遇告密，面临危险。

夏，打响塘基背保卫战。

12 月，打响杨梅潭伏击战。

1949 年

1 月，广东人民解放军江北支队第三团奉命改编为中国人民解放军粤赣湘边纵队东江第三支队第三团。

2 月，从化吕田乡人民政府成立。

2 月 15 日，东江第三支队宣告成立。

3 月，吕田、流溪两乡的乡村全被三团部队控制。

5 月，从化县人民政府成立，马达任县长，巢海周任副县长。同月，江北地委部署命令三团向从化中部、南部发展。

6 月，二平队奔袭何作禧、李祯华等人。

7 月，马达率领抗征队参加解放龙门县城战斗后，返回从化。

8 月，从化县成立军事管制委员会和迎接南下大军支援前线工作委员会。

10 月，中国人民解放军第四野战军第四十四军的一三二师到达吕田，与从化县委和东三支三团取得联系。

10 月 13 日，从化县解放。

2017 年 6 月，中国老区建设促进会部署关于编纂全国 1599 个革命老区县发展史的安排意见。意见指出：编写革命老区发展史，反映的是老区人民在中国共产党的领导下，几十年艰苦奋斗的历史，发展壮大的历史，取得伟大成就的历史。

为了编好《广州市从化区革命老区发展史》，从化区委、区政府高度重视。2018 年 6 月 22 日成立《广州市从化区革命老区发展史》编纂工作领导小组，启动本书的编纂工作。《广州市从化区革命老区发展史》编纂工作领导小组下设编辑部。具体编纂工作由从化区国家档案馆负责统筹协调，具体编纂业务工作由从化区史志文化研究会负责。

编辑部成立以后，各成员单位按照各自分工有序开展工作，将搜集到的资料及时提供给从化区国家档案馆，档案馆将收集到的全部资料交由编撰人员处理。在本书编纂过程中，从化区国家档案馆、从化区融媒体中心、从化区教育局、从化区文化广电新闻出版局、从化区退役军人事务局、从化区博物馆、从化图书馆等单位为本书提供了大量资料，同时编辑部还主要参考了《从化革命斗争史》《从化年鉴》《从化文史》《从化掌故》《从化市吕田镇总体规划》《粤北大捷》、从化大事记等资料。为了寻找一些新的材料，编辑部还充分利用了抗日战争与近代中日关系文献数据平台、晚清近代古旧期刊数据库、读秀数据库、从化文史网等数据平台。区委、区政府、区人大、区政协、区组织部、区宣传部、区发改局、区财政局、区融媒体中心及各镇街等单位的领导对本书提出了宝贵的修改意见。在此，谨对所有关心、支持本书编纂工作的单位和个人，表示诚挚的谢意！

本书的编写工作始终坚持以习近平新时代中国特色社会主义思想为指导，始终贯彻习近平总书记关于革命老区的系列讲话精神，以广东省老区建设促进委员会关于革命老区建设的相关文献为依据，力图全面客观地反映从化革命老区人民在抗日战争、解放战争时期所作出的巨大贡献与牺牲，同时也反映出中华人民共和国成立以来，从化人民在党和政府的关怀下，在政治、经济、文化、生活等方面发生的翻天覆地的变化，展现改革开放所取得的伟大成就。全书图文并茂，十易其稿，共分 6 章和 5 个附录，约 25 万字。

本书由陈军等同志负责撰写初稿并修改定稿，由陈军负责统稿，并经编委会审定。陆文钿、陈军、温旭、刘岚、江君、梁晓云、李桂凤、陈文君、梁晓霞、甘碧君等同志负责了从化革命老区发展历史的各专门章节文稿的编撰。李远前、潘彦、朱靖妍、李琳琳、陈伟坚等同志负责史料资源的整合协调工作。由于我们的编写水平有限，书中疏漏、差错和不妥之处，敬请读者指正。

编者

2020 年 11 月